Hans Georg Ruhe
Praxishandbuch Biografiearbeit

Edition Sozial

Hans Georg Ruhe

Praxishandbuch Biografiearbeit

Methoden, Themen und Felder

BELTZ JUVENTA

Der Autor

Hans Georg Ruhe, Jg. 1951, ist Publizist und Organisationsentwickler. Schwerpunkte seiner Tätigkeit sind Strategien der Bildung und Beratung. Er war Medien- und Bildungsreferent, Organisations- und Fundraisingberater. Zuletzt arbeitete er als Personalleiter.

MIX
Papier | Fördert gute Waldnutzung
FSC® C089473
www.fsc.org

Bibliografische Information der Deutschen Nationalbibliothek

Die Deutsche Nationalbibliothek verzeichnet diese Publikation in der Deutschen Nationalbibliografie; detaillierte bibliografische Daten sind im Internet über http://dnb.d-nb.de abrufbar.

www.beltz.de · www.juventa.de
Druck und Bindung: Beltz Bad Langensalza GmbH, Bad Langensalza
Printed in Germany

ISBN 978-3-7799-3154-6

Vorwort

Wie viel hätte ich sein können und war es nicht?
Wie viel könnte ich noch sein und bin es nicht?
Giocanda Belli

Seit der Industrialisierung hat wohl jede Generation ihre Zeit als schnelllebig erfahren und darüber geklagt. Provoziert durch den andauernden Fortschrittsglauben und das Diktat produktiver Leistungen wird seitdem der Blick nach vorn gerichtet. Zuweilen vergessen wir, dass sich Zukunft aus unserer Gegenwart entwickelt und die Gegenwart ohne die Vergangenheit nicht möglich gewesen wäre. Das, was wir sind, sind wir auch durch unsere Geschichte, durch die Geschichte unserer Vorfahren. Das, was wir werden, werden wir durch das Erlittene und Genossene.

Biografiearbeit will den Blick dafür schärfen, warum wir so geworden sind, wie wir sind. Und sie will helfen, in einer immer unübersichtlicher werdenden Welt Orientierung zu geben, Verortung zu ermöglichen. Dies gelingt, wenn wir uns den Freuden und den Schmerzen der Vergangenheit stellen. „Erinnern, das ist vielleicht die qualvollste Art des Vergessens und vielleicht die freundlichste Art der Linderung dieser Qual." (Erich Fried). „Vergessen" meint im Zusammenhang mit Biografiearbeit, sich der Vergangenheit zu stellen, sie anzunehmen, sich mit ihr auszusöhnen.

Biografiearbeit ist seit über einem Jahrzehnt selbstverständlicher Bestandteil vieler Praxisfelder geworden. War sie anfangs sehr defizitorientiert, wandelte sie sich später zu einem Ansatz, der die Lebensmöglichkeiten in der Spanne zwischen Kindertagesstätte und Demenz betont.

Sie will Nähe zu anderer und eigener Lebensgeschichte herstellen, Vergessenes erinnern, Verlorenes beleben. Biografiearbeit ermöglicht Orte der Orientierung in unüberschaubaren Welten. Niemand darf verloren gehen.

Dieses Buch ist ein Praxishandbuch. Es geht um die Anwendung von Biografiearbeit in unterschiedlichen Lebensaltern, verschiedenen Feldern und Settings. Praxisorientierte Methoden für Begegnung, Bildung, Beratung und Therapie stehen im Mittelpunkt. Umfangreiche Fragenkataloge, Materialhinweise und Reflexionen ergänzen den Hauptteil dieser Publikation.

Ich bekenne mich sich zur Unvollständigkeit und zur Veränderung durch Praxis. Jede Methode und jedes Setting bedarf der Überprüfung bzw.

der Anpassung an die Arbeitssituation: Was in der Bildungsarbeit angemessen erscheint, ist in der Therapie manchmal kontraindiziert. Was in der personalen Begegnung möglich ist, verbietet sich ggf. in der Pflege.

Ich danke Hanne Ruhe-Hollenbach –
erinnernd Pyrenäen, Passagen und Portbou.

Hans Georg Ruhe

Inhalt

➘ Das Praxishandbuch verzichtet um der Lesbarkeit willen auf Fußnoten. Soweit Veröffentlichungen anderer Autoren verwandt wurden, sind diese im Quellenverzeichnis mit entsprechenden Fundstellen genannt worden.
Häufig wird auf weiterführende, ergänzende oder erschließende Materialien verwiesen. Wenn diese nicht ausdrücklich mit Quelle aufgeführt wurden, sind sie einfach im Netz recherchierbar.
Im Buch tauchen einige Redundanzen auf. Sie konnten und sollten nicht vermieden werden, um die Handhabung zu erleichtern und das suchende Nachschlagen zu mindern.
Aus Gründen der Lesbarkeit wurde möglichst abwechselnd die weibliche und männliche grammatische Form verwendet. Sollte die ausgleichende Formulierung an manchen Stellen nicht gelungen sein, ist dies mit keiner sozialen Wertung verbunden.

Eine Geschichte haben
Erkenntnis und Verortung

„Geschichte zu haben" ist eine soziale Notwendigkeit. In der modernen Gesellschaft kann nur existieren, wer seine Vergangenheit belegen kann: als Ausbildung, als Karriere oder als Familienangehöriger. „Geschichte zu haben" macht uns individuell und in Maßen erklärbar. Ohne darstellbare Geschichte können wir offenbar nicht funktionieren, fehlen für andere die Anschlussmöglichkeiten, sind wir nicht erkennbar. Deshalb wohl werden wir orientierungslos, wenn uns Menschen gegenüber treten, die ohne mitteilbare Geschichte scheinen.

In Zeiten mit immer stärker werdenden Individualisierungsschüben bei gleichzeitiger kollektiver Kaschierung der Kenntlichkeit durch sogenannte Soziale Medien oder die duldenden Standards des „Alles geht", nimmt die Notwendigkeit eigener Verortung zu, weil die Gesellschaft keine selbstverständlichen Plätze zuweist oder zur Verfügung stellen will.

Frühere Kulturen oder andere Kulturkreise wiesen solche noch zu. Wer als freier Mensch geboren war, der lebte als freier Mensch. Wer Leibeigener war, blieb dies ein Leben lang. Die Plätze waren definiert, die sich daraus ergebenden Lebensaufgaben waren jedem klar und lange unhinterfragt.

Wer unter dem selbstverständlichen und unhinterfragten Diktat solcher Zuweisungen lebte, brauchte keine weitere Verortungen, weil der Ort als solcher gesetzt war. Daraus entstand eine gewisse Sicherheit – vorausgesetzt, die harten Normen und festen Regeln wurden strikt beachtet. Alles, was zum bescheidenen Leben nötig war, war allen bekannt und wurde von allen geteilt. Das Leben verlief in gesicherter Gleichförmigkeit über Generationen hin. In solchen Gesellschaftsformationen wurde nicht nach der Bedeutung des individuellen Lebens gefragt, wurde der Lebenssinn nicht begrübelt. Was zählte, war die sichernde Gemeinschaft, das Kollektiv in fixer Hierarchisierung.

Über Generationen hinweg wurde allerdings die kollektive Geschichte erzählt. Sie verschaffte sich als gesellschaftliche Biografie in Märchen und Mythen Ausdruck, bildete Archetypen und Stereotypen aus, um die Gegenwart bestehbar zu machen. Einzelne verschwanden in den Mythen, ihre individuellen Lebenswirklichkeiten wurden nicht als Wert wahrgenommen.

Persönliche Biografien, beschriebene oder aufgeschriebene individuelle Lebensgeschichten, wären hier ohne Sinn und Funktion gewesen.

Die Notwendigkeit, „eine Biografie zu haben" und diese mitzuteilen, ist dann gegeben, wenn das Ich einer Erläuterung und einer Anerkennung bedarf, wenn die Gesellschaft allein lässt und stattdessen die Individualität fordert und favorisiert. Jeder und jede muss sich den eigenen Platz schaffen. Die Moderne verlangt diese Selbstständigkeit bis hin in die ökonomische Unabhängigkeit auch von der eigenen Familie – undenkbar in anderen Kulturen. Der Mensch trägt nicht nur seine Arbeitskraft zu Markte, sondern muss autonom handlungsfähig sein in je unterschiedlichen Sphären: als Familienangehöriger, Nachbar, Bürger, Freizeitpartner. Er soll unverwechselbar sein – eine Marke seiner selbst.

Gleichzeitig befinden wir uns in einem gigantischen Prozess der Kollektivierung, der Passung des Individuums in das marktorientierte System: Es wird untersucht, bewertet und geclustert in Gruppen, Kohorten oder Systemen. So werden diejenigen gelotst, die sich eigentlich in der persönlichen Entfaltung wähnten: Facebook, Freizeitkonzerne und rationalisierte Pflegekonzepte mögen dafür als Beispiel stehen.

Biografien sind das mitgeteilte, beschriebene oder aufgeschriebene Leben von Menschen. Sie sind individuell und einzigartig. Keine gleicht der anderen, auch wenn viele Menschen unter ähnlichen oder vergleichbaren Bedingungen aufwachsen, leben, arbeiten, sterben. Einzeln wahrgenommen wirken sie sperrig gegen die Kollektivierung.

Ich

Ist das „Ich" ein Konstrukt aus Gesellschaft, Umfeld, Familie und Beziehungen? Oder gibt es einen Wesenskern? Unabhängig von der Beantwortung solcher vielfältig erörterter Fragen gehört zum „Ich" all das, was wir „Geschichte" nennen, also das, was vor uns war und noch gegenwärtig ist. Zu diesem „Ich" gehört der Körper, der „Leib" als gestaltete Materie, in dem sich Vergangenheit und Gegenwart sinnlich wahrnehmbar ausdrücken. Das Leben ist nicht nur intellektuelle Erinnerung und Bewusstsein, sondern auch materialisierte Form mit Bedürfnissen auf unterschiedlichen Ebenen.

Wie konzentrische Kreise legen sich Lebensräume um das Ich des Menschen. Sie beeinflussen und gestalten dieses Ich und sind gleichzeitig selbst Bestandteil. Alles ist in allem, unterliegt den jeweiligen Einflussfaktoren und ruft Bedürfnisse hervor.

Bedürfnisse

Der Psychologe Abraham Maslow, er gilt als Begründer der Humanistischen Psychologie, hat Grundbedürfnisse des Menschen benannt, die später als sogenannte Bedürfnispyramide bekannt wurden. Diese Pyramide bildet eine Hierarchie ab, deren Sockel die „Physiologischen Bedürfnisse“ sind und an deren Spitze die „Selbstverwirklichung“ des Menschen steht. Dazwischen bewegen sich im Ranking aufsteigend die „Sicherheitsbedürfnisse“, die „Sozialen Bedürfnisse“ und die „Individualbedürfnisse“ (z.B. Anerkennung, Selbstverwirklichung). Maslow behauptet, die höheren Bedürfnisse zeichneten zwar den Menschen spezifisch aus, seien aber nicht notwendig für sein Überleben. Biografie wird dann bewusst, wenn Chancen für die Befriedigung höherer Bedürfnisse entstehen, die jenseits der reinen Existenzsicherung Wachstum ermöglichen.

Beziehungen

Das Wachstum wird entscheidend gestaltet von Kontakten. In den Umfeldern und jeweiligen Familien gehen Menschen Beziehungen ein, mit denen sie ihre Lebensstrukturen vertieft gestalten. In diesen Beziehungen drückt sich vielfach und vielfältig Lebensqualität aus. Ob ein Leben als bestanden, geglückt oder gar glücklich erfahren wird, hängt in erster Linie von Beziehungen und dem Beziehungserleben ab. Nicht von ungefähr ist die gelungene Bindung und die daraus erwachsende Bindungsfähigkeit Fundament der stabilen Existenz. Dieses Fundament wird in frühester Kindheit errichtet.

Familie

Im Laufe seiner Geschichte hat der Mensch mit unterschiedlichen Familienstrukturen zu tun: seine Ausgangsfamilie, möglicherweise die Patchwork-Familie, ggf. die selbst gegründete Familie und die Ahnenfamilie. Diese Strukturen prägen tief, wirken wie Muster und kehren gewandelt wieder in allen Beziehungen, die Menschen eingehen.

Umfelder

Gesellschaft an sich ist existent, aber nur theoretisch beschreibbar. Operativ erfahrbar wird sie in den jeweiligen Umfeldern, in denen sich die Biografie des Menschen realisiert. Als Umfeld kann das betrachtet werden, was sich der sinnlichen Erschließung durch den Menschen nicht verweigert: die Stadt, das Dorf, die Firma, die Nachbarschaft. „Umfeld“ ist die Bezugsgröße für den Menschen, die er objektiv oder subjektiv erfassen und ggf. beeinflussen kann. Umfelder wirken für Biografien wie Gitter und Sperrzonen. Sie bestimmen die Erfahrungsfelder und Erfahrungsqualitäten.

Gesellschaft

Umfelder sind Gesellschaft und werden von Gesellschaft politisch und sozial gestaltet. Sie entwickelt die Lebensbedingungen und -möglichkeiten, die ethischen und religiösen Grundlagen. Gesellschaft ist gefrorene Geschichte. In ihren Strukturen drücken sich Regelwerke, Werte und die Verkehrsformen aus, die beherrscht werden müssen, um existieren zu können. Die Biografie eines Menschen kann nicht losgelöst von Gesellschaft verstanden werden. Wer sich selbst verstehen will, braucht Verständnis für die sozialen und politischen Bedingungen, unter denen er lebt.

> Die Bereitschaft zu Erkenntnis und Verortung ist Voraussetzung für die biografische Reflexion, für den Blick in die eigene Geschichte und das Erinnern.

Erinnern und Vergessen
Gedächtnis

Mehr noch als körperliche Gebrechen fürchten Menschen das Versagen ihrer intellektuellen Leistungen im Alter, den Verlust von Reflexionsfähigkeit und eine Verlangsamung, die ihnen die Teilnahme am sozialen Leben verstellt. Wir nehmen unsere Existenz zunächst intellektuell wahr – auch wenn wir wissen, dass unser Körper ebenso wie unsere Seele ein Gedächtnis hat. Wir erklären unsere Existenz, unser Dasein, indem wir die Gegenwart dem Vergangenen zuordnen, sie aus der Geschichte heraus erklären.

Gehirn

Unser Gehirn ist eine gut ein Kilo schwere unansehnliche Masse. In seiner Komplexität ist es vermutlich die speicherfähigste Denkmaschine, das genialste Steuergerät und schnellste Handwerkszeug, dass es gegenwärtig gibt. Die Leistung, die das menschliche Gehirn innerhalb einer Sekunde erbringt, ist in Zahlen kaum ausdrückbar. Kein Computer kann diese „Rechenoperationen" in vergleichbarer Zeit erbringen. Die zehn Milliarden Nervenzellen stehen jeweils in Verbindung zu tausenden anderen, kommunizieren über Synapsen, schicken Botenstoffe und ermöglichen so „Schaltungen", die über mehrere hunderttausend Kilometer Nervenfasern laufen.

Das System der Nervenzellen bleibt bis ins hohe Alter weitgehend stabil. Zwar werden immer wieder Zellen zerstört, aber das Gehirn ist in der Lage, sich zu regenerieren bzw. umzuorganisieren. Wir kennen dieses Phänomen insbesondere bei Schlaganfallpatienten: Verlorene Fähigkeiten werden relativ schnell neu erlernt. Der intellektuelle Substanzverlust ist bei ca. 90 Prozent der Menschen im Alter nicht signifikant. Zwar kommt es zu verlangsamten Reaktionen, aber echte Defizite treten erst im sehr hohen Alter auf.

Gedächtnis

Jegliches menschliches Handeln, Denken und Fühlen ist Ausfluss einer Gedächtnisleistung. Alles Tun ist nur möglich, weil wir Erinnerung an Erlebtes und Erfahrenes haben. Auch der Körper ist fleischgewordenes Gedächtnis. So gesehen ist er „Leib". Neben dem individuellen gibt es offenbar auch ein kollektives Gedächtnis. Der Psychoanalytiker C. G. Jung hat von sogenannten Archetypen gesprochen, Erinnerungen, die als Muster seit Urzeiten Menschen in ihrem Handeln beeinflussen.

Grob unterscheiden kann man drei „Abteilungen" des Gedächtnisses: das Wahrnehmungsgedächtnis, das Kurzzeitgedächtnis und das Langzeitgedächtnis. Im Wahrnehmungsgedächtnis werden zunächst alle Informationen gespeichert und gleichzeitig entscheidet das Gehirn, was dem Kurzzeitgedächtnis zugeführt und was „ignoriert" wird. Menschen sind nicht in der Lage, alles sie Umgebende zu speichern bzw. zu verarbeiten. Sie müssen unterscheiden.

Das Kurzzeitgedächtnis ist das Arbeitsgedächtnis. Hier werden alle Informationen verarbeitet, die wahrgenommen wurden. Die Informationen verbleiben hier weniger als eine Minute. Je älter Menschen werden, desto anfälliger ist das Kurzzeitgedächtnis. (Sie gehen zum Kühlschrank und wollen Milch holen. Es klingelt an der Tür und Sie vergessen sekundenschnell, warum Sie in die Küche gegangen waren.) Das Kurzzeitgedächtnis entscheidet darüber, welche Informationen dem Langzeitgedächtnis zugeführt werden. Ob sie dort tatsächlich verankert werden, hängt wiederum davon ab, mit welchen Merkmalen (Kodierungen) sie versehen wurden. Wurden sie so „abgelegt", dass sie jederzeit wieder auffindbar sind?

Das Langzeitgedächtnis ist darauf angewiesen, dass die Informationen ausreichend kodiert werden: durch anhaftende Emotionen (kaum jemand vergisst den Tag der Eheschließung oder die bestandene Führerscheinprüfung) oder durch besondere Lerntechniken. (Je älter man ist, desto schwerer fällt es, Vokabeln zu lernen.) Einige Gedächtnisforscher sind der Ansicht, dass aus dem Langzeitgedächtnis nichts verloren gehe und Vergessen lediglich das Misslingen des Abrufs von Inhalten aus dem Speicher sei. Gespeichertes muss also folglich „gesucht" werden, da es in der Regel nicht sofort verfügbar ist. In der Biografiearbeit helfen dabei Assoziationen, Signale, Trigger und andere Reize. Unterschieden wird innerhalb des Langzeitgedächtnisses nach Wissensgedächtnis und Erfahrungsgedächtnis. Im Wissensgedächtnis werden Fakten, Allgemeinbildung, akademisches Wissen etc. gespeichert. Dies sind meistens Informationen, die schwach kodiert wurden, absinken und nur mit einigem Aufwand in Erinnerung gebracht werden können.

Erfahrungsgedächtnis

Im Erfahrungsgedächtnis wird die eigene Lebensgeschichte gespeichert. Auch hier gehen Einzelheiten verloren und sinken ab. Vieles aber bleibt als Lebenswissen, als „Weisheit" verfügbar. Weisheit wird auch als verfestigte

Intelligenz bezeichnet, die normalerweise nicht verloren geht. In ihr drückt sich die Fähigkeit aus, in Zusammenhängen denken zu können. Ältere und alte Menschen kontern damit die Detailfähigkeit junger Menschen. Strittig ist, ob die autobiografische Erinnerung jüngerer Menschen besser ist als die der älteren. Manche Erfahrungen werden von Älteren tabuisiert und deshalb nicht erinnert. Zudem hängt die Lebhaftigkeit der Erinnerung davon ab, ob in der Zwischenzeit die gespeicherten Informationen „neubedacht" und dadurch aktiviert wurden. Erinnerungen verblassen, weil man mit zunehmender Lebenserfahrung gewichtet und Bedeutungen verschiebt. Sie stehen in Konkurrenz zu anderen Lebensereignissen. Ältere Menschen erfahren hingegen häufiger den Kontrast von ereignisloser Gegenwart und ereignisreicher Vergangenheit. Weit zurückliegende Ereignisse werden wiederholt memoriert und im Gedächtnis als „Theater im Kopf" durchgespielt und mitteilbar gemacht. Daraus mag sich der Eindruck besserer biografischer Erinnerung entwickelt haben.

Vergessen

Es kann sein, dass Menschen im Alter deswegen vergessen, weil das Gehirn „voll" ist. Sie haben in ihrem Leben so viel erlernt und erlebt, dass nur noch wenig Platz für Neues bleibt. Das „alte" Gehirn hat offenbar einen Filter entwickelt, Wesentliches vom Unwesentlichen zu unterscheiden.

Statt auf die Dynamik des schnellen Denkens, setzt das Gehirn auf Vernetzung. Statt isoliert Einzelheiten zu sammeln, verknüpft es Neues mit Bekanntem. Anstelle vom unwesentlichen Neuen tritt die Rückschau auf das eigene Leben. Vor diesem Hintergrund ergeben viele Methoden der Biografiearbeit Sinn. Sie beschäftigen sich mit dem geplanten Vergessen, weil Erinnerungsspeicher außerhalb des Gehirns angelegt werden.

Verdrängung

Manches Vergessen ist in Wahrheit allerdings Verdrängung. Mitunter können wir uns an Ereignisse nicht mehr erinnern, obwohl sie doch geläufig sein müssten. Vergessen als Verdrängung hat zwei Seiten: Ein wichtiger Teil des Lebens wird geleugnet und bleibt dadurch ungelebt. Gleichzeitig können wir gerade deswegen weiterleben, weil nicht alles Leid und jede Erfahrung ständig aufsteigen müssen.

Vergessen ist eine wichtige Funktion menschlichen Lebens. Es sortiert das Wesentliche vom Unwesentlichen, das Kurzlebige vom Langlebigen und manchmal auch den Schmerz von der Lust. Würden wir jedes Gefühl in seiner ursprünglichen Tiefe behalten, würde es uns zerreißen. Je besser wir vergessen können, desto erfüllender ist die Erinnerung.

Rätselhaft
Biografische Reflexionen und deren Effekte

Die Beschäftigung mit der eigenen Biografie hilft, sich nicht zu verlieren im Alltagsgeschäftlichen, in Außenanforderungen, den kleinen und großen Katastrophen des Lebens. Wer „eine Geschichte hat", hat auch die Gegenwart, mindestens aber Orientierung. Wir sind anderen und uns zu oft ein Rätsel. Im Folgenden sollen konzentriert einige Effekte beschrieben werden, die durch die Beschäftigung mit der eigenen Biografie ausgelöst werden.

Wirklichkeit wahrnehmen

Wer an seinen Lebenspuren arbeitet, kann Entwicklungen besser verstehen und als Wachstum einordnen. Das Erinnern ist glaubendes und glaubhaftes Erkennen eigenen oder fremden Lebens, ist zudem die Anerkenntnis des eigenen Lebens. Wer seine Vergangenheit zur Kenntnis nimmt, der akzeptiert das Gegenwärtige besser. Wer weiß, woher er kommt, weiß besser, wohin er will. In diesem Sinn ist die Wahrnehmung der Wirklichkeit heilsam: Je mehr man sich mit dem Vergangenen auseinandersetzt, desto weniger schmerzen die verschütteten Ereignisse früherer Zeiten.

Wirklichkeit konstruieren

Menschen konstruieren unmerklich ihre eigene Wirklichkeit. Das, was wir Erinnerung nennen, ist nicht Beschreibung des Vergangenen, sondern ein komplexes und kompliziertes Konglomerat der Reproduktion von vergangener Wirklichkeit, des Erlebens dieser Wirklichkeit, des Speicherns dieses Erlebens, des Zugriffs auf das Gedächtnis und der Intentionen des Zugriffs. Menschen sammeln und wählen Lebensereignisse aus, sie erinnern und vergessen.

Biografie ist immer die Erzählung eines Menschen von sich. Sie ist nicht zwangsläufig Realität: Menschen filtern offenbar ihre Erfahrungen und Erlebnisse, um eine für sie tragbare Wirklichkeit zu kreieren. Darin liegt

Chance und Begrenzung: Der Mensch ist gegenwärtig „wahr" und wahrt doch ein Stück nicht bewusster oder gewusster Vergangenheit.

Verstehen

Die Reflexion und Klärung der eigenen Biografie ist der Versuch, das Leben und seine Rekonstruktion zu verstehen, es einzuordnen in das Gesamt der Gesellschaft und in Beziehung zu setzen zu anderen Menschen. Manche bezeichnen dies als Arbeit an der Sinnfrage. Wie kann ich die Lebensereignisse einordnen in den Lebenslauf? Entdecke ich eine Logik? Klärt sich etwas, was unverstanden geblieben war? Welche Bedeutung haben die fremden, unverstandenen Spuren? Wer den Spuren der eigenen Biografie folgt, will eine Art Gesamtzusammenhang herstellen und die oft disparat wahrgenommenen Erlebnisbrocken zusammen fügen. Biografische Reflexion ist seltener Arbeit am „Lebenslauf" (also der Chronologie), sondern eher an der „Lebensgeschichte", den übergreifenden Ereignissen oder Themen.

Einordnen

In der Schau auf die eigene Biografie geschieht Einbeziehung von Vergangenheit in Gegenwart mit Blick auf mögliche Zukunft. Lebenserfahrungen werden geordnet, ihnen wird Bedeutung zugeschrieben. Jenseits allen Messens wird die Fülle des Lebens deutlich und Selbstvergewisserung geschieht. Aus dieser Selbstvergewisserung und Annahme wächst Sicherheit, weil das weitere Leben kalkulierbarer, vorhersagbarer scheint. Es wird eingeordnet in das Gelebte.

Mehrdimensional

Biografien haben drei Dimensionen: die individuelle, die gesellschaftliche und die tiefenpsychologische. Die individuelle Dimension bezieht sich auf die Lebensgeschichte mit den sogenannten harten Daten eines Menschen. Sie bietet Ansatzpunkte, um zu den dahinter liegenden Erfahrungen, Begebenheiten und Erlebnissen vorzudringen. Die Kenntnisnahme der gesellschaftlichen Dimension bettet das Individuum in sein Umfeld ein, verdeutlicht Lebenschancen und zeigt zeitgeschichtliche Prägungen. Die tiefenpsychologische Dimension entwickelt sich vor dem Hintergrund des Lebensfaktischen, der Gesellschaft und der eigenen Leiblichkeit. Sie bildet die Potentiale und Verletzungen ab. Biografische Reflexionen nehmen in der Regel ihren Ausgang von einer Dimension, um sich dann in die anderen auszuweiten.

Selbst bewusst

Wer sich seiner selbst bewusst ist, der tritt selbstbewusster auf. Wenn die eigene Geschichte angenommen und verstanden ist, dann stärkt das, macht resilienter. Wer hingegen verdrängt, schwächt sich meistens. Die Bilanz, die Annahme des Selbst ermöglicht Perspektivenwechsel.

Intergenerativ

Biografische Reflexion gelingt besonders in der intergenerativen Arbeit, die unterschiedliche Lebenszeiten und Erfahrungsfelder zusammenführt und fremde Welten in Kontakt bringt. Sie ermöglicht die gegenseitige Anerkennung von Erfahrungskompetenz und schafft so Selbstwertgefühl. Indem Einzelne wert und wichtig genommen werden, entsteht Akzeptanz für die Lebenswelt der anderen.

Gesellschaftliches Gedächtnis

Ähnlich wie der einzelne Mensch hat auch die Gesellschaft ein Gedächtnis. Es ist organisiert in Archiven, Medien oder Formationen, die geronnene Geschichte sind. Die individuellen Lebensgeschichten speisen dieses Gedächtnis. Geschichte erhält ein Gesicht, lädt zur Identifizierung und Auseinandersetzung ein.

Freundlicher altern

Viele Menschen werten ihre Geschichte ab. Sie nehmen nicht wichtig, was ihnen begegnet oder widerfahren ist, sie erleben sich grau gegenüber anderen Individuen. Reflexion der eigenen Biografie diversifiziert die eigenen Erfahrungen lässt sie plastischer und wesentlicher erscheinen. Die Rückmeldung z.B. eines Gegenübers, das Erstaunen und Erfragen, hilft, aus dem Teufelskreis der Selbstabwertung auszubrechen. Das Netz der Erinnerung stärkt im Alter und fokussiert die eigene Lebenseinstellung nicht allein auf den körperlichen Verfall.

Effekte verstärken oder schwächen

Biografische Reflexionen gelingen dann besonders gut, wenn ein Gegenüber zuhört, sich beteiligt, spiegelt. Das Gegenüber verstärkt durch Interesse das

Reflektieren, regt die Erinnerung und den Perspektivenwechsel an. So kann deutlich werden, wie wesentlich das Mitgeteilte ist.

Das Biografische verträgt wenig Widerspruch, Korrektur oder „Wahrheitsliebe". Stattdessen verlangt es respektierende Bejahung und einfühlendes Fragen. Achtsame Neugier akzeptiert das Schweigen, Verschleiern oder das Fragment. Es behindert so die Entstehung von Verlegenheit oder Scham.

Biografische Darstellungen bedienen häufig soziale Konventionen und Konfektionen. Das heißt, sie sind befangen in dem sozial Erwünschten, in den gesellschaftlichen Standards, in den unterstellten Erwartungen an die Erinnerungsleistung. Je offener und eingefühlter das Gegenüber ist, desto geringer ist die Versuchung, solche Konventionen zu pflegen. Biografische Reflexion braucht zudem die Gunst des rechten Augenblicks („Kairos"), damit sich Offenheit und Nachdenklichkeit entwickeln können.

> Biografische Reflexion ist der Versuch, Identität zu sichern und Selbstvergewisserung zu ermöglichen. Indem sie das Unverwechselbare des Einzelnen hervorhebt, wendet sie sich gegen die Fremdgestaltung, gegen das trügerische Versprechen der konsumorientierten Individualisierung. Sie hilft, sich in einer Welt einzurichten, die manchmal unwirtlich erscheint und vielen das nicht mehr ist, was sie doch immer sein sollte: Heimat.

Was ist Biografiearbeit?
Definitionen und Trends

Biografiearbeit hat in den letzten Jahren in unterschiedlichen Praxisfeldern Ausweitung und Diversifizierung erfahren. Den jeweiligen Ansätzen liegen verschiedene Definitionen zugrunde, die die Praxis bestimmen und steuern. Im Folgenden werden ausgewählte Denkrichtungen der Biografiearbeit vorgestellt und diskutiert. Die Bewertung wird mit der Darstellung eines jeweils beachtenswerten Essentials abgeschlossen.

Biografiearbeit ist eine strukturierte Form

„Biografiearbeit ist eine strukturierte Form zur Selbstreflexion der Biografie in einem professionellen Setting. Die Reflexion einer biografischen Vergangenheit dient ihrem Verständnis in der Gegenwart und einer möglichen Gestaltung der Zukunft. Dabei wird die individuelle Biografie in einem gesellschaftlichen und historischen Zusammenhang gesehen. Aus dieser Sichtweise lassen sich zukünftige Handlungspotenziale entwickeln." (Wikipedia)

In lexikalischer Kürze wird bei Wikipedia auf die zentralen Merkmale von Biografiearbeit verwiesen: Die Beschäftigung mit dem Vergangenen ist kein Selbstzweck, sondern dient dem Verstehen der Gegenwart und der Zukunftsgestaltung. Dass dabei der gesellschaftliche und historische Kontext als zwingende Folie mitgesehen wird, macht diese Definition von Biografiearbeit stark. Vernachlässigt wird hingegen, dass Biografiearbeit sich auch unstrukturiert ereignen kann.

Beachtenswert: Kontext von Biografie und Gesellschaft.

Selbstreflexion im professionellen Setting

„Ausgehend von einem ganzheitlichen Menschenbild ist Biografiearbeit eine strukturierte Form der Selbstreflexion in einem professionellen Setting, in dem an und mit der Biografie gearbeitet wird. Die angeleitete Reflexion der Vergangenheit dient dazu, Gegenwart zu verstehen und Zukunft zu gestalten. Durch eine Einbettung der individuellen Lebensgeschichte in den gesellschaftlichen und historischen Zusammenhang sollen neue Perspektiven eröffnet und Handlungspotenziale erweitert werden." (Ingrid Miethe)

Miethes Definition liegt nahe bei der oben dargestellten Beschreibung und weitet sie um das „ganzheitliche Menschenbild". Auch sie sieht die Notwendigkeit gesellschaftlicher und historischer Einordnung, verbleibt aber in dem professionell orientierten Rahmen.

In ihrem Handbuch setzt sie sich mit verschiedenen Ansätzen von Biografiearbeit auseinander und bemängelt (auch beim Autor), die „relativ breite Definition", die eher den „Lern- und Entfaltungsprozess selbst in den Blick" nimmt. Sie macht mit dieser Kritik aufmerksam auf eine Grundfrage: Ist Biografiearbeit immer strukturiert und professionell angeleitet oder kann sie sich auch in spontanen, alltäglichen oder autoinitiierten Situationen „ergeben"?

Beachtenswert: die Betonung der Erweiterung von Handlungspotenzialen durch Biografiearbeit.

Festigung der Identität

„Biografiearbeit ist Erinnerungsarbeit. Dabei tauchen Menschen in ihre Erinnerungen ein und erzählen ihre erlebten Erfahrungen in Gesprächen, Übungen und persönlichen Materialien, die sie zum Beispiel mit Fotos, Poesiealben und ähnlichem ausdrücken. Die Methode des biografischen Arbeitens begleitet und unterstützt den Erinnernden zum Beispiel bei der Suche oder Festigung seiner Identität, bei einer Bilanzierung seines bisherigen Lebens oder dabei, rückblickend seinen Lebensweg im Hier und Jetzt zu verfolgen und von diesem Standort aus eine Neudefinition des zukünftigen Lebens zu formen. Da diese Aspekte in unserer heutigen Zeit nicht mehr unbedingt vorhanden sind und nicht mehr als selbstverständlich vorausgesetzt werden können, dient die Biografiearbeit als Stütze bei der Bearbeitung dieser Faktoren. Der Lehrende nimmt beim biografischen Arbeiten eine interessierte, zugewendete Haltung gegenüber dem Erinnernden ein und bringt sich nur ggf. durch sanfte Fragen und durch das Berichten eigener Erfahrungen ein. Ansonsten hält er sich eher im Hintergrund und vertritt die Position des Zuhörenden. Durch die eigenständige Aufarbeitung der individuellen Lebensgeschichte erfährt der Einzelne eine Persönlichkeitsentwicklung, die mit Selbstständigkeit und Eigenaktivität einhergeht. Dieses sind die Ziele der Biografiearbeit, welche in unterschiedlichen Konstellationen (Einzel-, Gruppen- und Paararbeit usw.) in unterschiedlichen Praxisfeldern (Familie, Arbeit, Schule usw.) und in jeder Altersstufe mit Hilfe einer großen Anzahl verschiedener aufeinander abgestimmter Übungen durchgeführt werden können. Außerdem ist die biografische Arbeit auch in der Durchführung und in der Kombination mit anderen Methoden sehr variabel, wobei sie aufgrund Ihrer Vielfältigkeit und ihrer Ziele eine hohe Relevanz für die Verarbeitung und Reflexion eigener Lebenserfahrungen in gesellschaftlichen Kontexten haben kann." (Methodenpool Universität Köln)

Biografiearbeit verkommt in dieser Definition zu einer klientenorientierten Praxis, die etwas „bearbeiten" soll, eine starke Verzweckung erhält und so offenbar eher der Therapie und Beratung zugewiesen wird. Die Ansagen von „Aufarbeitung der individuellen Lebensgeschichte" und der „Neudefinition des künftigen Lebens" sind steil und überziehen den Bogen der Intention und der Möglichkeiten – sieht man von therapeutischen Settings ab. Dass es in der Biografiearbeit um Facetten dieser Themen geht, ist hingegen nicht bestreitbar.

Die Definition läuft zudem Gefahr, dem professionell Arbeitenden eine hohe Verantwortung aufzubürden. Wer Menschen anleitet „aufzuarbeiten", der muss sich auch den Krisen und Traumata stellen, um diesen Prozess verantwortungsvoll begleiten zu können. In der Mehrzahl der Settings wäre eine solche Tiefung verantwortungslos. Biografisch Arbeitende müssen nicht nur die Grenzen des Gegenübers, sondern auch die eigenen professionellen Grenzen beachten.

Vor diesem Hintergrund ist es fast schon folgerichtig, dass die Definitoren den zeitgeschichtlichen Einbezug gänzlich vernachlässigen. Dies ist selbst bei einem therapeutischen Ansatz mittlerweile überholt, da insbesondere in der Traumatherapie die gesellschaftlichen und historischen Kontexte mindestens als Folie eine wichtige Bedeutung bekommen haben.

Beachtenswert: die Haltungsbeschreibungen für die biografisch Arbeitenden.

Verarbeitung lebensgeschichtlicher Ereignisse

„Biografiearbeit ist ein relativ neuer Ansatz in der psychosozialen Arbeit mit Kindern, Jugendlichen und Erwachsenen. Mit dieser Methode lässt sich die Lebensgeschichte eines Menschen strukturiert aufzeichnen und die Verarbeitung lebensgeschichtlicher Ereignisse fördern. Diese ‚biografische Selbstreflexion' stellt eine Möglichkeit zur Unterstützung der Identitätsfindung dar. Durch das Verstehen der eigenen Lebensgeschichte kann ein Annehmen der eigenen Person gelingen, was wiederum Möglichkeiten zur Weiterentwicklung und zum persönlichen Wachstum bietet.

Biografiearbeit kann in allen Lebensphasen eingesetzt werden – mit Kindern und Jugendlichen ebenso wie mit älteren Menschen. Besonders kommt Biografiearbeit dort zum Tragen, wo Krisen oder Wendepunkte in der Lebensgeschichte eines Menschen eine Rückschau erfordern oder wo unbekannte oder unverstandene Teile der Biografie der Erklärung und Verarbeitung bedürfen. In der Altenarbeit dient sie auch dazu, die Arbeit und die Angebote der Pflegekräfte auf das bisherige Leben der Klienten abstimmen zu können, vor allem in der Arbeit mit Demenzerkrankten.

Mit Kindern und Jugendlichen wird Biografiearbeit häufig dann durchgeführt, wenn diese keine oder wenige Informationen über ihre eigene Lebensgeschichte und leibliche Familie haben, weil sie z.B. bei Pflege- oder Adoptiveltern oder im Heim leben. Durch die Biografiearbeit soll das Kind einen Zugang zu seiner Lebensgeschichte erhalten und damit in seiner Identitätsentwicklung unterstützt werden. Über die Arbeit an der Biografie können zurückliegende Ereignisse, wie z.B. die Gründe für die Fremdunterbringung, geklärt werden, das Kind wird so von Schuldgefühlen entlastet. Durch die Beschäftigung mit seiner eigenen Geschichte und seiner Person erfährt es Würdigung, Wertschätzung und Interesse.

Biografiearbeit stellt keine Psychotherapie dar, kann aber gleichwohl im therapeutischen Kontext zur Anwendung kommen.“ (Birgit Lattschar)

Birgit Lattschar hat sich insbesondere mit der Biografiearbeit beschäftigt, die Kinder und Jugendliche in den Fokus nimmt und zu diesem Feld umfangreich publiziert. Sie betont die „Entdeckung“ der eigenen Geschichte und macht deutlich, wie verstörend oder sogar krankmachend es sein kann, die eigene Geschichte nicht zu kennen bzw. nicht wahrgenommen zu haben. Biografiearbeit wird zum „Lückenschluss“. Sie komplettiert quasi die Erinnerungen mit dem Ziel, die Gegenwart verständlicher werden zu lassen.

Biografiearbeit in diesem Verständnis ist stark klienten- und zielorientiert. Sie will vor dem Hintergrund der „biografischen Selbstreflexion“ Wachstum und persönliche Weiterentwicklung ermöglichen. Die Grenzen dieses Verständnisses werden markiert durch die anderen Erfordernisse von Bildungs- und Begegnungsarbeit oder von der Arbeit mit Dementen.

Beachtenswert: die Würdigung der Lebensgeschichte durch ausdrückliche Beachtung.

Kein therapeutisches Modell

„Biografiearbeit ist eine Arbeitsmethode, kein therapeutisches Modell. Wenn zum Beispiel die Lebensumstände eines Kindes eine Langzeittherapie bei ausgebildeten Therapeuten erfordern, darf Biografiearbeit nicht aus Kostengründen als Ersatz dafür benutzt werden." (Tony Ryan/Rodger Walker)

Ryan und Walker haben schon 1993 den Klassiker zur Biografiearbeit mit Kindern und Jugendlichen verfasst. Ihr Ansatz ist deutlich praxisorientiert und wenig theoriegeleitet. Sie verweigern sich dem breiten Ansatz der Biografiearbeit und orientieren ihr schlankes Verständnis deutlich hin zu einer Methode, die die Defizite von Kindern, die in Heimen oder Pflegefamilien aufwachsen, mildern oder ausgleichen soll. In diesem Verständnis ist Biografiearbeit ausschließlich Sozialpädagogik.

Beachtenswert: Biografiearbeit erfährt intentionale Schärfung und Praktikabilität auf eine Zielgruppe hin.

Die eigenen Geschichten in einen Deutungshorizont stellen

„Biografie entsteht durch Erinnerung und Ausdruck dessen, was wir erlebt haben. Jede und jeder (er)schafft sich auf diese Weise seine Erzählung über das Leben, macht sich sichtbar für andere, die wiederum durch ihre persönliche Wahrnehmung des Erzählten ihre Wirklichkeit erzeugen. Wir Menschen sind beständig dabei, unsere Biografie zu gestalten, neue Perspektiven auf Erlebtes zu entwickeln und die eigenen Geschichten in einen Deutungshorizont zu stellen, mit dem wir Sinn stiften und uns Entwicklung ermöglichen.

Der Begriff ‚Biografiearbeit' ist ein Sammelbegriff für verschiedene Formen professionell und wissenschaftlich unterstützter Erinnerungsarbeit. Wir finden sie in der therapeutischen Arbeit, in der künstlerischen Auseinandersetzung mit Biografien, bei der Anleitung zu Erzählwerkstätten und Schreibgruppen, in der historischen Aufarbeitung von Geschichte(n) und in vielen anderen Zugängen." (Fachverband für Biografiearbeit)

Der Fachverband für Biografiearbeit orientiert seine Positionierung stärker intellektuell. Er betont die Sinnsuche und die Deutungsmöglichkeiten des eigenen Lebens. Allerdings vernachlässigt er die individuelle, nicht angeleitete Biografiearbeit und setzt offenbar das professionelle Gegenüber voraus. Offen bleibt, was „Deutungshorizont" z.B. in der Arbeit mit Kindern oder Dementen bedeutet.

Beachtenswert: Biografiearbeit wird nicht als einzelne Disziplin definiert, sondern als Sammelbegriff verstanden.

Eine andere Wahrnehmung

„Biografie heißt wörtlich übersetzt etwa ‚Lebensbeschreibung' und war früher reserviert für die veröffentlichten Lebenswege berühmter Persönlichkeiten. Biografiearbeit bedeutet dementsprechend ‚Beschäftigung mit Lebensgeschichte'. Dabei geht es nicht nur um die Darstellung der Geschichte eines Menschen, sondern auch um seine geistliche und seelische Entwicklung. Biografiearbeit als Bestandteil der Arbeit mit Menschen möchte eine andere Wahrnehmung vom Menschen ermöglichen: man versucht, den Menschen als Körper, Geist und Seele wahrzunehmen. Biografiearbeit ist prinzipiell in allen Lebensphasen möglich." (Olaf Höwer/Liane Sieger)

Diese definierende Beschreibung ist an einer Fachhochschule entstanden, die Pflegewirte ausbildet. Die Autoren betonen, dass sie bei ihrem Ansatz alte Menschen im Fokus haben. Sie unterstreichen deren andere Wahrnehmung. Der Mensch ist mehr als die Summe seiner Tätigkeiten und Erscheinungen.

Die Beschreibung verzichtet auf den gesellschaftlichen Bezug. Dies mag für die Zielgruppe von Pflegewirten hinsichtlich der Pflegenden verständlich sein, entgesellschaftet aber diejenigen, die in diesen Kontexten biografisch arbeiten. Eine Pflegesituation oder ein Pflegeheim ist ja zunächst nicht isoliert, sondern Teil des Gemeinwesens, der Gesellschaft. Wer biografisch in solchen Situationen arbeitet, muss ein Bewusstsein dafür haben, wie die persönlichen Lebensmöglichkeiten mit der gesellschaftlichen Entwicklung („Warum brauchen wir heute Pflegeheime?") zusammen hängen.

Beachtenswert: die Betonung der Wahrnehmung von Körper, Geist und Seele.

Intentionale Lernprozesse und bewusste Auseinandersetzung

„Funktional betrachtet, geschieht Lernen immer schon diesseits aller pädagogischer Reflexion und allen Bemühens in der Lebensgeschichte, insofern ist, funktional betrachtet, alles Lernen biografisches Lernen. Dabei kann auch die Auseinandersetzung mit der eigenen Lebensgeschichte eine Rolle spielen, ohne dass dieser Prozess pädagogisch gestaltet sein müsste. Intentional betrachtet, erfahren die beiden Verständnisse biografischen Lernens eine Einschränkung, insofern nur das Lernen als biografisches Lernen betrachtet werden soll, bei dem es entweder um intentional gestaltete Lernprozesse in der eigenen Lebensgeschichte geht oder aber um bewusste und gegenständliche Auseinandersetzung mit eigener Lebensgeschichte und deren Aneignung." (Hermann Buschmeyer zit. n. Lindmeier)

Christian Lindmeier bezieht sich in seinem Buch „Biografiearbeit mit geistig behinderten Menschen" ausdrücklich auf Buschmeyer und orientiert sich an dessen Verständnis von strukturierten Lernprozessen. Er zeigt eine Vorliebe für „biografisches Lernen" als Begriff und verwendet „Biografiearbeit" im Sinne einer Methode, die das biografische Lernen ermöglicht. Diese Differenzierung ist zunächst hilfreich, da sie auch sprachlich den methodisch (Arbeit) ausgelösten Prozess (Lernen) differenziert. Indem aber dem biografischen Lernen immer Intention zugewiesen wird, gelingt es nicht, den Begriff „Biografiearbeit" insgesamt zu fassen.

Beachtenswert: Biografisches Lernen wird als Selbsttätigkeit verstanden, die ohne Anleitung geschieht. Erst die definitorische Zuordnung der Intention führt zu einer Einengung.

Die untergehende Identität der Dementen

„Die Gefahr ist riesengroß, dass alte verwirrte Menschen, aufgrund ihrer Erkrankung hilflos wie kleine Kinder, wie unmündige, unerfahrene Kinder behandelt werden. Der Demenzkranke ist nicht nur das Häufchen Elend, als das er jetzt vor uns steht, sitzt oder liegt.

Jeder Mensch hat eine individuelle Lebensgeschichte, die niemals einer anderen gleichen kann. Die Höhen und Tiefen eines langen Lebens haben den Kranken geprägt und bestimmen jetzt sein Verhalten, seine Gewohnheiten, Vorlieben und Empfindlichkeiten.

Wissen über die Lebensgeschichte und den Charakter hilft den Kranken zu verstehen.

Verständnis hilft, auf die Kranken angemessen einzugehen, was den Pflegealltag erheblich erleichtern kann. Verständnis hilft aber auch, Verletzungen nicht persönlich zu nehmen, sondern als Versuche zu werten, unbewältigte Gefühle zu verarbeiten.

Biographiearbeit heißt Puzzleteile aus dem sich allmählich auflösenden Bild der Lebensgeschichte zu sammeln und so zusammenzufügen, dass der Kranke nicht mehr als unbeschriebenes Blatt erscheint.

Warum ist Biographiearbeit so wichtig?

Wer die Biographie Demenzkranker kennt, kann die mit dem Verhalten verknüpften Bedürfnissignale besser entschlüsseln und im Umgang mit dem Kranken berücksichtigen.

Die Biographie ist oftmals der Schlüssel zu noch vorhandenen Fähigkeiten, die es bewusst zu fordern gilt, um sie noch möglichst lange zu erhalten.

Mit dem Demenzkranken über Ereignisse aus seinem Leben zu reden, hilft ihm, seine allmählich untergehende Identität (die letzten Erinnerungsinseln) länger zu bewahren.

Biographiearbeit verleiht dem Kranken Sicherheit und stärkt sein Selbstvertrauen; das hilft, schwierige Situationen besser zu bewältigen." (Alzheimer Forum)

Die Alzheimer-Angehörigen-Initiative hebt auf die spezielle Situation dementer Menschen ab und betont Biografiearbeit zunächst als Hilfsmittel, um demente Menschen in ihren speziellen Verhaltensweisen besser verstehen zu können. Biografiearbeit ist in diesem Verständnis und bei dieser Zielgruppe zwangsläufig defizitorientiert. Durch Erinnerung soll der Fortgang der Krankheit bzw. deren negative Auswirkungen verzögert werden. Biografiearbeit wahrt aber auch die Würde der Dementen und ermöglicht ihnen Orientierung in der für sie untergehenden Welt. Biografiearbeit mit Dementen, das wird auch an anderer Stelle in diesem Buch deutlich, ist Arbeit mit und an den Grundbedürfnissen und -fähigkeiten (Zuwendung, Essen, Orientierung etc.). Sie wird reduziert auf das Mögliche und versucht, das Notwendige zu entfalten.

Beachtenswert: Erinnerungsinseln als Gerüst des Memorierens benötigen auch nicht demente Menschen.

Erinnerungstherapie

„Biografiearbeit – oder auch Erinnerungstherapie genannt – ist eine bewusste Auseinandersetzung mit der eigenen Lebensgeschichte. Dies kann sowohl individuell im Sinne einer biografischen Selbstreflexion (wie zum Beispiel bei Autobiografien) geschehen als auch durch Anleitung in individuellen Sitzungen oder im Gruppenformat. Letzte Form der Biografiearbeit wird häufig bei der Pflege und Betreuung an Alzheimer-Patienten angewandt. Nach dem Konzept der life-review von Butler verspüren viele Menschen im Alter den Wunsch, dem vergangenen Leben einen Sinn zu geben. Die Auseinandersetzung mit der eigenen Lebensgeschichte kann Sicherheit geben, das Selbstvertrauen stärken und dabei helfen, schwierige Situationen des Älterwerdens besser zu bewältigen. Die eventuell vorliegende Diskrepanz zwischen früheren Wünschen und der tatsächlichen Biografie kann durch die bearbeitende Rückschau möglichweise aufgehoben und in das gegenwärtige Leben integriert werden. Hauptziele der Biografiearbeit sind die Stärkung autobiografischer Kompetenz, die Integration der eigenen Lebensgeschichte, d.h. das Annehmen von Widersprüchen, gescheiterten Versuchen und Brüchen in der Biografie und die Nutzung persönlicher Ressourcen für die Zukunft." (Barbara Cramer)

Cramer definiert bzw. beschreibt Biografiearbeit im Zusammenhang mit Therapiemöglichkeiten für Alzheimer-Patienten. Sie betont hier die Fähigkeit, dass das Langzeitgedächtnis von Dementen relativ lange in Takt bleibt. Biografiearbeit als „Erinnerungstherapie" zu beschreiben, scheint allerdings zu einer Verkürzung zu führen, die den multidisziplinären Ansatz der Biografiearbeit reduziert und „Erinnerung" als Gesundungskonzept versteht. Erinnerungsarbeit sollte nicht aus einem pathologischen Kontext heraus definiert werden. Folgen kann man Cramer in der Bedeutung der Biografiearbeit als Integrationsfaktor und Versöhner mit den Brüchen und Verletzungen des Lebensweges.

Beachtenswert: die Wahrnehmung der Lebensgeschichte zur Sicherung des Selbstwertes und Selbstvertrauens.

Künstler der eigenen Persönlichkeit

„Biografiearbeit auf der Grundlage des Menschenbildes Rudolf Steiners kann (den) Entwicklungsweg des Menschen bewusstmachend und unterstützend begleiten. Im Betrachten des Lebenslaufes wird das Bewusstsein geweckt für die objektiv wirksamen Gesetzmäßigkeiten und der Blick geübt für die im eigenen Leben verborgenen Themen und Motive. Ziel ist, den eigenen Lebensfaden zu finden und aktiv weiter zu ‚ent-wickeln'.

Wenn der Mensch über die Prägungen durch die Vergangenheit hinaus auch die keimhaft in ihm wirkende Zukunft erkennt, wird er freier, die Gegenwart schöpferisch zu gestalten. Arbeit an der eigenen Biografie, welche die Vergangenheit, die Gegenwart und die Zukunft einschließt, kann zu einem tieferen Verständnis des eigenen Schicksals führen…

Ein sehr weit gefasstes Ziel in der Biographiearbeit ist es, das eigene Leben mit seinen ganz besonderen Inhalten in ein Kunstwerk umzuwandeln. Das Individuum ist mithin sowohl Bild wie Künstler. Es ist der Künstler seiner eigenen Persönlichkeit …" (Rainer Schnurre, Anthroposophische Biografiearbeit)

Schnurre gehört zu den vielen Praktikern, die Biografiearbeit in einen Zusammenhang bringen mit anderen Arbeitsformen, z.B. Künstlerisches Gestalten oder Schreiben. Hier wird Biografiearbeit verstanden vor dem Hintergrund der Anthroposophie Steiners, der für den Lebenslauf des Menschen bestimmte Gesetzmäßigkeiten behauptet.

Der bedenkenswerte Ansatz führt zu Fragen. Gibt es eine Logik, gar eine vorher bestimmte Logik der Biografie oder stellt sich die Logik erst in der Rückschau her? Was determiniert den Lebenslauf und wo bestimmen wir diesen selbst? Manches Schicksal erfährt seinen Sinn erst durch Erinnerung. Sinn meint hier nicht mechanistisches Ablaufen nach dem Ursache- und Wirkungsprinzip, sondern die verstandene und angenommene Einbettung in das Selbstverständnis.

Beachtenswert: die Unterstellung einer existenten Lebenslogik.

> Die ausgewählten Denkrichtungen verfügen über einen Vorrat von Gemeinsamkeit, differieren in den Einzelheiten. Auffällig ist bei vielen die Ausblendung der Zeitgeschichte oder die anspruchsvolle Intellektualisierung eines Ansatzes, der doch eigentlich auch Kinder und Jugendliche, Behinderte oder Demente einschließt. Anders als noch vor ca. 15 Jahren wird Biografiearbeit überwiegend multidisziplinär begriffen und nicht mehr als eigener Praxis- oder gar Wissenschaftszweig gesehen. Die wenigen Ausnahmen sind unbedeutend. Auffällig ist auch die wachsende Diversifizierung auf Zielgruppen hin.

Das ist Biografiearbeit!
Verständnis im Kontext des Praxishandbuches

Biografiearbeit meint im Kontext dieses Handbuches eine strukturierte Form der Selbst- und Fremdreflexion in einem regelhaften professionellen Setting, einem professionell gestalteten oder einem intentional gesteuerten Umfeld. In der Biografiearbeit geschieht Erinnerung, Aktualisierung und Einbeziehung der Vergangenheit in die Gegenwart mit Blick auf eine mögliche Zukunft. Rückblickend wird versucht, Lebenserfahrungen zu ordnen und ihnen Bedeutungen zuzuschreiben bzw. die bisher vorgenommenen Bedeutungen zu ergänzen, erweitern oder zu korrigieren. Biografiearbeit bemüht sich um Reframing, d.h. Bekanntes in einen neuen Rahmen zu stellen und dadurch verstehbar oder akzeptierbarer zu machen. Dies geschieht jenseits des qualitativ Messbaren. Biografiearbeit will die biografische Kompetenz stärken, damit der Erinnernde sich mit der eigenen Vergangenheit auseinandersetzt und das Erinnerte als Bestandteil des eigenen Lebens begreift.

Lebensgeschichte

Die Lebensgeschichte soll rekonstruiert werden, um das individuelle Geschehen zu aktualisieren, d.h. wiederzubeleben. Dies ist die Voraussetzung dafür, damit das Verständnis für das eigene Leben mit seinen unterschiedlichen Facetten und Schwerpunktsetzungen getieft werden kann. Lebensgeschichte meint in diesem Kontext das Zurückliegende der Biografie, sei es objektiv feststellbar oder als erinnertes Konstrukt. Lebenslauf hingegen ist die Chronologie des eigenen Lebens, in der Regel festzumachen an überprüfbaren Daten (Geburt, Einschulung, Heirat etc.).

In der Biografiearbeit geht es um Integration der Lebensgeschichte. Das Vergangene wird verstanden oder durch Verarbeitung verstanden. Es kommt im Idealfall zu einer Auseinandersetzung mit den eigenen Lebensbrüchen, den Beschädigungen und dem Scheitern, um Annahme oder Aussöhnung zu erreichen. Biografiearbeit nimmt aber auch die Lebensleistungen in den Blick und ermöglicht die stärkende Perspektive des Erfolges. Erinnerungen werden so zur Ressource für die Zukunft.

Die Vergangenheit gibt über die Erinnerungen ihre Erfahrungen preis und öffnet sie so für Lebensbilanzen. Die Gegenwart nutzt die Bilanzen, um das eigene Leben zu gestalten und zu bewältigen. Die Zukunft erhält so Perspektive und Ressourcen für die Lebensplanung.

Sinn

Biografiearbeit wird auf diese Weise zur Sinngebung, Sinnklärung und Sinnsuche. Sinnfragen werden an den (noch) vorhandenen Lebensmöglichkeiten orientiert. So hilft die Arbeit, sich einzurichten in einer Welt, die manchem als unwirtlicher Ort vorkommt und nicht ausreichend Lebensplätze zur Verfügung stellt. Im Kern ist Biografiearbeit immer auf die Zukunft gerichtet. Indem das Vergangene wahrgenommen wird, werden Begründungen ermöglicht, warum Zukunft lebenswert ist.

Gesellschaft

Es wäre allerdings eine Verkürzung von Biografiearbeit – und leider stellt man dies in der Literatur immer wieder fest – das Leben auf den individuellen Raum zu reduzieren. Damit verkäme Biografiearbeit zu einer Methodik innerhalb von Beratung oder Therapie, bestenfalls ein Instrument der Selbsterfahrung.

Biografiearbeit kann mehr: Sie bringt die individuellen Prozesse des Lebens in einen Sinnzusammenhang mit den gesellschaftlichen Entwicklungen – seien sie ökonomischer oder politischer Art. Sie bezieht die Familie, Freunde und Ahnen mit ein, verkennt die Wohnung oder das Lebensquartier nicht als zufällige „Location" der Existenz, sondern als Gestaltungsausdruck einzelner Lebewesen. Die Gesellschaft beeinflusst die Existenz, die Existenz hat Einfluss auf die Gesellschaft.

Gelungene Biografiearbeit bezieht deshalb immer auch das gesellschaftliche Umfeld mit ein. Es wird genutzt, um zu erklären, zu verstehen und die jeweiligen Verzweigungen des Lebens begründbar zu machen. Das Umfeld hat darüber hinaus einen sehr wesentlichen Trigger-Charakter: Indem ich die großen Daten der Gesellschaft erinnere, erinnere ich mich auch an das, was sich individuell zu bestimmten Zeitpunkten im eigenen Leben ereignet hat.

Nach dem 9. November 1989 war für viele Menschen vieles anders geworden. Die Änderungen bezogen sich nicht allein „auf die blühenden Landschaften", sondern auf die Umdeutung von Lebensgeschichten und die Anpassung von Lebensgewohnheiten. Die Umwertung des Lebens war nicht den großen Feiern und Proklamationen geschuldet, nicht einmal den hochemotionalen Akten (Grenzöffnung), sondern den unmerklichen Einflüssen des Alltags, der Veränderung der Lebensumwelt und einer gesellschaftlichen Hierarchisierung, die auf der einen Seite willkommen, auf der anderen Seite demütigend erlebt worden ist. Viele Biografien wurden gebrochen, auch und vor allem, weil der Gesellschaftsprozess mit rasanter Geschwindigkeit vollzogen wurde. Die Seelen kamen nicht mehr nach. Das Verwertungsinteresse des Kapitals ermöglichte keine Rücksicht. Die Integration des Umbruchs konnte erst viel später – nach dem Prozess des Ausblendens, Verdrängens, der Neueinrichtung – folgen.
Kollektive Biografiearbeit hätte das Anerkenntnis des bedrohlich Fremden bewirken können. Sie wäre zur Stärkung des Selbstwertes gegenüber einem mächtigen bzw. schwachen und gekränkten Partners geworden. Die vielen Einzelbiografien sind gesellschaftlich gesehen der Schatz, aus dem sich die kollektive Biografie entwickelt und ständig verändert. Deutschland ist ohne BRD und DDR nicht denkbar, nicht verstehbar. Damit sind nicht so sehr die Systeme, sondern mehr die Menschen mit ihren Lebensgeschichten zu verstehen, die den neuen, manchmal gemeinsamen, Alltag prägen.

Teilbiografien

Biografisch zu verstehen, bedeutet, das Ganze zu wahrzunehmen und es gleichzeitig in seine Teile aufzulösen, damit es sichtbarer, verstehbarer, integrierbarer wird. Die Biografie des Menschen ist zerlegbar in viele Einzelfacetten, Lebensthemen, Zeitkontinuen oder Erfahrungsfelder.

Sozialbiografie, Kulturbiografie, Leibbiografie, Ökobiografie, Glaubensbiografie oder Bildungsbiografie betrachten die Biografie aus einem spezifischen Winkel heraus. In diesen Teilbiografien findet sich immer auch das Ganze. Die Bildungsbiografie kann man nicht von ihrem sozialen Umfeld oder ihrer Kultur trennen. Die Leibbiografie dürfte immer in engen Wechselwirkungen zur Glaubensbiografie stehen.

Wir differenzieren, damit wir besser verstehen. Wenn aber die Differenzierung lediglich Diversifikation ist, die das Unterschiedliche betont, dann haben wir das Leben zerteilt. Biografiearbeit muss das durch Differenzierung Geteilte wieder zu einem Gesamtbild fügen und ermöglichen, dass der Mensch mehr ist als seine einzelnen Erinnerungen. Die „Teilbiografien" sind nur unterschiedliche Sichtweisen auf dieselbe Person.

Keine wissenschaftliche Disziplin

Biografiearbeit ist keine eigene Wissensdisziplin, keine Wissenschaft. Sie bedient sich der Wissenschaften insbesondere dann, wenn diese praxisorientiert ist.

Biografiearbeit hat kein geschlossenes Methodensystem, ist auch keine Übermethode, sondern fokussiert Methoden, die auch in anderen Kontexten nutzbar sind, auf die Lebensgeschichte des Menschen.

Biografiearbeit wird hier nicht als Fachrichtung, als Unterrichtsfach verstanden, ist kein eigener Therapie- oder Beratungsansatz. Biografiearbeit wird hingegen verstanden als interdisziplinärer Ansatz, der quer zu den Themen, Feldern, Settings und Situationen steht.

Biografiearbeit ist eine fokussierte Art des Schauens, Reflektierens, Aktualisierens – eine von vielen Weisen, Leben zu betrachten.

> Biografiearbeit ist nichts Beliebiges: Indem sie durchdringt, je nach Verwendung und Notwendigkeit verschiedene Tiefen und Verbindlichkeiten erreicht, kann sie zu dem beitragen, was uns in einer aufgeteilten, arbeitsteiligen, abgeschotteten, manchmal fremd erscheinenden Welt fehlt: Integration.

Können und Wollen
Biografische Kompetenz

Biografische Arbeit braucht biografische Kompetenz und eine geklärte, authentische Haltung gegenüber dem Erinnernden.

„Haltung ist die Art und Weise, wie wir uns zu uns selbst und zu unserer Umwelt in Beziehungen bringen“, so Roswita Königswieser. In unserer Haltung wird deutlich, wie wir denken und fühlen, was wir für richtig halten (wahr-nehmen) und was wir als falsch bewerten. Haltung ist ein Konstrukt, das jeder Mensch entwickelt und das wesentlich seine Identität und Zuwendungsfähigkeit ausmacht. Haltung operationalisiert sich in fast all unseren Verhaltensweisen. Sie macht uns kenntlich in jeder Art der Kommunikation. Wir können in unserer Haltung nur dann authentisch sein, wenn wir unsere eigenen Stärken und Schwächen annehmen, achtsam uns selbst gegenüber sind. Wer sich selbst hasst, mit dem Schicksal hadert oder zu viel Ungeklärtes herumträgt, der wird kaum eine angemessene Beziehung zu anderen Menschen aufbauen können. Wenn wir nicht neugierig auf unsere eigene Geschichte sind, warum sollten wir dann offen sein für die Erinnerungen anderer?

Fachliche Fähigkeiten

Biografische Kompetenz bedarf fachlicher Fähigkeiten, die die Haltung „einkleiden“. Fachliche Kompetenzen können im Rahmen der Ausbildungen erworben worden sein: Therapie, Beratung, Pflege, Pädagogik, ggf. Theologie oder durch spezifische Weiterbildungen, die von unterschiedlichen Trägern in unterschiedlicher Qualität angeboten werden. Fachliche Fähigkeiten entstehen aber auch aus den jeweiligen Lebenszusammenhängen, aus Erfahrungen und eigener Praxis.

Selbstkompetenz

Biografische Kompetenz gründet auf den Umgang mit der eigenen Biografie. Wer sich der eigenen Vergangenheit nicht gestellt hat, nicht die Freuden und Leiden der Erinnerung erfahren hat, wie will dieser kompetent mit Menschen in Krisen- oder Übergangssituationen arbeiten, wie die Impulse verstehen, die er in der Arbeit erhält?

Selbstkompetenz erwirbt man durch Selbsterfahrung und Fortbildung. Selbstkompetenz wird dadurch aufgebaut, indem man offen ist für die Erinnerungen anderer und sie in Zusammenhang bringen kann mit der eigenen Biografie. Entwickelt wird sie durch einen Kommunikationsstil, der nicht verengt, sondern weitet. Sie entsteht durch Neugier und Klärung der eigenen Bilder und Vorurteile.

Nähe und Distanz

Arbeit mit Menschen benötigt Nähe und Distanz. Die Herstellung dieser Distanz ist eine fachliche Qualifikation, die durch entsprechende Versachlichung von Themen erreicht wird. Wahrgenommen werden dann eher Phänomene und Symptome und nicht die persönliche Betroffenheit. Indem Abstand zur Person gewahrt wird, wird ein Blickwinkel möglich, der jenseits der Möglichkeiten des Gegenübers liegt. Distanz entsteht auch durch die angemessene Anwendung des Methodenrepertoires.

Fähigkeit zur Nähe hingegen ist eine Begabung, ein Charisma. Diese Begabung kann man entwickeln, versuchen, üben, wird sie aber im technischen Sinne nicht erlernen können. Sie wird dadurch gegeben, indem die eigene Lebensgeschichte Berührbarkeit und Mitleidensfähigkeit ermöglicht hat und der Egozentrismus begrenzt wird. Sie drückt sich aus durch eine entspannte Haltung, die weniger auf die eigenen Reflexe und Trigger reagieren muss, sondern sich auf das Gegenüber einlassen kann.

Ob das Verhältnis von Nähe und Distanz angemessen ist, kann in der Regel im kollegialen Austausch, in der Kollegialen Beratung, in Intervisionen oder Supervisionen beobachtet, überprüft und auch geübt werden.

Entspanntes Zuhören

Viele Menschen haben die Erfahrung gemacht, dass ihnen nicht zugehört wird oder dass das Gehörte missbraucht wird, um von eigenen Erfahrungen oder Erlebnissen zu sprechen. Wer biografisch arbeitet, schenkt Zeit und Entspannung. Aus dieser inneren Haltung heraus ermöglicht man dem Erinnernden, die Vergangenheit zu aktualisieren.

Neugier

Biografisch zu arbeiten bedeutet, Interesse (d.h. „teilhaben“) zu haben. Interesse kann nicht künstlich hergestellt werden, sondern muss aus der Person kommen. Nicht alles an meinem Gegenüber muss interessant sein. Aber jeder

Mensch trägt einen unverwechselbaren Teil in sich, der entdeckt werden kann – vorausgesetzt, er wird durch Neugierverhalten hervorgelockt.

Wertschätzung

Für kaum ein Verhalten sind Menschen empfänglicher als für das der Wertschätzung. Wertschätzung gelingt, wenn der Teil des Gegenübers identifiziert wird, zu dem Nähe verspürt wird, der Achtung z.B. vor einer Leistung, ein Erleben einflößt. Abschätziges Verhalten wird von nahezu allen Menschen mit feinem Sensorium registriert.

Korrekturfähigkeit

Zur Authentizität gehört es, auch angemessen korrigieren zu können, wenn eine Information falsch ist, eine Interpretation fehl geht. Eine solche Korrektur kann schmerzhaft sein, da sie bislang Klares infrage stellt. Einfühlsam Verschiebungen der Wahrnehmung anzuregen, ist eine Kunst und eine Notwendigkeit, die nur dann gelingt, wenn man selbst zu Korrekturen fähig ist.

Ganzheitlich verstehen

Alles ist in allem (holistisches Prinzip). Wer biografisch arbeitet, hilft, in den einfachen Vollzügen des Lebens die ganze Geschichte zu entdecken. Das Leid des Krieges zeigt sich nicht nur in Schilderungen der Schlachten, sondern auch im Trennungsschmerz eines jungen Paares. In der einzelnen Begebenheit spiegeln sich Zeitgeschichte und gesellschaftliche Kontexte.

Humor

Das Leben ist voller Tragik und voller Komik. Erinnerungen gelingen dann, wenn die Balance zwischen beidem entdeckt wird und mit Heiterkeit auf die Zeiten der Existenz geschaut werden kann, die belastet waren. Wer über Unglück nicht auch lachen kann, tabuisiert. Jede Tragödie hat einen Komödien-Anteil.

Trauern und leiden

Trauern zu können und Leiden anzunehmen, gehört zu den wichtigsten Haltungen der Menschen. Dem Schmerz muss Ausdruck gegeben werden, um

Versteinerungen zu verhindern. Biografisch Arbeitende müssen sich um diese Haltung bemühen und mit-leiden können. Der Schmerz wird für eine bestimmte Zeit gemeinsam gefühlt oder geteilt und dadurch ertragbarer.

Rückmeldung

Nur Zuhören, nur Strukturieren oder Vorgeben reicht in vielen Situationen nicht. Menschen, die aus ihrem Leben berichten, wünschen sich meistens eine Reaktion – sei es als Bestätigung, Korrektur oder als nachgereichte Absolution. Rückmeldung bedarf aber immer der „Erlaubnis". Nur wenn die Sicherheit besteht, dass die Rückmeldung angenommen werden kann, ist sie sinnvoll.

Perspektiven öffnen

Viele Menschen sind befangen in ihrer Eindimensionalität. Ihnen haften die immer gleichen Erzähl- und Erklärungsmuster an. Biografisch Arbeitende haben die Aufgabe, den Horizont zu öffnen und das bislang nicht Denkbare zumindest für möglich zu halten. Dem dient auch das Reframing: Ein bekanntes Phänomen, eine bekannte Sichtweise wird in einen neuen bislang nicht entdeckten oder gekannten Rahmen gestellt.

Sich ethisch angemessen verhalten

Biografiearbeit bedarf einer ethische Grundhaltung: Vertrauen, Verschwiegenheit, Einverständnis. Das Gegenüber ist kein Objekt, sondern Subjekt der eigenen Geschichte. Nur der Erinnernde darf über die Verwendung seiner Erinnerung verfügen.

> Biografische Kompetenz zeigt sich in vielen Qualifikationen und Facetten. Sie kann trainiert, geübt oder gelernt werden, braucht immer die Offenheit und die Gabe der Einlassung. Die gelingt dem, der sich seiner eigenen Lebensgeschichte genähert hat.

Siegergeschichten und Selbstabwertungen
Männliche und weibliche Biografiearbeit

Gibt es weibliche und männliche Biografiearbeit? Hinsichtlich der Methoden und Arbeitsfelder vermutlich nicht, wohl aber hinsichtlich der je unterschiedlichen Lebenszusammenhänge. Sicher reagieren Männer und Frauen auf Methoden tendenziell unterschiedlich, da sich Methoden zur wirksamen Entfaltung auf den jeweiligen Lebenskontext beziehen lassen müssen. Allerdings haben „weibliche" Methoden auf Männer ebenso Wirkung wie „männliche" Methoden auf Frauen. Sie rühren je unterschiedliche Erfahrungen an und evozieren so unterschiedliche Verhaltensweisen.

Wie männlich oder weiblich Biografiearbeit ist, wird stärker von den Akteuren und weniger stark von den eigentlichen Settings oder Methoden gesteuert. Ein männlicher Therapeut oder Seminarleiter ruft andere Reaktionen hervor als eine weibliche. Weil dies so ist, empfiehlt sich in vielen Settings die Leitung durch bzw. Kooperation von Mann und Frau. Insbesondere im Bereich der Paarberatung scheint dies oft unabdingbar. Wichtig ist, als biografisch Arbeitender zu beobachten, wie Methoden und Settings wirken.

Wer Bildungsarbeit mit gemischtgeschlechtlichen Gruppen macht, wird schnell feststellen, dass es geschlechtsspezifische Reaktionen gibt. Männer interpretieren ihre Lebensgeschichten tendenziell aufwertend. Sie feiern eher die gelungenen Ereignisse und neigen dazu, das eigene Leben als „Siegergeschichte" zu interpretieren, die stattgefundenen Versagenssituationen als fremdverursacht zu erzählen. Ihre Lebensgeschichte kennt „Schicksal", weniger aber individuelles Versagen.

Frauen, insbesondere älterer Generationen, interpretieren ihre Lebensgeschichten tendenziell abwertend. Sie neigen dazu, das eigene Leben als nicht wirklich wichtig oder mitteilenswert zu betrachten. Deutlich stärker als Männer werten sie Versagen als eigenes Versagen. Diese Reaktionen scheinen dann besonders ausgeprägt zu sein, wenn die eigene Arbeit vor allen Dingen durch Familienarbeit bestimmt war. In der Biografiearbeit drückt sich so auch das Verhältnis von bezahlter und unbezahlter Arbeit aus.

Biografiearbeit in gleichgeschlechtlichen Gruppen hingegen verändert die Reaktionen. Aus den Siegergeschichten der Männer werden häufig Konkurrenzgeschichten. Die Männer mit geringerem Gruppenstatus übernehmen dann die „weibliche Selbstabwertung". Es zählt das öffentlich Anerkannte und Geleistete.

Frauen hingegen scheinen sich schneller zu verständigen und eine solidarische Basis zu finden, die weniger konkurrent ist – sieht man von der Sondersituation ab, wenn Frauen mit und Frauen ohne Kinder in der Gruppe sind. Die Erfahrung von Familienarbeit verführt offenbar weniger zum Vergleich und mehr zum Nachfühlen und Mitempfinden.

Sondersituationen ergeben sich bei der Biografiearbeit mit Paaren. Hier werden die eigentlichen Lebensthemen schärfer gegeneinander gesetzt („Du hast nie den Haushalt gemacht!" – „Ich hatte eine 50 Stundenwoche und musste mich um die Karriere kümmern."). Dadurch entstehen männliche und weibliche Blickwinkel auf die je eigene bzw. fremde Biografie.

Wer biografisch arbeitet, erlebt, dass Frauen in der dritten Lebenshälfte offenbar deutlich mehr Energie zu mobilisieren wissen als Männer. Es scheint, als wenn sie vor einem neuen Lebensabschnitt stehen, der als gestaltungsfähig erlebt wird. Leben erscheint als Lust und Chance.

Männer wirken hingegen häufig desorientierter und vermitteln sich und anderen das Gefühl, die letzten Jahre oder Jahrzehnte einflusslos bewältigen zu müssen. Leben erscheint als fremde Last und manchmal sogar als Zumutung.

Gerade in der Unterschiedlichkeit männlicher und weiblicher Reaktionen liegt die Chance für eine fruchtbare kompensatorische Arbeit. Männer können lernen, dass weniger Konkurrenz mehr Verständnis bedeutet. Frauen können lernen, dass Aufwertung der Lebensleistung mehr Zufriedenheit ermöglicht.

> Natürlich sind diese Beschreibungen zunächst typologisch. Wenn mehr Menschen Erwerbs- und Familienarbeit erlebt und geteilt haben werden, werden sich auch die biografischen Blicke auf das eigene Leben verändern: Geschlechtsspezifisches verliert an Bedeutung.

Gast in den Erinnerungen anderer
Ethische Haltungen

Ergänzend zu den ethischen Standards der jeweiligen Professionen (Therapeut/innen, Berater/innen etc.) sollen im Folgenden einige ethische Haltungen dargestellt werden, die für Biografiearbeit von besonderer Bedeutung sind.

Biografiearbeit geschieht freiwillig

Was allzu selbstverständlich klingt, ist nicht immer selbstverständlich. Wer biografisch arbeiten will, muss die Bedingungen deutlich machen, unter denen und mit denen er oder sie arbeiten will. Wer sich zu einem Bildungsseminar anmeldet, will nicht an einer Selbsterfahrungsgruppe teilnehmen. Wer Beratung sucht, hat sich nicht für Therapie entschieden. Der Einzelne entscheidet für sich, was er will und was ihm gut tut.

Der biografische Arbeitende kann stützen, nicht aber überreden, überfordern oder gar übertölpeln.

Biografiearbeit schützt Grenzen

Nahezu jeder Mensch hat ein gesundes Gespür dafür, wie belastbar er bei welchem Thema oder welchem Ereignis ist. Diese definierten Grenzen dürfen durch einen Zweiten nicht ausgeweitet werden, sondern bedürfen der deutlichen Achtung. Neben der ethischen Bedeutung dieses Prinzips, gibt es auch eine pädagogische Notwendigkeit: Werden Grenzen übertreten, werden diese reaktiv meistens enger gezogen. Geachtete Grenzen hingegen weiten sich.

Biografiearbeit bedenkt die Qualität von Zeitbeziehungen

Die meisten Settings in der Biografiearbeit konstruieren Zeitbeziehungen: der Workshops dauert nur ein Wochenende, die Beratung ist auf sechs Stunden begrenzt oder das Projekt nach drei Monaten beendet. Auch in den begrenzten Zeiträumen entstehen intensive Beziehungen, die oft Facetten von Intimität haben. Dennoch sind sie auf Dauer selten tragfähig.

Biografisch Arbeitende achten darauf, dass solche Begegnungen und Bindungen nicht zu eng werden. Sie wissen um die Macht des Alltags und sie wissen auch um ihre eigene Position. Wenn sie gemocht werden, dann zunächst wegen der Rolle, die sie (gut) ausfüllen.

Biografiearbeit ist fürsorglich

Das Leben ist prall und die Lebenden sind empfindsam. Biografiearbeit aktualisiert vieles: Schönes, Trauriges, Peinliches, Schamvolles. Gelingt sie, dann kann auch manche dunkle Zeit des Lebens integriert bzw. angenommen werden.

Biografisch Arbeitende sind Begleiter. Sie nehmen den Einzelnen in den Blick und achten darauf, wie viel dieser tragen oder ertragen kann. Jeder der biografisch arbeitet, übernimmt Verantwortung: Er löst, was erstarrt schien.

Biografiearbeit achtet das Verschweigen

Gelingende Biografiearbeit lässt viele Erinnerungen hochsteigen. Nicht alles Erinnerte eignet sich für das Gespräch, die Auseinandersetzung. Der Erinnernde ist Eigentümer seiner Erinnerung. Er verfügt ganz und gar über sie.

Wer biografisch arbeitet, achtet diese Eigentümerschaft und vertraut darauf, dass der Erinnernde gute Gründe für den Selbstschutz hat – auch wenn dies von außen nicht immer verständlich sein mag.

Biografiearbeit geschieht vertraulich

Biografiearbeit braucht den geschützten Raum. Alle die sich auf diese Art des Arbeitens einlassen, sollten sich vorher darüber verständigen, ob und auf welche Weise Erfahrenes weiter verwandt werden darf.

Biografisch Arbeitende sind Gäste in den Erinnerungen anderer.

Biografisch Arbeitende achten ihre eigenen Grenzen

Nicht immer sind die Grenzziehungen klar. Schon manche Situation in der Begegnungsarbeit eskalierte, weil die Erinnernden zu nah und zu wenig begleitet an die Schmerzen und Verletzungen ihres Lebens geraten waren.

Biografisch Arbeitende müssen erkennen, wann sie professionell überfordert sind und dem Erinnernden zu empfehlen haben, andere Hilfe in Anspruch zu nehmen.

> Ethik findet ihren Ausdruck in Haltungen. Ethisches Verhalten ist immer achtsames Verhalten und sorgsamer Umgang mit Menschen und deren Schicksalen.

Die neue Durchsichtigkeit
Datenschutz

Biografiearbeit stützt sich auf Erinnerung, Dokumentation und Archivierung, auf das Sammeln und Gewichten, Analysieren und Bewerten. Biografiearbeit, über einen längeren Zeitraum betrieben, häuft eine Vielzahl von Daten und Informationen an, mit denen verantwortlich umgegangen werden muss. Verantwortlicher Umgang bedeutet für biografisch Arbeitende die Anerkenntnis von Vertraulichkeit, Exklusivität und Transparenz über die weitere Verwendung von Informationen und Daten.

Im Grundsatz ist jede Information vertraulich und der Informierende hat die alleinige Entscheidung darüber, wie mit seinem Wissen, seiner geschilderten Erfahrung umgegangen wird. Diese Vertraulichkeit und Exklusivität wird geschützt durch die gesetzlichen Standards, denen Beratung und Therapie unterworfen sind. Bildung und Begegnung muss sich an diese Standards auch jenseits des Strafrechtlichen halten.

Eine neue Qualität der Archivierung ist durch die Möglichkeiten des Internets entstanden. Hatte früher jeder die Möglichkeit, persönliche Daten zu schützen, sind die Wege des Netzes und der sogenannten sozialen Netzwerke so angelegt, dass sie persönliche Daten sammeln, auswerten und entsprechend bewertet dem Markt zur Verfügung stellen. Im Fokus ist dabei nie die individuelle Biografie sondern immer der Konsument.

Facebook, Google und andere stellen interessante Tools zur Verfügung, die für Biografiearbeit genutzt werden können – vorausgesetzt, man schert sich wenig um die Gefahren und kann an der Aussage des Facebook-Erfinders Mark Zuckerbergs, er wolle totale Transparenz, nichts Schreckliches finden. Immer mehr Medien drängen auf den Markt, die auf sehr einfache Weise die Archivierung des täglichen Lebens ermöglichen. Neben den „Glasses" von Google, kann die Entwicklung einer speziellen Kamera symptomatisch und zukunftsweisend sein.

Im Frühjahr 2013 präsentierte die schwedische Firma Memoto ihre kleine quadratische, massenmarkttaugliche Kamera mit einer Kantenlänge von ca. 3cm. Die Kamera kann an die Kleidung angeklippt werden und macht automatisch alle 30 Sekunden ein Foto. So entstehen pro Tag 2880 gespeicherte Bilder, die zudem mit Tag, Uhrzeit und Ortskennung (via GPS) versehen sind. Ein besonderes Fototagebuch oder ein „Life log“ entsteht. Die Bilder verbleiben nicht in der Kamera, sondern wandern über eine App zum Server der Firma, der sich wiederum bei Amazon (!) befindet. Kleine nützliche Zusatzprogramme sortieren die Fotos nach Qualität, Themen oder Motiven. In schönster Werber-Lyrik sagte Martin Källström, der Gründer von Memoto, man wolle einen Weg finden, das „Leben in der Zukunft erneut zu erleben und dabei die Gegenwart zu genießen.“ Will man das? Hilft das der Biografiearbeit?

Biografiearbeit will keine Daten ohne Zahl sammeln, sondern auf die wesentlichen Erinnerungen und Lebensereignisse fokussieren. Es geht nicht um lückenloses Rekonstruieren und Analysieren, sondern um den subjektiven Zugriff auf die eigene Vergangenheit. Nur der biografisch Reflektierende darf darüber entscheiden, was wesentlich in seinem Leben war, ist oder werden soll. Oft reichen dafür wenige Erinnerungen und die gleichzeitige Fähigkeit zu vergessen.

Wer Medien wie Memoto vertraut, der begibt sich der Möglichkeit zu vergessen und wird technokratischer Rekonstrukteur der eigenen Vergangenheit. Die subjektive Erinnerung, die weit mehr als ein Bild ist, wird entwertet. Solche Datenbanken verändern Identitäten, da Biografie objektiv rekonstruierbar erscheint und man jederzeit damit rechnen muss, dass das eigene Erleben destruktiv irritiert und scheinbar wahrheitsnah korrigiert wird. Produkte dieser Art zielen nicht auf Erinnerungstiefe sondern auf Wahrnehmungsverflachung.

Fragen sind mehr als Fragen
Biografisch fragen

Das, was wir voneinander erfahren, erfahren wir aus verbalen und nonverbalen Kommunikationen, den dahinter bzw. darunter liegenden Annahmen, Vermutungen, Eindrücken. Mit Sprache präzisieren wir uns bzw. versuchen, durch Recherche andere genauer wahrzunehmen, zu verstehen. Unser Sprechen besteht zu einem guten Teil aus Frage und Antwort. Wir unterscheiden Kontaktfragen (eröffnen Gespräche), Faktfragen (eruieren), Wissensfragen (klären den Horizont), Meinungsfragen (ermöglichen Positionierung), Stimmungsfragen (beziehen sich auf das Gefühl) und Rundungsfragen (schließen ein Gespräch). Fragen können geschlossen (mit Antwortvorgaben) oder offen (ohne Vorgaben) formuliert sein.

Vordergründig dienen Fragen dazu, Informationen zu beschaffen oder für ein Gespräch aufzubereiten. Fragesteller und Beantworter sind in ungleichen Situationen: Der eine nimmt, der andere gibt. Innerhalb von Sekunden kann sich das Verhältnis umkehren.

Mit Fragen werden Gespräche eröffnet, in Gang gehalten oder auf ein Thema fokussiert. Man erfährt Vorkenntnisse, Erfahrungen, Ansichten und Meinungen des Gesprächspartners. Fragende können die aktive Beteiligung an einem Gespräch anregen oder hervorrufen. Fragen entwickeln Gespräche weiter, indem sie anregen zu folgern, Schlüsse zu ziehen oder diese zu überprüfen. Fragen helfen Gespräche zu vertiefen, einzuschränken und manchmal auch produktiv zu verflachen, wenn belastende Situationen entschärft werden müssen.

Es gibt nur wenig Fragen und Antworten, die nicht in unterschiedlichen Kontexten stehen oder Subtexte haben. Wenn wir miteinander sprechen, geschieht dies auf der Erscheinungsebene, gleichzeitig ahnen wir aber andere, ergänzende manchmal auch korrigierende Wirklichkeiten. Diese Wirklichkeiten sind das Unausgesprochene, das Erahnte oder das Verdrängte. Es klingt durch und durchdringt die Atmosphäre der Begegnung, ohne tatsächlich ins Gespräch, in die Kommunikation, gehoben worden zu sein.

Biografiearbeit hat wenig mit Befragung zu tun, sondern mehr damit, wie durch Fragen Erinnerungen hervorgerufen und reflektiert werden können.

Der Fragende ist ein Gesprächspartner, dem die einzelne Informationen oft nicht wesentlich ist, der aber durch das Konzept bzw. das Setting möglich machen will, dass Erinnerungsarbeit gelingt.

Gespräche beginnen oft mit einer Art Interview, das dann im Dialog oder Gruppengespräch mündet. Der Fragende steuert durch die Art und Auswahl der Fragen die Tiefe des Gespräches, strukturiert den Weg und nimmt so Einfluss auf ein mögliches Ergebnis. Diese Erinnerungsarbeit sieht in der Therapie anders aus als in der Pflege, in der Bildung anders als im Gespräch zu zweit. Dennoch können viele Fragen bzw. Fragetechniken feldübergreifend eingesetzt werden.

Ob es gelingt, einfache Interviews zu vermeiden, hängt von vielen Faktoren ab: Wie alt sind die Gesprächsteilnehmer? In welchen Verhältnissen stehen sie zueinander? In welchem Setting befinden sie sich? Handelt es sich um eine Exploration oder um ein individualisiertes Beratungsgespräch? Tauscht man sich entspannt über eine bestimmte Phase des Lebens aus oder befindet sich der Gesprächspartner in einer Krisensituation, die bewältigt, mindestens aber bestanden werden muss?

Gut gestellte Fragen sind oft Antworten und Antworten erübrigen häufig weitere Fragen, weil die Gesprächspartner sich von der ausschließlich oberflächlichen Ebene verabschiedet und unmerklich die Kontexte und Subtexte in die Kommunikation eingebunden haben. Kommunikationsfluss entsteht und man verlässt so die hierarchisierende Ebene von Frage und Antwort.

Biografische Fragen sind nicht immer nur Fragen nach Vergangenem. Sie beziehen sich auch auf die Gegenwart. Die Gegenwart repräsentiert ihre Vergangenheit: Ich rede und antworte so, weil ich in der Vergangenheit Erfahrungen gemacht habe. Diese stehen mir nicht immer erinnerlich zur Verfügung, gleichwohl habe ich sie internalisiert. Sie haben mich zu dem gemacht haben, was ich heute bin. Die Gegenwart ist nicht das Abbild, sondern Echo der Vergangenheit.

Die Fragetechniken werden mit Beispielen aus der Biografiearbeit erläutert. Fragesammlungen finden sich bei der Beschreibung der Praxisfelder.

Lineares Fragen

Beim Linearen Fragen orientiert sich der Fragesteller, benennt das Feld, sichert Fakten oder fragt Wissen ab. Lineare Fragen sind meistens direkt beantwortbar und klären Ausgangsbedingungen. Sie sind „nackte" Fragen. Es geht tatsächlich um das Gefragte und um eine möglichst präzise Beantwortung.

Lineare Fragen beginnen oft mit den „W-Wörtern": wer, wann, wo, wie, welche, was, wieso, weshalb. Sie haben einen eher untersuchenden Charakter, wirken als Interview und weniger als Gespräch. In der Biografiearbeit haben sie wichtige Funktionen für die Kontaktaufnahme, die Gesprächseröffnung oder für die Absicherung des Verstandenen.

> Wie alt sind Sie?
> Wie viele Kinder haben Sie?
> Seit wann leben Sie in diesem Heim?

Diese Fragen sind eindeutig und überprüfbar zu beantworten. Sie klären für den Fragenden die Ausgangssituation. Mit linearen Fragen nähert man sich der Person und sichert zunächst den Realitätsgehalt von Gesprächen ab.

> Sie erzählten, dass Sie das Abitur in Spanien gemacht haben. Entspricht das unserem Schulabschluss?
> Sie sind Abteilungsleiter gewesen. Wie viele Mitarbeitende waren Ihnen zugeordnet?
> Wo waren Sie, als Ihre Mutter starb?

Lineare Fragen, gerade als wiederholende Fragen, dienen der Verständigung. Gehen die Gesprächspartner tatsächlich von vergleichbaren Ausgangsbedingungen aus?

> Sie leben seit 2009 in diesem Haus, kennen aber viele Bewohner schon sehr viel länger. Wie kommt das?
> Sie haben gesagt, Sie hätten drei eigene Kinder. In Ihren Erzählungen taucht aber immer wieder ein viertes Kind auf. In welchem Verhältnis stand dieses zu Ihnen – war es adoptiert?
> Wenn Sie im Krieg evakuiert waren, aus welchem Grund sind sie 1945 wieder in Ihr Dorf zurückgegangen?

Lineare Fragen klären für einen fremden oder uninformierten Gesprächspartner Situationen und Positionen. Sie ermöglichen Annäherung und Themeneingrenzungen. Sie beziehen sich auf Erkennbares und schaffen einen gemeinsamen Vorrat an Informationen. Sie „locken" ins Gespräch.

Mit gehäuft gestellten linearen Fragen läuft man allerdings Gefahr, Gesprächsflüsse so zu normieren, dass sie keine Tiefung oder Reflexion zulassen. Sie können ins Verstummen führen oder aber wie aufgestellte Gatter an einem Weg wirken: Das weite Feld kann nicht betreten werden.

In komplexen Situationen können lineare Fragen auch zu Verfestigungen oder zum Ausweichen führen. Sie bestätigen die sich immer wiederholende und „festgefahrene“ Selbsterfahrung, das Selbstbild. Der Beantwortende bezieht sich ausschließlich auf die Fragen und grenzt sich ab zu Themen und Erfahrungen, die neben dem Erfragten liegen. Lineare Fragen bekommen so eine Art Schutzfunktion. Beantwortet wird so, wie immer schon beantwortet wurde. Ein Perspektivenwechsel bleibt aus oder wird bewusst vermieden. Der Status quo bleibt erhalten. Diese Schutzfunktion macht dann Sinn, wenn anderes zu sehr bedrohen oder betrüben würde.

Auch wenn lineare Fragen zunächst oberflächlich erscheinen, so muss man sich bewusst bleiben, dass sie unter Umständen Erfahrungen antriggern, die schwer getragen werden können. Insbesondere bei noch nicht fortgeschrittenen Gesprächsverläufen führt dies zu Irritationen, weil der Boden für ein vertrauensvolles Gespräch nicht bereitet werden konnte.

Zirkuläres Fragen

Zirkuläres Fragen verzichtet auf einfache „Frage-Antwort“-Mechaniken oder das direkte Erfragen von Informationen. Es ermöglicht Reframing, indem die Kontexte verschoben oder verändert werden. Das zirkuläre (auch systemische oder triadische) Fragen provoziert ein „Mutmaßen im Beisein der Anderen“. So zu fragen, bedeutet, spielerisch zu denken, auszusprechen, was sonst nicht angesprochen wird, das Mögliche als das Wirkliche zu verstehen. Es taut die scheinbar fest gefrorene Realität an.

Durch zirkuläres Fragen werden Unterschiede beschrieben und Wahlmöglichkeiten geschaffen. Man erhöht Entscheidungs- und Interpretationsspielräume und bietet ungewohnte Bedeutungsgebungen an. Ist der Fragende geübt, kann er positiv irritieren, indem er eine andere Sichtweise ermöglicht. Auf diese Weise kann sich auch der Fragende an die Kenntnisse und Erfahrungen des Gesprächspartners ankoppeln. Ihm wird ein tieferes Verstehen ermöglicht, kann das Denksystem und die Gefühlswelt seines Gegenübers besser nachvollziehen, sich selbst erklärbarer machen. Es wird ein informationsschaffender Prozess in Gang gesetzt, der weit mehr Erkenntnisse hervorrufen kann als ausschließlich lineares Fragen.

Zirkuläre Fragen können grob gegeneinander abgegrenzt werden als Unterscheidungsfragen, Hypothesenfragen sowie Vergangenheits- und Zukunftsfragen.

Verflüssigung

> Was hätte Ihre Mutter tun müssen, damit Sie den Schulweg gern allein gegangen wären?

Der Befragte konzentriert sich nicht mehr allein auf etwas Vorgefallenes, sondern entwickelt eine neue Vorstellung der Bewältigung. Im Idealfall löst sich gedanklich eine Verhärtung („Sie hat mich immer nur gezwungen und meine Ängste nicht gespürt.“).

Rekontextualisierung

> Wann hat Ihr Bruder Sie geschlagen?

Verhalten ist immer kontextabhängig. Indem dieser Kontext aktualisiert wird und mit anderen Kontexten verglichen wird, werden Unterschiede und Situationsabhängigkeiten deutlich. (Hat der Bruder vielleicht nur geschlagen, wenn sein Freund zu Besuch war, um sich stark zu zeigen?)

Unterscheidung

> Woran haben Sie als Kind gemerkt, dass Sie nicht hilflos der Lehrerin ausgesetzt waren? Was haben Sie anders gemacht?

Der Erzählende wird gebeten, die Unterschiede wahrzunehmen. Was hat er oder sie anders gemacht als die Mitschüler oder als Jüngerer? Wie hat sich sein Verhaltensrepertoire verändert? Er oder sie wird in die Lage versetzt, die individuellen Gestaltungsfaktoren eigenen Lebens wahrzunehmen.

Zeitliche Dimension

> Wann haben Sie aufgehört, Minderwertigkeitskomplexe wegen Ihrer Körpergröße zu pflegen?
> Wie lange brauchen Sie noch, um sich gegen Hänseleien zu wehren?

Die Einführung der zeitlichen Dimension in das Gespräch klärt und relativiert. Nicht alles ist sofort und gleich erreichbar, manches brauchte seine Zeit. Gerade in der analytischen Rücksicht kann deutlich werden, dass es immer unterschiedliche Erlebensphasen gegeben hat. So wird Erinnerung differenziert.

Skalierungen

> Wie hoch schätzen Sie die Wahrscheinlichkeit ein, dass Sie älter werden als der Durchschnitt der Bevölkerung? Geben Sie eine Zahl auf der Skala 1 bis 10 an (alternativ: in Prozenten).

Skalierungsfragen sind eine einfache aber wirksame Form, Relationen herzustellen, ggf. auch Gefühle auszudrücken. Sie nutzen zunächst das scheinbar objektive Medium der Skala. Im Gespräch werden solche Werte relativiert und gleichzeitig angereichert mit weiteren Informationen, Erfahrungen und Einschätzungen.

Beziehungsmuster

> Wer spielte mit Ihnen, wer lieber mit Ihrem Bruder?
> Wer sorgte sich in der Familie am ehesten um Sie?
> Hat sich die Beziehung zu den Eltern verändert, als Sie aus dem Haus gingen?

Wir sind eingebettet in unterschiedlichen Beziehungen und werden jeweils unterschiedlich in den Systemen wahrgenommen. Indem analysiert wird, wer sich in welchem Kontext zu wem stellt, entsteht, legt man mehrere Fragen und Antworten quasi übereinander, ein deutlicheres oder verändertes Fremd- und Selbstbild.

Übereinstimmungen

> Wer aus Ihrer Familie hat Sie unterstützt, als Ihre Scheidung rechtskräftig war?

Biografische Ereignisse bedürfen der differenzierten Einordnung. In der Rücksprache erscheint vieles „einfarbig“, was in der Realität unterschiedliche Farben hatte. Fragen nach Übereinstimmungen helfen, das Feld zu klären und sich nachgehend z. B. der Solidarität zu vergewissern.

Fakteninterpretation

> Wie haben Sie es sich erklärt, dass Ihre Gymnasialklasse nach dem Abitur auseinander gefallen ist und sich nie mehr getroffen hat?

Häufig werden Ereignisse der Vergangenheit als bloße Fakten akzeptiert und unhinterfragt in die Erinnerung eingegliedert („Das war eben so.“). Wesentliches wird ausgeblendet oder verstellt. Schmerzhafte Ereignisse erhalten so eine starre, eigene Form und belasten das Erleben nicht weiter. Das Nachfragen und Interpretieren hingegen öffnet und bietet ggf. Alternativen an.

Commitment

> Wer außer Ihnen war noch davon überzeugt, dass die Verurteilung des Kameraden gezielte Schikane war?

Indem ich die eigenen Werte oder Überzeugungen in anderen wiedererkenne, stabilisiere ich mich und bekämpfe das Gefühl, mit Wesentlichem allein auf der Welt zu sein. Werte leben zu können, braucht erkannte Gemeinschaft auch mit Menschen, die nicht unbedingt nahe zueinander stehen. Fehlt Commitment, kann das ein Hinweis auf Fehler oder Fehlentscheidungen sein.

Bedeutungsdifferenzierung

> Dass Ihr Sohn das Studium ausgeschlagen hat, war das ein Zeichen von Stärke oder Schwäche, von Mut oder Feigheit?

Nicht der Sohn wird in den Mittelpunkt gestellt, nicht sein scheinbares Versagen, sondern die Bedeutung, die sein Handeln hatte. Der ausschließliche Fakt (Ausschlagen des Studiums) wird zugunsten der Bedeutung (Stärke, Feigheit) weiter bedacht. So ergeben sich neue Facetten.

Alternativen

> Wenn Sie damals das Arbeitsangebot in London angenommen hätten: Wie wäre Ihr Leben dann verlaufen?

Manche Lebenserzählungen scheinen von ihrer Eindimensionalität zu leben. Alle Ereignisse wirken schicksalshaft, unveränderbar („Es gab keine andere Möglichkeit. Basta.“). Dieses Schicksal wird ausschließlich als Verlust interpretiert. Indem der Horizont hypothetisch erweitert wird, erschließen sich für die anderen Lebensphasen vielleicht neue Erklärungen („Weil Sie London ausgeschlagen haben, haben Sie später viel Energie Ihrer Familie geschenkt. Ihre Kinder danken es Ihnen heute.")

Zukunftsprojektion

> Angenommen, Sie würden bald im Rollstuhl sitzen: Wie würden Ihre Kinder reagieren?

Ein Fakt wird in die Zukunft projiziert und damit als mögliche Realität vorweggenommen und besprechbar gemacht. Wie auch bei anderen zirkulären Fragen wird der „Umweg" über dritte (Kinder) gewählt.

Paradoxon

> Was muss ich fragen, damit Sie verstummen und mir nichts aus Ihrem Leben erzählen?
> Angenommen, Sie möchten, dass Ihre Kinder Sie auch weiterhin nicht besuchen, was müssten Sie dafür tun?

Paradoxe Fragen helfen zu öffnen, indem der Gesprächspartner seine Grenzen definiert, gleichzeitig aber auch den Raum bedenkt, aus dem er berichtet. Das Paradoxe irritiert, stört mit geringer Dosis und ermöglicht so im Kleinen ein Anders-Denken. Durch die gedankliche Verschärfung einer Verhaltensweise wird deutlich, welche Anteile und Abhängigkeiten in Kontakten und Systemen bestehen.

Problemnutzen

> Welchen Vorteil haben Sie, wenn Sie dem Nachbarn Ihr Unglück vorjammern?

Viele Probleme und negative Verhaltensweisen werden deshalb nicht gelöst oder verändert, weil daraus Nutzen entspringt. Diesen kollateralen Nutzen eines Problems zu identifizieren hilft, Veränderungen zu entwickeln.

Wunder

> Angenommen, es geschähe ein Wunder und über Nacht wären alle Ihre Probleme verschwunden. Woran würden Sie das zuerst merken?

Wenn wir das Utopische denken, können wir realistisch werden. In der Abgrenzung zum Unwahrscheinlichen wird das Wahrscheinliche klarer.

Die Wunderfrage ist vielleicht die beliebteste der zirkulären Fragen, weil sie überraschend Raum gibt und auf naive Art produktiv ist.

Strategisches Fragen

Strategische Fragen gehören zu den steuernden Formen der Gesprächsführung. Sie haben Ähnlichkeit mit den zirkulären Fragen, unterscheiden sich aber in der Intention. Während zirkuläre Fragen den Horizont öffnen sollen, neue Perspektiven zulassen oder Rollenwechsel ermöglichen, beeinflussen strategische Fragen den Gesprächsverlauf so, wie es vom Gesprächsführenden intendiert wird. Sie sollen den Gesprächsverlauf absichtsvoll in eine Richtung bringen, ja sogar bestimmte Ziele erreichen helfen.

Strategische Fragen (Unterrichtende entwickeln komplizierte Fragegebäude, damit der Schüler oder die Schülerin zu der gewollten Erkenntnis kommt), grenzen in der Biografiearbeit das Feld ein, indem der Fragende gezielt auf ein Thema zusteuert oder den Raum öffnet für ein Thema, das dem Gesprächspartner besonders am Herzen liegt.

Strategische Fragen können manipulativ wirken oder sein, indem sie gewünschte Antworten vorgeben.

> Es ist war doch richtig, vorzeitig die Schule zu verlassen?
> Sie wollen doch auch nicht, dass Ihre Kinder für ihren Unterhalt sorgen müssen?
> Als Ihr Mann starb, wollten Sie sicher nicht mehr weiter leben?

Das Manipulative hat auch einen reflexiven Charakter: Indem eine Erklärung oder Unterstellung vorgeben wird, wird ein Prozess eingeleitet, der zu einer Neu- oder Andersbewertung kommt – ggf. sogar in Abgrenzung zu der strategischen Frage.

Strategische Fragen enthalten oft eigene Hypothesen. Solche Fragen werden gestellt, um die Behauptung zu bestätigen, abzusichern oder aber zu anderen Erklärungen zu kommen.

> Sie sind nicht berufstätig gewesen. Sicher wollten Sie sich ausschließlich der Kindererziehung widmen und hatten mit der Versorgung des Haushaltes ausreichend zu tun?

Im Krieg geht es um das nackte Überleben. Wie hätten Sie sich auch anders verhalten können?
Ihre Frau kam aus einer anderen gesellschaftlichen Schicht. Musste das nicht schief gehen?

Erklärungsmodelle, die hinter solchen Fragen stehen, dienen zunächst der Verständigung. Auch der Gesprächspartner weiß um den Charakter (Rollen, Überlebensnotwendigkeiten, gesellschaftliche Schranken), hat aber Gelegenheit zu widersprechen oder zu widerlegen. Strategische Fragen in der Biografiearbeit müssen transparent sein. Die Gesprächsführenden müssen sich über die jeweiligen Annahmen und Unterstellungen klar sein. Wird das nicht im Laufe des Gespräches geklärt, verbleibt man in Stereotypen, bequemen gegenseitigen Bestätigungen oder Ablehnungen.

Strategische Fragen, die auf eigenen Überzeugungen basieren, laufen Gefahr, Gesprächsverläufe einzuengen statt zu weiten.

Haben Sie mit den Ausländern in Ihrer Straße auch so schlechte Erfahrungen gemacht?
Männer können nicht pflegen. Warum geben Sie sich also so viel Mühe?
Jeder muss für sich selbst sorgen. Wie kommen Sie denn mit Ihrer Rente zurecht?

Strategische Fragen dieser Art sind der Biografiearbeit nur dann angemessen, wenn der Fragende den Hintergrund erläutert hat oder aber deutlich darauf verweist, dass es die eigene Meinung ist. Auf diese Weise bietet er seine Erfahrungen als Beispiel, vielleicht sogar als Provokation an, die Abarbeitung und damit Klärung ermöglicht.

Reflexive Fragen

Reflexive Fragen sollen dem Gesprächspartner die Möglichkeit der Analyse eigenen Verhaltens, eigener Einschätzung oder Erfahrung geben. Sie hinterfragen vermeintliche oder tatsächlich fixierte Positionen. Reflexive Fragen gehören in die intensiven Gesprächsphasen. Sie verlassen das Feld der Information, der Fakten und Einschätzungen. Sie öffnen den Raum für Schlussfolgerungen, Bestärkung, Korrektur oder Neuorientierung. Mit dieser Technik begibt man sich in die Felder des Möglichen. Die Fragen werden meistens im Konjunktiv gestellt. Reflexive Fragen haben oft zirkulären Charakter und stützen sich auf das vorhandene Fakten- bzw. Erfahrungswissen. Sie sind häufig auf die Vergangenheit gerichtet.

Was hätten Sie getan, wenn Ihnen das Studium verwehrt worden wäre?
Haben Sie je bereut, aufs Land gezogen zu sein?
Wie hat der Schmerz Ihres Vaters Sie erreicht?

Im Mittelpunkt des reflexiven Fragens steht ausschließlich der Befragte. Er reflektiert, wie sich Erlebnisse in seiner Erinnerung verankert haben, welche Kontexte wesentlich waren und wie diese Einfluss auf ihn genommen haben. Reflexive Fragen berühren den Intimbereich. Wer sich ihrer bedient, geht in die Verantwortung für das Gegenüber (z.B. im Rahmen einer Beratung) und muss den Prozess der Reflexion begleiten können. Reflexive Fragen sollen nicht das Neugierverhalten des Fragenden befriedigen, sondern den Raum für Nachdenklichkeit, Tiefe oder Veränderung eröffnen.

Als Sie neulich Ihre Tochter wieder trafen. Waren Sie für sie weiterhin die strenge Mutter oder die geduldige Freundin?
Würden Sie heute wieder so handeln?
War es richtig, Ihrer Nachbarin so scharf die Meinung zu sagen?

Reflexive Fragen können strategischen Fragen ähnlich sein. Der Gesprächsführende ermöglicht andere Sichtweisen, ggf. Veränderungen. Er interveniert und sollte dabei deutlich machen, dass Erfahrungen geachtet, Verhalten respektiert und die Autonomie des Gegenübers akzeptiert wird. Erst aus einer solchen Sicherheit heraus kann Reflexion geschehen.

Können wir über den Tod Ihres Mannes sprechen?
Ärgern Sie sich noch über Ihre Schwester?
Gefühlt: Wie lange ist das Geschehene für Sie vergangen?

Reflexive Fragen brauchen den zeitlichen Abstand zum Erlebten oder Geschehenen. Sie eignen sich nicht für schnelle Beantwortungen, sondern brauchen den gelassenen Blick, das beruhigte Gefühl.

Wollen Sie sich wirklich schon jetzt entscheiden?
Ist es nicht besser, darüber eine Nacht zu schlafen?
Lassen Sie uns morgen noch einmal darüber sprechen. Vielleicht stellt es sich dann doch anders dar!?

Reflexive Fragen und deren Bearbeitung oder Beantwortung vertragen nicht die unmittelbare Konsequenz. Veränderungen brauchen Zeit. Die Verwertung von Erkenntnissen geschieht langsam. Schnelle Schlussfolgerungen laufen Gefahr, von der Stimmung des Moments bestimmt zu werden.

Nach den Fragen
Widerspiegelungen

Gute Gespräche bestehen in der Regel nicht aus einseitigen Fragen und Antworten, nicht allein aus wechselseitigem Antworten und Fragen. Sie beinhalten Phasen des Innehaltens, des Reflektierens, des Nachdenkens und des Schweigens. Der Gegenüber hat ein Anrecht auf Reflexion durch den Partner. Er möchte erkennen, dass verstanden wurde, dass er mindestens für den Moment im Mittelpunkt steht.

Die Kunst gelingender Gesprächsführung ist abhängig vom Differenzierungsvermögen. Wann ist es angebracht, eigene Erfahrungen einzubringen? Wann ist es angebracht, von sich selbst abzusehen und nur den anderen zu sehen? Wann ist es angebracht, einen Rollenwechsel vorzunehmen und vom Frager zum Befragten zu werden?

Die Verhaltens- und Kommunikationsweisen, die im Folgenden geschildert werden, werden meistens wie selbstverständlich im Gesprächsalltag praktiziert. Sie werden hier zunächst systematisch getrennt in dem Bewusstsein, dass sie oft ineinander fließen – ähnlich die geschilderten Fragetechniken.

Verbalisierung

Sprache ist für die Menschen unseres Kulturkreises das verständliche Medium der Mitteilung. Die Äußerungsformen scheinen verständlich, die Regeln allgemein gültig, die Wertigkeit von Sätzen und Worten unhinterfragbar.

Wir wissen, dass dies nur tendenziell richtig ist. Viele Menschen verfügen aufgrund ihrer Sozialisation, ihrer Lebenserfahrung oder Lebensereignisse nicht über die ausreichenden Möglichkeiten sprachlicher Verständigung. Wer mit pubertierenden Jugendlichen zu tun hat, weiß, dass diese mehr über Verhalten als über Sprache agieren und kommunizieren. Sie teilen sich anders mit und sind mit Sprache nur auf dem Weg des Missverständnisses erreichbar. Indem die Missverständnisse aufgelöst werden, gelingen Kommunikationen oder ereignen sich neue Missverständnisse.

Wer mit schwer traumatisierten Menschen arbeitet, weiß um deren „Sprachlosigkeit". Sie können ihr Leid nur in Haltungen und Emotionen bringen, nicht aber in das zentrale Medium der Mitteilung, weil dies hohe

Reflexion und Abstand zum Erlebten erfordert. Wer in Sprache bringen kann, was ihn bedrückt, ist auf dem Weg der Hilfe und Erlösung. Biografiearbeit bezieht auch andere „Sprachen“ ein: Gesten, Kleidung, Verhalten, Emotionen, Ausblendungen, Verweigerungen. Wer nicht Souverän der eigenen Verbalsprache ist, der spricht nonverbal. Der Gesprächspartner muss Unausgesprochenes verbalisieren, sich zum Übersetzer machen und so dem gegenüber die Möglichkeit der Korrektur oder Bestätigung geben.

> Ich habe gesehen, dass Sie Ihre Zimmernachbarin nicht grüßen. Ich vermute, Sie streiten sich mit ihr gegenwärtig. Ich kann mir vorstellen, dass Sie beide dadurch belastet sind und Ihre Wohnsituation unangenehm ist.
>
> Sie kommen jedes Mal zu spät in unsere Gruppen und stören damit den Beginn. Ich glaube, wir räumen Ihnen hier zu wenig Gelegenheit ein, im Mittelpunkt zu stehen.
>
> Ihr Mann ist seit acht Jahren tot. Sie kleiden sich schwarz. Schwarz war früher ausschließlich die Farbe der Trauer.

Paraphrasierung

Paraphrasierungen dienen der Verständigung und der Klärung. Sie fassen aus der Sicht des Zuhörenden komplexe Schilderungen zusammen, ohne den Inhalt zu ändern. Indem der Inhalt „eingedampft“, konzentriert wird, geschieht Vergewisserung über das Verstandene und Bestätigung des Verständnisses.

> Ihrem Chef haben Sie die Brocken vor die Füße geworden. Sie wollten nicht mehr. (Nachdem der Erzählende lange über einen Konflikt berichtet hatte).
>
> Habe ich Sie richtig verstanden, dass Sie sich zunächst zur Armee gemeldet haben, dann aber gern wieder in Ihren Beruf zurückgegangen wären? Dies wäre für Sie allerdings mit Nachteilen verbunden gewesen.
>
> Bitte höre mir zu, wollten Sie dem Lehrer zurufen, haben sich aber nicht getraut.

Bei Paraphrasierungen nutzt man häufig den Konjunktiv, der wie eine Frage wirkt: Habe ich richtig zugehört?

Spiegelung

Die Spiegelung hat Ähnlichkeit mit der Paraphrasierung, unterscheidet sich aber dadurch, dass der Fragende in die Rolle des Antwortenden schlüpft und dessen Antwort möglichst genau im Indikativ wiedergibt, um die Gefahr des Missverständnisses (die bei der Paraphrasierung höher ist) zu minimieren. In der Regel wird die Spiegelung angekündigt; in besonderen und geschützten Situationen kann die Spiegelung der Worte einhergehen mit der Spiegelung der Betonung, der Gestik oder des Verhaltens.

Ich habe Sie so verstanden und wiederhole es mit meinen Worten ...
Sie haben gesagt: Nie mehr werde ich in mein Geburtshaus zurückkehren, weil meine ...
Als Sie eben die Tür zum Gruppenraum öffneten, tänzelten Sie wie ein kleines Mädchen auf Ihren Sitzplatz zu.

Gelungene Spiegelungen (und Paraphrasierungen) tiefen die Bindung und die Emotionalität der Begegnung. Schlechte Spiegelung führen zu Abwertung des Spiegelnden oder zur Kränkung des Gespiegelten. Sie verstellen weitere Auseinandersetzungen, weil sich der Betroffene tendenziell zurück zieht auf weniger subtile Formen der Kommunikation, um verständlicher zu erscheinen.

Feedback

Feedback heißt wörtlich übersetzt „zurückfüttern" – einem Einzelnen, einer Gruppe oder einem System. Dabei geht es nicht um Bewertung, sondern darum, wie etwas Geschildertes beim Gegenüber angekommen ist. Der Hörende konfrontiert das Gehörte für einen Moment mit der eigenen Gefühlswelt, den eigenen Erfahrungen und „füttert" diesen Eindruck zurück. Feedback ist immer singulär, da die Erfahrungen z.B. des Nachbarn andere sind und sein Feedback mindestens graduell deshalb anders verlaufen würde. Feedback ermöglicht die Erfahrung von Wirkung und öffnet das Verständnis dafür, dass bestimmte Verhaltensweisen nicht so ankommen, wie sie vielleicht intendiert waren. Für den, der Feedback bekommt, wird diese Rückmeldung manchmal auch als Kritik, im schlimmsten Fall als Angriff erlebt. Feedback bedarf der Vorsicht und auch der ausdrücklichen Erlaubnis, damit es nicht zu Verhärtungen führt.

Darf ich Ihnen eine Rückmeldung geben? Das Geschilderte bewegt mich sehr. Vielleicht hilft es Ihnen, wenn Sie meine Erfahrungen mit einer ähnlichen Situation erfahren.
Ich habe Sie so verstanden, dass Sie nicht mehr in Ihr Elternhaus zurückkehren wollen. Für mich wäre das unvorstellbar. Ich habe viel Streit mit meinen Eltern gehabt, aber sie haben mir immer auch ein Stück Heimat geboten.
Es war schrecklich für mich zu hören, welche Not das bei Ihnen ausgelöst hat.

Das Feedback hat also immer den anderen im Blick und bietet ihm eigene Erfahrungen an, die vielleicht einen Perspektivwechsel ermöglichen, mindestens aber eine Erweiterung der Sichtweise.

Sharing

Während das Feedback nahezu ausschließlich den anderen im Blick hat und ihn quasi anreichert mit eigenen Erfahrungen, ist das Sharing („teilen") zunächst die ausschließliche Konzentration auf das eigene Zuhören. Der Zuhörende fragt sich, woher er oder sie das Gehörte kennt, woran es erinnert. Im Sharing wird in dem Bewusstsein geäußert, dass das Gehörte nur der Auslöser ist und das Ausgelöste oft wenig mit dem Gehörten zu tun hat. Das Sharing dient dazu, Erfahrenes für sich selbst nutzbar zu machen und als Trigger der eigenen Erfahrungswelt zu verstehen.

Das Sharing zieht zunächst die Aufmerksamkeit vom Erzählenden ab und rückt die Zuhörenden in den Mittelpunkt. Das kann bereichernd sein, weil der Auslösende erfährt: Hier wird nicht mein Leben geschildert, sondern mein geschildertes Leben löst Erinnerung und Mitteilungswunsch bei anderen aus.

> Als Sie eben von Ihren Brüdern erzählten, erinnerte ich mich daran, wie schmerzhaft es für mich ist, keine Geschwister zu haben.
> Sie sind fromm aufgewachsen. Ich habe die kirchliche Welt nie selbst erfahren. Sie ist mir verschlossen geblieben.
> Ich schäme mich fast ein wenig: Ihre Ehe ist so tragisch gescheitert und ich bin seit 40 Jahren glücklich und zufrieden verheiratet.

Beim Sharing entsteht im Idealfall ein Strauß vielfältiger Erfahrungen und Anregungen, eine Sammlung von Perspektivwechseln.

Wiederholung

Biografiearbeit lebt von Redundanzen. Es reicht nicht, sein Leben einmal zu erzählen. Es muss häufig erzählt werden, manchmal sogar in der gleichen Sprache. Es ist, als wenn der Erzählende sich dabei selbst zuhören würde, um die einzelnen Facetten genauer wahrzunehmen und in den „Tönen" die unterschiedlichen Erfahrungen zu „erlauschen". Der Gesprächspartner sollte Fragen wiederholen, unterschiedlich stellen. Mit wachsendem Vertrauen werden Antworten unterschiedlich ausfallen. Das Erzählte kann durch die emotionale Resonanz getieft werden.

Gefühlt: Wie lange hat Ihre Kindheit gedauert?
Wann war Ihre Kindheit beendet? Gab es einen äußeren Anlass dafür?
Wann starb Ihre Mutter? Mussten Sie da Jugendliche werden?

Redundante Fragen werden oft mit dem Ziel variiert, weitere Informationen zu erhalten oder Erfahrenes zu vertiefen.

> Techniken der Widerspiegelung prägen Gesprächssituationen und tiefen sie. Sie ermöglichen Reaktionen, Zwischenbilanzen oder Bilanzen. Offenes wird gerundet oder ein Zwischenstand fixiert.

Dem Nichtgesagten auf der Spur
Entschlüsselungen

Biografisch Arbeiten bedeutet im Verständnis dieses Buches auch nicht-intentional zu agieren, wenn Äußerungen des Gegenübers Rückschlüsse auf seine Biografie zulassen oder sogar mit dem Ziel getan werden, dass ein Gespräch, eine Auseinandersetzung entsteht. Nicht geplante spontane Biografiearbeit z. B. in der Pflege bedarf der Wahrnehmung von Signalen. Diese sind manchmal sehr klar und eindeutig, oft aber verschlüsselt. Verschlüsselungen bewirken zunächst eine Verschiebung der Kommunikation. Werden die Signale erkannt, kann die behutsame Öffnung Ansatzpunkt für ein Gespräch sein.

Penetranzgeschichten

Viele Menschen erzählen Geschichten ihres Lebens immer wieder und wirken aufdringlich durch Penetranzgeschichten. Vermutlich wurden sie mit ihren Geschichten nie wirklich wahrgenommen oder aber die Reaktionen provozieren die Verstärkung des Erzählwunsches: Der Zuhörende wird als abgelenkt oder missverstehend wahrgenommen, während dieser tatsächlich gelangweilt oder sogar desinteressiert ist. Penetranzgeschichten können auch ein Hinweis auf fehlende intensive Kontakte sein: Man kreist um sich selbst.

Anregungen: Genaues nachfragen; Metakommunikation („Sie haben mir das letzte Woche schon einmal erzählt. Es bewegt Sie noch immer. Warum?"); nach Möglichkeiten der Verstärkung suchen (z. B. Lob oder Bewunderung äußern).

Wiederholungen

Insbesondere bei täglichen Verrichtungen (Waschen, Speisen anreichen) stellen sich Standardäußerungen ein. Hier wiederholen sich Kommunikationsmuster. Man erkundigt sich nach dem Befinden, redet über das Wetter oder fragt die Qualität des Nachtschlafes ab. Kommunikative Kreisbewegungen verselbstständigen sich, wirken inhaltsleer. Sie verstellen das Ohr für das, was ins Gespräch gehoben werden könnte, aber keine Worte findet.

Anregungen: Statt auf das Gegenwärtige musterhaft zu reagieren, die Alltagsäußerungen zum Anlass nehmen und nach Vergangenem fragen („Sie hatten doch sicher keine Badewanne zu Hause!?").

Assoziatives Reden

Auch das scheinbar Ungeordnete, das sprudelnd Erzählte, hat eine heimliche Zielorientierung. Es macht die Überfülle des Lebens deutlich oder die Dünnhäutigkeit des Menschen, der sich von Triggern immer wieder anregen lässt, Eigenes zu erzählen. Oft mischt sich Banales mit Schwerwiegendem und die Banalität droht die eigentliche Botschaft zu ersticken.

Assoziatives Reden macht deutlich, dass Erinnerungen sich nicht allein am Lebenslauf orientieren sondern, an einzelnen starken Ereignissen. Die Chronologie hat, aus welchen Gründen auch immer, an Bedeutung verloren.

Anregungen: Zuhören ohne durch Gesprächseinwürfe neu Trigger zu produzieren; Zusammenhänge zwischen den einzelnen Botschaften oder geschilderten Ereignissen formulieren; darum bitten, bei einem Thema zu bleiben.

Gedankensprünge

Oft stellen wir scheinbare oder tatsächliche Gedankensprünge beim Erinnernden fest. Ein Erinnerungssignal löst das nächste aus. Bilder tauchen auf, regen an, eröffnen Nebenschauplätze. Der Erinnernde verliert den Faden, entdeckt „Wichtigeres". Gedankensprünge können Hinweis darauf sein, dass das biografische Gespräch vermieden werden soll: Man will sich nicht preisgeben und stellt Schutz dadurch her, dass eine andere Erinnerung aufgegriffen und weiterentwickelt wird.

Anregungen: Aufmerksam machen auf den Gedankensprung; vorsichtig, nicht drängend nachfragen; Anknüpfungspunkte finden.

Schattenmitteilung

Gedankensprünge, die unbewusst geschehen, sind Schattenmitteilungen. Sie dienen meistens dem Ausweichen, um Schmerzliches zu verdrängen oder Beschämendes zu tabuisieren. Neue Erfahrungen haben alte überlagert und bedecken sie. Seufzende Hinweise wie „Früher hat mich mein Sohn jede Woche besucht!" sind häufig Verschattungen, weil die dahinter liegende Botschaft nicht benannt werden soll oder kann.

Anregungen: Verbalisieren der vermuteten Mitteilung; aufgreifen der Emotion durch Verständnis oder Tröstung; manchmal Verstärkung der Äußerung („Sind Sie böse auf ihn?")

Selbstabwertung

Vielen Erinnernden mag es egozentrisch erscheinen, die eigenen Gefühle und Erfahrungen mitzuteilen. Es erscheint ihnen nicht angemessen, Raum für sich zu reklamieren. Erinnerungen sind zudem oft nur diffus vorhanden oder werden gezielt „vernachlässigt". Dahinter steht die Erfahrung von Unwichtigkeit und Kleinsein. Im Vergleich zu anderen wird die eigene Biografie als unbedeutend wahrgenommen. Die Ereignisse werden als banal oder gar peinlich erinnert.

Anregungen: Verstärken der wenigen Äußerungen; deutlich Interesse zeigen; von anderen „Selbstabwertern" erzählen und deren Veränderungserfolge schildern; Gruppenerfahrung ermöglichen.

Verstummen

Manche Menschen verstummen. Sie sind nicht in der Lage, sich mitzuteilen, weil sich nie jemand für ihre Biografie interessiert hat. Fragen nach dem Leben werden abgewehrt: „Ach, da war nichts Besonderes!".

Anregungen: Bewusst auffordern, das Alltägliche zu schildern; selbst über das Alltägliche sprechen; die Aufmerksamkeit einer Gruppe ermöglichen.

Unverständliches Verhalten

Manche Menschen vollziehen immer wieder die gleichen, scheinbar unsinnigen Handlungen. Der Kleiderschrank wird abgeschlossen und der Schlüssel versteckt, der Teller wird immer leer gegessen und geleckt zurückgegeben. Solche Verhaltensweisen erinnern an Zwangshandlungen und repräsentieren bestimmte biografische Erinnerungen. Wer sich lange Zeit bedroht fühlte, will diese Bedrohung ausschließen. Wer Hunger gelitten hat, weiß jede Speise zu schätzen.

Anregungen: Die Verhaltensweise als solche achten; durch Nachfragen ergründen, welche Erfahrung dahinter steht.

Artefakte

Die Präsentation von Artefakten sind meistens verdeckte biografische Mitteilungen: Bilder von Angehörigen werden absichtlich so präsentiert, dass Dritte sie sehen können oder besondere Kleidung wird nur zu besonderen Anlässen getragen.

Anregungen: Wahrnehmen und die Wahrnehmung benennen; konkret fragen; eigene Gefühle oder Eindrücke mitteilen.

> Biografiearbeit lebt vom richtigen Verhältnis zwischen Nähe und Distanz. Im engen Kontakt wird Unverständliches verständlich. Der distanzierte Blick ermöglicht Interpretation, Analyse oder Klärung. Nähe und Distanz wird durch alle Beteiligten hergestellt. Die Balance in der Begegnung herzustellen, den richtigen Abstand zu leben und Gefühl für die schnelle Korrektur zu haben, ist ein wesentliches Erfordernis, das sich an biografisch Arbeitende richtet.

Die Fülle des Lebens
Themen der Biografiearbeit

Das Leben von Menschen ist nicht schematisch sortierbar, kann aber aus bestimmten Blickwinkeln (hier: Themen) betrachtet werden. Diese greifen ineinander und sind nicht scharf voneinander zu trennen. Fragen ergänzen die Themen. Sie sind „nackt“ und müssen situativ „bekleidet“ werden, damit sie der Gesprächs-, Beratungs- oder Therapiesituation gerecht werden. Die „Einkleidung“ ergibt sich aus den Intentionen und Kontexten der jeweiligen Biografiearbeit.

Jedes Thema wird knapp sondiert. Daran schließen sich die Fragesammlungen an. Unter jedem Abschnitt befindet sich eine Frage an den Leser oder die Leserin. Es wurde versucht, bei den Themen Redundanzen zu vermeiden. Das kann nicht immer gelingen, weil Fragen nach den „Ahnen“ auch aus der Perspektive der „Ausgangsfamilie“ Sinn ergeben.

Ahnen

Biografiearbeit geht schon seit längerem über die eigene Lebensspanne hinaus und sucht das Leben des einzelnen Menschen auch bei den Ahnen. „Ahnen“ ist ein wunderbarer Begriff, der wortähnlich ist mit Ahnung: Wir wissen es nicht, aber wir „ahnen“ unsere Geschichte. Indem wir suchen, finden wir Verortungen oder konstruieren ein Leben vor unserem Leben, mit dem wir existieren können.

„Das Vergangene ist nicht tot. Es ist nicht einmal vergangen“ heißt es bei dem amerikanischen Literaten William Faulkner. Er macht prägnant darauf aufmerksam, dass sich unser Leben nicht allein in der Gegenwart abspielt und dass selbst die kurze Spanne zwischen Geburt und Tod nicht das widerspiegelt, was Menschen ausmacht. Jedes Leben ist eingebettet in das Kontinuum von Kommen und Vergehen, von Entstehen und Sterben. Wir leben nicht allein, sondern in einer Gemeinschaft von Menschen, die vor uns waren und nach uns kommen werden. Wir sind keine Namensverzeichnisse in Stammbäumen, keine reine Daten. Wir tragen Geschichte und Geschichten in uns, mit uns und während wir leben, geben wir diese weiter an unsere Nachkommen. Der Tod beendet unsere Körperlichkeit, nicht aber die Existenz dessen, was uns ausgemacht hat. Das Vergangene ist immer auch Gegenwart, so wie Gegenwart auch immer Zukunft bedeutet.

Wenn Menschen erinnern, erinnern sie meistens Ereignisse ab ihrem vierten Lebensjahr. Alles was davor geschah, bleibt im Dunkeln. Dennoch sind wir Träger dieses Dunkels, es existiert in uns, wird von uns belebt, verwandelt und so neu „erfunden", während wir schon beginnen, es an unsere Nachfahren weiterzugeben. Viele Menschen wissen wenig aus dem Leben ihrer Eltern. Noch weniger wissen die meisten Menschen über ihre Großeltern. Häufig sind es nur nackte Daten wie Geburts- und Todestag, vielleicht noch der Beruf und die Wohnumgebung.

In unserer Gesellschaft – und das mag etwas spezifisch Deutsches sein – haben wir eine Kultur des Schweigens über Vergangenes etabliert. So wie viele Traditionen durch den Nationalsozialismus ab- oder unterbrochen wurden, so scheint auch in vielen Familien die Erinnerungsarbeit gestört worden zu sein. Die positiven Ereignisse, gesellschaftlich oder familiär, wurden gebrochen oder eingefärbt. Über allem stehen die Verbrechen, der Krieg, das Morden. Auch wenn es „kein richtiges Leben im falschen gibt" (Th. W. Adorno), so findet es doch immer in parallelen Welten stand: Die Zeit war individuell erlebt nicht nur Unglück, sondern auch Glück, nicht nur Tod, sondern auch Wachstum.

Die jungen Alten kennen von ihrem toten Vater oft nur Kriegsgeschichten, die wie Erzählungen aus dem Pfadfinderlager klingen. In ihnen kommt das Grauen, die Angst, die Verzweiflung und Schuld nicht vor. Von den verstorbenen Müttern erfuhr man wenig über die Verhältnisse in den Städten, als die Juden und andere abgeholt wurden. „Ich weiß gar nicht, ob bei uns überhaupt Juden gelebt haben", meinte die alte Dame, die in einer westfälischen Kleinstadt aufgewachsen war und schon als Erwachsene den Nationalsozialismus erlebt hatte. Das Wegschauen wurde abgelöst durch Verschweigen oder Verdrängen. Dieses Schweigen über eine grausame Epoche, schädigt bis heute die Lebenden dadurch, dass sie lange ohne Reflexion und ehrliche Aneignung der eigenen Geschichte und der Geschichte der Vorfahren geblieben sind.

Die 1968er Generation führte die sich in den Wirtschaftswunderjahren manifestierende Gesellschaft zurück auf ihre „Gründungsväter" – die Nationalsozialisten. Nahezu instinktiv wurde in den Jahren der sogenannten

Studentenunruhen erkannt, wie sehr diese Zeit Eingang gefunden hatte in die Institutionen der Bundesrepublik. Die Auseinandersetzung mit der Väter- und Vorvätergeneration sollte eine reinigende Kraft entwickeln, die tatsächlich zu „mehr Demokratie wagen“ (W. Brandt) führte. Dass auch diese Entwicklung von Kollateralschäden begleitet wurde, die schmerzhaft wirkten, konnten viele erst später verstehen.

Ein weiterer, sich zum Teil verheerend auswirkender Schweigepakt, war die Tabuisierung des Leides der Vertriebenen und Flüchtlinge. Auch die 1968er Generation wollte (und konnte) nicht verstehen, wie viel Leid und Opfer diese Menschen in die Gesellschaft mitbrachten, ohne dass es je einen angemessenen Ort für die Auseinandersetzung und damit Heilung gegeben hätte. Erst in diesen Jahren öffnet sich die Gesellschaft von links bis rechts breit der Thematik.

Ein drittes Phänomen ist der erstarkende Rechtsradikalismus, der auch in den östlichen Bundesländern zu beobachten ist. Hier scheint sich – bei aller Vorsicht in der Spekulation – die antifaschistische Staatsräson der DDR zu rächen, die einerseits verdienstvoll alles Rechtsradikale bekämpfte, gleichzeitig aber auch so tabuisierte, dass nach dem Wegfall der Räson braune Biotope entstehen konnten. Die korrekte politische Entscheidung, etwas offiziell zu ächten, führte nicht dazu, dass Schuld oder innere Spannungen bei Einzelnen aufgelöst wurden. Eine Generation später tritt es in der Verkleidung des Radikalismus wieder an die Öffentlichkeit.

Das, was gesellschaftlich relativ gut beobachtbar ist, wirkt deutlich verschleierter bei einzelnen Menschen. Manche Bedrückung, Ratlosigkeit oder Lebenskrise ist nur verstehbar aus der Vorgeschichte der eigenen Familien. Freilich: Hier befindet man sich auf dem Feld der Mutmaßungen. In der Psychotherapie wird inzwischen von „ererbten Traumatisierungen“ gesprochen, die für viele psychische Störungen verantwortlich sind. Das Echo der Vergangenheit in den heute Lebenden bedarf immer deutlicher transgenerativer Ansätze der Erinnerungsarbeit (oder bei krankhaften Zuständen der Krisenbewältigung). Neurobiologen gehen im Rahmen der sogenannten Epigenetik mittlerweile so weit zu behaupten, dass die transgenerationale Weitergabe auch eine körperliche Entsprechung, z.B. Genveränderungen, zeitigt. Unabhängig davon, wie sicher solche Erklärungskonzepte sind: Allein die sozialen Vernetzungen sorgen dafür, dass manches, was in der Eltern- oder Großelterngeneration traumatisch verursacht worden ist, über nonverbale Kanäle in die Lebensgeschichte der Kinder und wiederum deren Kinder eindringt. Wenn die Traumata nicht bewältigt wurden, dann werden Ängste und Abwehrmechanismen weiter gereicht, ohne dass dies ein intentionaler Akt wäre. Der „Pakt des Schweigens“ wirkt über die Nachfahren weiter. Er geht als Sozialisierungserfahrung in den Erfahrungsschatz ein. Die Entstehung oder Ursache ist kaum mehr erkennbar.

Das Dunkle hat für die Nachfahren allerdings oft einen hellen Schatten: Es ist Motivation für eine andere Art zu leben. Die Last ist dann nicht Bürde, sondern Energie. Das Vergangene lebt ins uns weiter: auch das Stärkende, Festigende. Vom Adel her kennen wir die Bedeutung familiärer Traditionen. Sie sichern einen Platz im Leben, in der Gesellschaft. Viele Enkel erinnern Großeltern, die entspannt und segensreich im Alltag präsent waren und Sicherheiten boten. Traditionen und positive Erinnerungen an Ahnen können Geschenke mit der Wirkung von „Lebensversicherungen“ sein, wenn sie nicht statisch, dünkelhaft oder folkloristisch gelebt werden.

Ahnen: Fragen

- Wer sind die Vorfahren, die Ahnen?
- Wo haben sie gelebt?
- Lebten sie eng zusammen oder verstreut?
- Gab es unterschiedliche Linien?
- Wie erklärt sich der Familienname?
- Welche Vornamen tauchen häufig auf?
- Gab es ein Bewusstsein für die Geschichte der Vorfahren?
- Welche Landschaft kann mit den Vorfahren assoziiert werden?
- Sind die Ahnen einer Schicht zuzuordnen: Arbeiter, Kleinbürger, Bürger, Elite?
- Gibt es einen „Stammsitz“?
- Wurden männliche Erben bevorzugt („Stammhalter“)?
- Wo sind noch Häuser, Wohnungen, Orte der Ahnen identifizierbar?
- Wird ein (informelles) Familienoberhaupt identifiziert?
- Männer und Frauen: Worin unterscheiden sie sich in der Geschichte?
- Welche Bedeutung hatten Verwandte?
- Hatten Paten einzelner Kinder eine Sonderrolle?
- Hat die Familie ein Wappen, ist es erklärbar?
- Gibt es eine Chronik, ein Genogramm?
- Sind Aufzeichnungen und Erinnerungen verwahrt worden?
- Existieren Bilder oder Fotos?
- Gibt es Nachforschungen z.B. in Heimatmuseen?
- Welche soziale Stellung haben die Urgroßeltern, die Großeltern gehabt?
- Sind Vorfahren berühmt gewesen?
- Sind Vorfahren bekannt wegen besonderer Leistungen oder Fähigkeiten?

- Drückt sich Prominenz oder Leistung in besonderer Verehrung oder Ablehnung aus?
- Ist etwas über problematische gesellschaftliche Verstrickungen bekannt?
- Welche Berufe kehren in der Geschichte häufig wieder?
- Welche Rolle spielen Kriegserinnerungen oder gesellschaftliche Ereignisse?
- Erzählt man tradierte Geschichten?
- Gibt es Geschichten, die hinter der „vorgehaltenen Hand" erzählt werden?
- Werden Feste gefeiert mit allen Generationen?
- Welche Traditionen des Feierns werden gepflegt? Wie weit reichen diese zurück?

- **Stellen Sie sich vor, Sie könnten zu einer Familienfeier verstorbene Ahnen einladen: Wen würden Sie dort gern begrüßen und kennen lernen?**

Ausgangsfamilie

Die Familie wird in den bürgerlichen Gesellschaften gern als „Keimzelle des Staates" beschrieben. Sie genießt bestimmte Privilegien gegenüber anderen Lebensformen und ist oft, so auch in Deutschland, durch die Verfassung geschützt. Lange schon gibt es Auseinandersetzungen darüber, was als „Familie" zu verstehen ist. Der kleinste gemeinsame Nenner ist, dass Familien aus mindestens zwei Generationen bestehen – in der Regel also Eltern und Kinder. Familie bündelt funktional Unterschiedliches.

Gesellschaftlich hat sie Reproduktionsfunktionen. Ihr wird der Fortbestand der Gemeinschaft als Aufgabe zugewiesen und mit dieser Aufgabe wird sie geschützt. Das Notwendige wird sozusagen geordnet vollzogen. Dieser Ansatz ist so tief verwurzelt in der bürgerlichen Gesellschaft, dass eine Generation für ihr Überleben immer die nächste Generation benötigt (kenntlich z.B. im „Generationenvertrag" bei der Rente). Dass aus dieser Zuweisung Spannungen entstehen, kann man an der Diskussion über die Demografie-Entwicklung beobachten. Aus der Reproduktionsfunktion leitet sich auch der rechtliche Schutz ab.

Die Familie hat Sozialisationsfunktionen. Die Eltern sollen dafür sorgen, dass die Kinder Kompetenzen und Potential herausbilden, damit die Gesellschaft weiter funktioniert. Keine Gesellschaft kann sich Kinder erlauben, die wild aufwachsen und die Sozialräume zerstören. In der Sozialisationsfunktion liegt folglich auch eine politische Funktion.

Wirtschaftliche Funktionen hat die Familie für ihre Mitglieder und der Staat unterstützt dabei (z.B. Kindergeld): Die schutzlosen Kinder werden behütet und sollen in ausreichendem Wohlstand aufwachsen. Wenn Eltern dies nicht leisten können oder wollen, schreitet der Staat ein, indem er Ersatzfunktionen bereit stellt (Pflegschaften, Kinderheime).

Sehr deutlich ist die religiöse Funktion von Familie. Die Familie ist der Ort der Wertevermittlung, der Rituale. Im Kern bestimmt sich hier, wie Leben gestaltet wird und welche Bedeutung ihm zugewiesen wird. Werte- und Sinnfragen erleben ihre erste Praxis in der Familie. Hinzu tritt, dass die Familie das alte hierarchische Modell abbildet, in den Kirchen und Religionsgemeinschaften oft noch leben: eine Ordnung, die nicht demokratisch hergestellt worden ist, sondern aus Platzzuweisungen lebt und funktioniert. Dass Familien immer stärker und häufiger zerbrechen, mag auch damit zu tun haben, dass diese alten Ordnungsmodelle in anderen Bereichen der Gesellschaft nicht mehr funktionieren. Die Verbindlichkeit von Leben und personaler Kommunikation wird sukzessive abgelöst durch Unverbindlichkeit und entfremdende Formen der Kommunikation.

Unter diesen Vorzeichen wird die Diskussion immer wieder neu darüber geführt, welche Konstellationen tatsächlich familiär sind oder aber nahe an den familiären Charakter heranreichen. Die Diskussion ist, nicht zuletzt durch die behauptete religiöse Funktion, ideologieträchtig.

Familien sind kennzeichnet durch Eltern und Kinder, bei der die ältere Generation uneingeschränkt die Verantwortung für die jüngere trägt. Hier fangen erste Unschärfen an. Noch bis vor wenigen Jahrzehnten bestand im allgemeinen Verständnis die Familie immer aus Vater, Mutter und Kindern. Lange wurden Alleinerziehende mit ihren Kindern nicht als Familie oder bestenfalls als unvollständige Familie begriffen. Sie unterlagen gesetzlichen Restriktionen und vor allen Dingen gesellschaftlichen Diskriminierungen.

In diesen Jahren nehmen, nicht nur in Deutschland, die Auseinandersetzungen um die Familienfähigkeit gleichgeschlechtlicher Partnerschaften zu. Gestritten wird um die vollständige Gleichstellung vor dem Gesetz. Dagegen werden nicht nur juristische Vorbehalte (Grundgesetz und Schutz der Familie), sondern auch weitreichende psychologisch-pädagogische Einwände, die in der Regel auf tönernen Füßen stehen, ins Feld geführt.

In den 1970er Jahren gab es einige Ansätze, die Familie zu ersetzen durch Gemeinschaftsformen (Wohngemeinschaften, Kommunen), die ebenfalls auf mindestens zwei Generationen bezogen waren. Diese Ansätze waren spektakulär, haben sich aber weder rechtlich noch pragmatisch durchsetzen können. Es sind vereinzelte Lebensmodelle geblieben. Außereuropäische Modelle, der Kibbuz z.B., haben hier keine Bedeutung bekommen.

Weniger diskriminiert als die homosexuellen Lebenspartnerschaft sind die, mittlerweile schon den gesellschaftlichen Normalfall darstellend, sogenannten Patchwork-Familien: Eltern haben nach der Scheidung wieder geheiratet und gründen neue Familien bei Beibehaltung alter Rechte gegenüber den leiblichen Kindern.

Immer stärker tritt die Bedeutung des Intergenerativen hervor. Mehrgenerationen-Wohnen ist salonfähig geworden. Großeltern bekommen neue Bedeutung in der Familie, da sie – anders als früher – als junge Alte durchaus noch engagementfähig sind und dadurch für die Familie existenzielle Bedeutung erlangen. Sie übernehmen Erziehungs- und Betreuungsaufgaben, während die Eltern ganztätig arbeiten. Dieses Modell hat Grenzen: Die Mobilität hat deutlich zugenommen und so etwas wie „Altenteil" kann kaum noch realisiert werden.

Ursprünglich bedeutete „Familie" Hausgemeinschaft, abgeleitet von „Famulus", d.h. Haussklave. Mit dem Begriff wurde der gesamte Besitz bezeichnet und zu diesem Besitz zählten eben auch die Kinder, das Gesinde. Familie bezeichnete also weniger die Verwandtschaftsbeziehung (das „Blut"), sondern drückte ein Herrschaftsverhältnis (das „Haus" oder die „Hausgemeinschaft") aus. An der Spitze stand der „Pater" (Vater), der unter Umständen Chef über mehrere „Familien" heutiger Definition war. Pater meinte also zunächst nicht den biologischen Erzeuger.

Das Modell der ökonomischen Gemeinschaft hat sich in seinen Grundzügen bis in die Jetztzeit fortgesetzt. Die Auseinandersetzungen über die Gleichberechtigung von Mann und Frau ist auch ein Reflex auf diese alte, wirtschaftliche Patriarchalität.

Erst im 19. Jahrhundert bildete sich die bürgerliche Kleinfamilie heraus. Die Ökonomie trat in den Hintergrund. Andere Werte schoben sich nach vorn – z.B. die Liebe zwischen Mann und Frau, die dadurch und eben nicht aus wirtschaftlichen Gründen Eltern wurden. Die Industrialisierung brauchte zudem relative mobile „Keimzellen". Die stationären „Hausgemeinschaften" verloren an Bedeutung, nicht aber unbedingt deren Ideologie.

Schaut man aus der Perspektive des 21. Jahrhunderts auf die Ausgangsfamilie des 20. Jahrhunderts, dann sind dort die Rollenbilder noch weitgehend stabil und die Geschwisterzahlen liegen deutlich über dem heutigen Mittel. Der Vater ist der „Ernährer" der Familie und die Mutter Herrin des Haushaltes. Diese Rollenverteilung bleibt zunächst stabil – trotz des Fehlens der

Soldatenväter und der Aufbauleistungen einer ganzen Frauengeneration. Der Existenzkampf verdeckt diese Schieflage.

Erst in den letzten Jahren des vergangenen Jahrhunderts wandeln sich die Rollenbilder und Erwartungen: Männer und Frauen werden beide berufstätig und Familienarbeit soll geteilt werden. Dass Wunsch und Realität weiterhin auseinander klaffen, ist täglich erfahrbar.

Im Jahr 2013 haben deutsche Familien durchschnittlich weniger als zwei Kinder. Die gesellschaftliche Bedeutung der Kleinfamiliendynamik ist bislang nur unzureichend erforscht worden. Familie bildet gesellschaftliche Veränderungen ab, weist aber weiter in die Vergangenheit zurück, als man manchmal wahrhaben möchte. Familie steht für gesellschaftliche Konstanz aber auch für die manchmal unmerkliche Veränderung menschlichen Zusammenlebens.

Biografiearbeit hat auf unterschiedliche Weise mit unterschiedlichen Formationen von Familie zu tun. Sie will die Vorfamilie („Ahnen") in den Blick nehmen, konzentriert sich auf die Ausgangsfamilie und auf die eigene Familie. Biografiearbeit am Beispiel der unterschiedlichen Familientypen kann erkennen lassen, wie frühere Modelle weiter Einfluss auf die jetzige familiäre Konstellation haben. Das Vergangene ist nicht vergangen.

Ausgangsfamilie: Fragen

- Wie haben sich die Eltern kennen gelernt?
- Warum haben die Eltern geheiratet?
- War der Grund der Heirat eine Schwangerschaft?
- Unter welchen Umständen, in welcher Zeit wurde geheiratet?
- Welche Erinnerungen an die Hochzeit werden familiär kolportiert?
- Unter welchen Umständen lebte die Familie zur Zeit ihrer Gründung?
- Welche Berufe hatten die Eltern?
- Welchen anderen Tätigkeiten gingen die Eltern nach?
- Wie waren die Wohnbedingungen?
- Lebte man in größeren familiären Verbünden, z.B. mit den Großeltern oder mit benachbart wohnenden Geschwistern der Eltern?
- Wo war der Geburtsort?
- Wie waren die Umstände der Geburt: Hausentbindung, Krankenhaus?
- Wie viele Geschwister lebten in der Familie?
- Sind alle Geschwister erwachsen geworden, gab es Todesfälle?
- Welche Position in der Geschwisterfolge ist besetzt worden?

- Sind mit der Positionierung bestimmte „geheime“ Aufträge verbunden gewesen – z.B. „Stammhalter“ zu werden, für den Lebensabend der Eltern verantwortlich zu sein?
- Wurden die Chancen (Schule, Beruf) in der Familie fair verteilt?
- Wurde bevorzugt, gab es Gründe dafür?
- Zu welchem Elternteil war die Beziehung besser?
- Gab es Lieblingsgeschwister?
- Können die Geschwister charakterisiert werden hinsichtlich ihrer Bedeutung für die Familie?
- Welche Berufe ergriffen die Geschwister?
- Hat sich der Status der Familie im sozialen Umfeld durch die Kinderzahl verändert?
- Ereignete sich Ungewöhnliches in der Familie: Unglücke, unerwartetes Glück?
- Welche Familienfeiern sind in Erinnerung?
- Welche individuellen Rituale bestimmen das Alltagsleben mit?
- Wann sind die Eltern gestorben?
- Wer von den Eltern ist zuerst gestorben?
- Wurde wieder geheiratet oder eine neue Partnerschaft eingegangen?
- Wie lebte der verbliebene Elternteil weiter, welche Unterstützung erfuhr er ggf.?
- Welche familiären Großereignisse haben das Leben geprägt?

- **Waren Sie glücklich in Ihrer Ausgangsfamilie?
  Was machte dieses Glück aus?**

Kindheit

Die meisten Dramen des Lebens haben ihren Ursprung in der Kindheit. Das Leben der Menschen bildet auf vielfältig veränderte, verschleierte oder verstellte Art das ab, was Kinder erlebt, erlitten oder freundlich erfahren haben. Die Biografie des Menschen wird hier sozusagen strukturiert, die zentralen Themen des Lebens vorbereitet. Wer als Kind stark gemacht worden ist, wird mit den Widrigkeiten des Lebens besser fertig als derjenige, dem es nicht vergönnt war, gestärkt aus der ersten Phase des Lebens hervorzugehen.

Eltern sind die prägenden Figuren der Kindheit. In ihrer Macht und bei ihren Fähigkeiten liegt es, wie sich ein Kind entwickelt, welche Chancen es bekommt und wie viel Lebensfreude sich entwickeln kann. Eltern freilich können die guten Voraussetzungen für ihre Kinder immer nur im Rahmen der Möglichkeiten entwickeln, die ihnen die Gesellschaft zur Verfügung stellt.

Verhindert das gesellschaftliche System und Wollen (Chancen)gleichheit von Kindern, so können Eltern diese oft nur unzureichend kompensieren.

Kindheit, die Zeit des Lernens und der Erwerbsfreiheit, ist immer zunächst gesellschaftlich determiniert worden und war über die Jahrhunderte, Jahrtausende dem Wandel unterworfen. Kindheit bzw. Kinder waren für eine Gesellschaft so selbstverständlich, dass es oft kein eigenes Verständnis von „Kindheit" gab. Bestenfalls die ersten sieben Lebensjahre wurden als Kindheit begriffen. Die Einfädelung in die Lebenssicherung durch Arbeit begann oft schon davor.

Kinder kamen „gottgewollt", waren nicht planbar aber ökonomisch notwendig, um das Überleben der Familie und das Alter der Eltern zu sichern. Diese Notwendigkeit hat sich bis in die bürgerliche Gesellschaft hineingezogen und veränderte sich erst dann, als von Familien im Zuge der Industrialisierung mehr Mobilität verlangt wurde. Dennoch galt lange als „reich", wer viele Kinder hatte.

Nachdem sich die ökonomische Basis für Familien und damit die Notwendigkeit der Kinderzahl verändert hatte, veränderten sich im letzten Jahrhundert durch die Entwicklung der Kontrazeptiva auch die individuellen Möglichkeiten, Familie zu gestalten. Wenn geheiratet wurde, bedeutete dies nicht mehr, dass der Normalfall „Kind" eintraf. Die Entscheidung für das Kind wurde und wird individuell getroffen. Damit verbunden ist das Bild, es sei eine „bewusste Entscheidung für das Kind". Diese Fiktion suggeriert, dass damit auch die Lebensqualität für Kinder besser gestaltet werden kann. Mittlerweile wissen wir, dass die Kleinfamilie kein Garant für eine glückende Kindheit ist. Im Gegenteil: Es scheint eher so zu sein, dass wesentliche Erfahrungen, deren Kinder in größeren Familien früher teilhaftig werden konnten, fehlen.

Die Kindheit beginnt vor der Kindheit. Seit langem wissen wir, das die neun Monate vor der Geburt prägend wirken, dass Außeneinflüsse wahrgenommen werden und das „Gedächtnis" des Säuglings beeinflussen, ihn körperlich schädigen oder schützen. Jenseits dessen ist die Zeit der Schwangerschaft auch für das Elternpaar von zentraler Bedeutung: Hier entwickelt sich mental „Familie", die Annahme oder Ablehnung. Lebensstruktur und Lebenskultur wandeln sich. Das ungeborene Kind „erfährt" seine erste verbindliche (im Wortsinne) Beziehung zu einem Menschen. Bindung ist hier existentiell. Ohne sie gäbe es kein Leben.

Kindheits- und Sozialisationsforscher sind sich weitgehend einig: Der wichtigste Faktor für ein gelingendes Leben ist die Bindungsfähigkeit von Eltern. Bindung bedeutet in der frühen Phase des Lebens Sicherheit. Der Säugling ist zunächst der Welt ausgeliefert. Er ist abhängig von der Versorgung, der Pflege und der Zuneigung seiner Eltern. Sie bestimmen sein Wohlbefinden durch ihre Reaktion auf seine einfachen Lebensäußerungen – z.B. Schreien. Indem sie dem Säugling durch ihre Zuwendung Bindungserfahrungen durch körperliche oder kommunikative Reaktionen ermöglichen, lernt der Säugling, dass er einerseits zunächst angewiesen, andererseits aber in einer für ihn sicheren und sichernden Umwelt aufwächst. Diese Bindungserfahrungen sind frühe, vermutlich die ersten Erfahrungen nach dem großen Schock der Geburt. Alle weiteren Erfahrungen docken hier an und variieren auf ihre Weise Bindungserfahrung und Bindungssicherheit. Stärke entsteht, wenn Schwäche in Sicherheit erlebt werden kann.

Und auch das: Geschwisterschaft war für Generationen prägend. Sie ermöglichte neben den Eltern das Zuhausesein in der Welt, gab jenseits freundschaftlicher oder sexueller Orientierung ein Gefühl von letzter Verbindlichkeit. Die „Blutsbande“ galten oft mehr als die Freundschaftsbande. Vielen Kindern fehlt diese Erfahrung mittlerweile.

Gibt es das – eine „glückliche Kindheit“? In der Biografiearbeit begegnet einem immer wieder diese Floskel und man hat manchmal den Eindruck, dass sie nicht eine reale Situation schildert, sondern einen Gefühlsreflex auf das als unvollkommen erlebte Erwachsenensein.

Kindheit war und ist nicht „unbeschwert“, sondern beschwert von vielen fundamentalen Erfahrungen des Hineinwachsens in die Gesellschaft. Insbesondere die Schulerfahrungen von Kindern bergen nicht nur einen großen Fundus von Anekdoten, sondern auch bittere Erfahrungen über unfähige Lehrer, kränkende Konkurrenzsituationen und Ungerechtigkeiten. Man begegnet kaum Erwachsenen, die ungebrochen über diese wesentliche Phase des Lebens sprechen können, die nach dem familiären emotionalen Lernen kognitives Lernen bestimmt. Eigentümlich abgegrenzt dazu ist für viele die Zeit im Kindergarten oder in den Kindertagesstätten. Sie wird selten als belastend beschrieben, sondern ist eher mit positiven Erlebnissen verbunden. In der Schule wird die erste zentrale Schneise der Leistungsgesellschaft geschlagen. Sie wird akzeptiert und dennoch erlitten. Was für ein merkwürdiges Konzept von Leben!?

Alternierend zu den Schulerfahrungen sind die außerschulischen Erfahrungen der Freizeit: die Entdeckung der Umwelt, des Lebensraumes außerhalb der Familie, die Freundinnen und Freunde, die Erfahrung anderer Familien und damit die Erfahrung anderer Lebensentwürfe. Hier dürften auch erstmals die gesellschaftlichen Schranken erfahren werden, die die Milieus gegeneinander abgrenzen und Kindern deutlich machen, dass die individuelle Ausstattung nicht allein maßgebend ist für die Entwicklungsfähigkeit.

In den letzten Jahren sind die Veränderungen im Freizeitbereich der Kinder gravierend geworden: Die frei gestaltbare Zeit nimmt ab, Schule und schulähnliche Veranstaltungen bestimmen zunehmend den Tageslauf, immer stärker steht auch der Rest des Tages unter dem Anspruch von Förderung und Verbesserung der Lebenschancen (besser gesagt: der Karrierechancen).

Am Anfang der Kindheit steht das Bindungserfordernis, am Ende der Kindheit die Lösung: die Pubertät als große Krise des Kindes. Wird sie bestanden, ist aus dem Kind ein Jugendlicher geworden. Die Pubertät ist nicht nur eine Krise für die Kinder, sondern im gleichen Maße auch eine für die Eltern. Sie müssen ihre Rolle neu definieren: aus dem Oben-unten soll Partnerschaft bei weiterhin bestehender Abhängigkeit entstehen. Diese paradoxe Situation führt zu Verwerfungen, die nicht leicht zu bestehen sind: Aus Zuverlässigkeit wird scheinbare Willkür, aus Verbindlichkeit Probe, aus Nähe Distanz und aus Zuwendung Abgrenzung. Dass dieser Wandel von beiden, Eltern und Kinder, tief erlebt wird, dass dabei offenbar alle Regeln einem Test unterworfen werden, macht das Bestehen so außerordentlich schwierig. Die Bindung mag in der Pubertät verblassen. Wird sie im Hintergrund aufrechterhalten, gehen alle Beteiligten gestärkt aus dieser lebensnotwendigen Krise hervor.

Biografiearbeit ist oft Arbeit mit den Erlebnissen und Erfahrungen der Kindheit. Die Akteure müssen sich bewusst machen, wie stark in den letzten Jahrzehnten die Kindheit einem Wandel unterworfen worden ist. Manche Irritationen zwischen den Generationen dürften auch damit zu tun haben, dass der Vorrat an Erfahrungen sich nicht mehr ähnelt und zu wenig ausreichend ist, um eine Gesprächsbasis zu finden. An die Stelle der Gemeinsamkeit muss die Neugier auf das fremde Leben der anderen treten.

Kindheit: Fragen

- Was ist die früheste Erinnerung?
- Welcher Elternteil war in den ersten Lebensjahren besonders wichtig?
- Wer sorgte für die materielle Sicherheit?
- Wer gestaltete den Haushalt?
- Gab es Kindermädchen, Babysitter oder Tagemütter/-väter?
- Wurde der Kindergarten besucht?
- Welche Erinnerung gibt es an Kindergärtnerinnen oder Erzieher?
- Welche anderen kleinen Kinder werden erinnert?

- Waren Freunde in der Nachbarschaft?
- Gab es ein eigenes Zimmer oder eine eigene Spielecke?
- Was war das Lieblingsspielzeug?
- Wie hießen die Kuscheltiere?
- Welche Lieblingsspiele wurden in der Kindheit gespielt?
- Wie viel Spielzeug stand zur Verfügung?
- Wie und wann wurde die häusliche Umgebung zum ersten Mal allein verlassen?
- Wann erhöhte sich die Mobilität – durch Fahrradfahren oder Busbenutzung?
- Wie war der erste Schultag?
- Welche Erinnerungen bestehen an Lehrer und Lehrerinnen?
- War Schule Last oder Lust?
- Was waren die Lieblingsfächer?
- Welcher Lehrer hat besonders gefördert, welcher verhindert?
- Wurden weiterführende Schulen besucht, mussten dafür Fahrwege in Kauf genommen werden?
- Stellte der Schulbesuch eine finanzielle Belastung für die Eltern dar?
- Wurde durch den Schulbesuch der Berufsweg vorgegeben oder eingeleitet?
- Welche Bedeutung hatte in der Kindheit der Glaube bzw. die Religion?
- Wie straften die Eltern?
- Wie lobten die Eltern?
- Zu welchen Anlässen wurde geschenkt?
- Was war das schönste Fest im Jahr?
- Gab es einen Ort außerhalb der häuslichen Wohnung, der Geborgenheit verhieß?
- Wo spielte sich die Freizeit ab: im Dorf, der Stadt, in der Natur?

- **Womit hörte Ihre Kindheit auf; erinnern Sie ein markantes Ereignis?**

Jugend

Jugend und Alter sind die Lebensphasen des Menschen, über die vermutlich am meisten publiziert worden ist. Googelt man die Begriffe, so erhält man ca. achtmal so viele Einträge für „Jugend“ (ca. 93 Millionen) als für „Kindheit“. Über diese Lebensspanne wird immer wieder und immer wieder neu gestritten, reflektiert, gerätselt.

Dabei gibt es „die" Jugend (gemeint sind hier auch die „jungen Erwachsenen") nicht. Jugend beginnt nach allgemeiner Übereinstimmung mit der ausgehenden Pubertät. Aus dem Kind wird ein Jugendlicher, ein Mensch, der sich im Übergang in das Erwachsenenleben befindet. Er nimmt noch nicht zur Gänze teil, hat noch nicht dieselben Rechte, wird aber für vieles in die Pflicht genommen: Er muss einen Arbeitsplatz ausfüllen, ist strafmündig, hat Unterhaltsverpflichtungen, darf wählen. Jugend vollzieht sich unterschiedlich. Die einen sind voll integriert in den Arbeitsprozess, die anderen befinden sich in Vorbereitungsphasen. Sie machen Ausbildungen, studieren oder nehmen sich Freiräume, um die Welt zu erkunden – als Touristen oder als freiwillig Engagierte. Diese Zeit ist wie eine Probezeit: Der Jugendliche will und soll auf eigenen Füßen stehen, im Hintergrund aber wirken und beeinflussen noch die eigenen Eltern. Diese Eltern sind jetzt mehr Gegenüber, wandeln sich bei funktionierenden Beziehungen zu Partnern, entscheiden aber häufig noch die materiellen Bedingungen.

Mit ca. 25 Jahren ist in der Regel die Jugendzeit bewältigt und alle Voraussetzungen für ein Leben in Eigenständigkeit geschaffen worden. Zeitgrenzen sind hier fließend. Die UN etwa definiert Personen, die älter als 15 und jünger als 25 Jahre alt sind, als Jugendliche. Die sogenannten Shell-Jugendstudien definierten als Altersspanne 12 bis 25 Jahre. Die Jugendorganisationen spannen den Bogen bis zu 35 Jahren.

Die Phase wird beendet durch die berufliche Konsolidierung, oft durch eine feste Partnerschaft mit gemeinsamem Hausstand oder die förmliche Eheschließung bzw. Familiengründung. „Der Ernst des Lebens" hat damit endgültig begonnen. Der durchschnittliche Zeitpunkt der Eheschließung wurde in den letzten Jahrzehnten weiter nach hinten geschoben. Feststellbar ist, dass viele junge Erwachsene das Wohnen in der Ausgangsfamilie dem eigenständigen Wohnen vorziehen. Das macht deutlich, dass weniger determinierte Daten und mehr individuelle Lebensereignisse solche Phasen beenden.

Die Jugendzeit ist eine für die Gesellschaft tendenziell „gefährliche Zeit". Hier wachsen den Gestaltern die potentiellen Nachfolger heran. Erfahrung wird konfrontiert mit neuem oder frischem Wissen, Weisheit mit unvoreingenommenem Gestaltungswillen. In der Jugendzeit beginnt der Kampf um die gesellschaftlich angemessenen Plätze, die Verweigerung von Zuweisungen und der Wille zum Umbruch. Systeme und Organisationen haben immer die Tendenz, das Bestehende zu sichern und in der Balance zu halten. Jugendliche hingegen haben die Tendenz zur Veränderung. Sie kennen keine falsche Vorsicht, nicht so sehr die Absicherung – wohl aber das Experiment.

Wesentliche gesellschaftliche Entwicklungen sind oft von Jugendlichen ausgelöst worden. Waren es in den 1950er Jahren Rockerrevolten (die „Halbstarken"), so waren es in den 1960er und 1970er Jahren die Studentenunruhen, die massiv in Westdeutschland auf die Bundesrepublik einwirkten und später Einfluss auf alle Lebensbereiche erlangten. Im 21. Jahrhundert hat es solch prägenden Entwicklungen noch nicht gegeben. Manche Diskussionen werden dahin gehend geführt, dass Jugendliche heute inaktiv, angepasst und wenig auffällig agieren. Dieses vorschnelle Urteil ist geprägt von der eigenen (politischen) Sozialisation. Jugendliche gestalten und leben maßgeblich die tiefgreifenden Veränderungen unserer kommunikativen Situation (z.B. Soziale Medien). Das hat mindestens einen so nachhaltigen Einfluss wie die Studentenunruhen – nur wird dies nicht politisch konnotiert und eher als Konsumverhalten diffamiert. Jugendliche sind Trendsetter für die Erwachsenenwelt.

Auffällig ist die starke Orientierung älterer Erwachsener an Jugendlichen. Sie übernehmen oft deren Habitus und Mode. Das „Alles geht" lässt Grenzen verschwinden und Abgrenzungen erschweren. Auch dies kann ein Zeichen sein für die sich verändernde Lebensspanne „Jugend": statt Lernen von Erwachsenen Vorgaben für Erwachsene.

Die Jugendzeit wird oft verbunden mit individuell Bedrohlichem. Der Alkoholkonsum wird thematisiert, der Drogenmissbrauch Jugendlichen zugeschrieben und – entgegen den Statistiken – von zunehmender Jugendgewalt gesprochen. Jugendmoden, Jugendbanden, Facebook-Feten und alkoholisierte, jugendliche Fan-Gemeinden prägen das Bild zusätzlich. Auch dafür hatte jede Zeit ihre Entsprechung. Hier kommt auch zum Ausdruck, wie viel Bedrohungspotential die Erwachsenenwelt wahrnimmt. Die eigenen Positionen scheinen gefährdet. Die Jugendlichen werden oft als fremde Wesen und weniger als heranwachsende Partner begriffen.

Bei Wikipedia kann man lesen: „Der Begriff Jugend ist historisch gesehen relativ jung und wurde erst um 1800 häufiger verwandt. Der Begriff des Jugendlichen war dabei ursprünglich ambivalent besetzt (Jugend ist Trunkenheit ohne Wein) und diente zur Differenzierung von einer Personengruppe, die als gefährdet definiert wurde." Noch im 19. Jahrhundert wurde im Rahmen der Jugendhilfe als „Jugendlicher" eine männliche Person aus der Arbeiterschicht bezeichnet, der Tendenzen zur Verwahrlosung, Kriminalität und sozialistischem Gedankengut unterstellt wurden. Erst später, im Zuge der Jugendbewegung, wandelte sich die Benutzung der Begrifflichkeit zum Positiven. Danach begann der Jugendmythos und der Nationalsozialismus beschrieb Jugend als Motor der Geschichte. Dieser Mythos hat gewandelt bis heute Bestand: „Jugend“ ist ein Synonym für Schönheit, Kraft und Beherrschung der Lebensumstände geblieben.

Biografiearbeit muss sich damit auseinander setzen, dass sich die wesentlichen Erfahrungen des Umbruchs, der Neuorientierung und Neueinrichtung in der Jugendzeit ereignen. Viele Menschen erinnern die Jugendzeit als erfüllende Zeit, in der sie am stärksten Einfluss auf ihr Lebensschicksal nehmen konnten oder mussten. Für die alte Generation ist die Jugendzeit allerdings auch eine Zeit des schnellen Erwachsenenwerdens gewesen. Krieg, Flucht und Vertreibung ließen keine Wahl.

Es ist eine Paradoxie, dass das genannte Jugendideal den Jugendlichen heute weitgehend fremd zu sein scheint und bestenfalls abschätzig zur Kenntnis genommen wird. Jugend ist eine Zeit der Abgrenzung, Selbstgestaltung und Eigendefinition.

Jugend: Fragen

- Wie wird der Beginn der Jugendzeit terminiert?
- Wie wird die Pubertät erinnert, wodurch ist sie charakterisiert gewesen?
- Ist die Jugendzeit noch von der Schule bestimmt?
- Wann entsteht der Berufswunsch?
- Wer oder was löst den Berufswunsch aus?
- Wird eine Ausbildung absolviert?
- Verändert sich der Freundeskreis in der Jugendzeit?
- Wann beginnt das Interesse an Mädchen bzw. Jungen?
- Wie war der erste Kuss?
- Gibt es eine erste „große Liebe“?
- Wie wird die erste Liebe gelebt?
- Wussten Eltern und Geschwister von der ersten Liebe?
- Worüber wurde im Elternhaus am meisten gestritten?
- Wurde von Eltern gestraft, ggf. gezüchtigt?
- Gab es eine Vertrauensperson, mit der über Beziehungen und Sexualität gesprochen werden konnte?
- Erweiterte sich der Lebensraum durch Besuche in benachbarten Orten oder größeren Städten?
- Welche Musik wurde gehört?
- Wurden Hobbys betrieben?
- Gab es Mitgliedschaften in Gruppen oder Vereinen?
- Gab eine „Clique“, eine feste Gruppe Gleichaltriger, die oft zusammen war und gemeinsam etwas unternahm?

- Wann begann der Alkoholkonsum?
- Gab es Konflikte mit der Polizei, kleinere oder größere Straffälligkeiten?
- Erweiterte sich die Mobilität (z.B. durch ein Mofa oder durch motorisierte Freunde)?
- Wurden Engagements in der Gesellschaft oder Kirche gelebt?
- Wodurch dokumentierte man, dass man schon oder bald zu den Erwachsenen gehörte?
- Wie veränderte sich die Kleidung?
- Gab es die typische Wellenbewegung des Jugendalters: Distanzierung vom Elternhaus und spätere, gewandelte Annäherung?
- Gab es Vorbilder?

- **Welches Ereignis in der Jugendzeit erschütterte Sie am stärksten?**

Partnerschaft

Neben der Ausgangsfamilie sind Partnerschaften oder die eine Partnerschaft vermutlich die prägendsten Konstellationen für Menschen. Soll als Folge der Partnerschaft eine Familie gegründet werden, bestimmt die Art, wie sie gelebt wird, den Lebensraum der Kinder.

Partnerschaft wird gemeinhin als die Form der Verbindung bezeichnet, die gleichzeitig sexuelle und soziale Gemeinschaft ist. Jenseits religiöser oder juristischer Orientierungen und Definitionen unterstellt man, das solche Gemeinschaften auf Dauer angelegt bzw. Dauerhaftigkeit intendiert ist. „Treue“, wie auch immer definiert, kennzeichnet Partnerschaft. Die Definition von „Treue“ kennzeichnet wiederum den Zustand der Gesellschaft (Treue kann gesellschaftlich als „Solidarität“ bezeichnet werden). In den letzten Jahrzehnten ist das Verständnis von Partnerschaft in unserer Gesellschaftsordnung dahin gehend erweitert worden, dass Gleichberechtigung konstitutiv ist.

Partnerschaft wird in jungen Jahren geprobt. Schon Kinder beginnen sich spielerisch auf einen einzelnen Menschen zu konzentrieren: Freundschaft. Diese Vorform der Partnerschaft ist häufigem Wechsel unterworfen, auch wenn einzelne Kinderfreundschaften bis ins Erwachsenenalter halten. Solche Beziehungen sind durch eine hohe emotionale Nähe, durch „Treue“ auf Zeit gekennzeichnet. Wenn diese Beziehungen scheitern, so ereignen sich kleine emotionale Dramen, die lebensprägend sein können, weil die Kränkungen so unmittelbar sind. Und dennoch: Kinder leben sehr in der

Gegenwart und viele solcher Beziehungen lösen sich relativ schnell bzw. werden ergänzt oder ersetzt durch neue.

Jugendliche stabilisieren ihre Beziehungen. Sie beginnen Partnerschaften zu leben, definieren Treue und machen Suchbewegungen. Diese Suchbewegungen bilden mit zunehmender Erfahrung die angestrebte Dauerpartnerschaft ab. Auch wenn die Verbindlichkeit der Ehe und deren Bedeutung abgenommen hat, so ist sie für die meisten jungen Erwachsenen noch immer die angestrebte Lebensform. Der Ehe zur Seite stehen mittlerweile die gleichgeschlechtlichen Lebensgemeinschaften, auch wenn diese in Deutschland juristisch noch nicht gleichgestellt sind. Allerdings wächst der gesellschaftliche Konsens darüber, dass „Ehe“ nicht durch die sexuelle Präferenz bestimmt wird.

Partnerschaft, die auf Dauer angelegt wird, ist immer auch ein Bruch mit der Herkunftsfamilie. Sie ist sichtbarer Ausdruck dafür, dass nun ein neuer Lebensabschnitt beginnt. Die Definition als „Kind“ wird abgelöst durch die Definition „(Ehe-)Partner“. Der gesellschaftliche Blick auf die Person, die Selbstdefinition, verändert sich fundamental. Mit dieser Veränderung beginnt auch die Ausgestaltung einer eigenen Rolle. War man bislang „hineingeboren“ in die Ausgangsfamilie, musste man als Kind sich den Erwartungen und Vorgaben, den Gewohnheiten und Bräuchen, den Rangordnungen und Abhängigkeiten unterwerfen, so beginnt jetzt die eigenverantwortliche Gestaltung. Die Partner setzen sich auseinander und prüfen die bisherigen Lebensentwürfe, passen sie aneinander an und gestalten einen gemeinsamen, der z.B. in eine Familie mündet.

Mit der dauerintendierten Partnerschaft sind ökonomische Entscheidungen verbunden, die gestaltend wirken. Mit den ökonomischen Entscheidungen werden gesellschaftliche Bedeutungen des einen oder anderen Partners definiert und das Innenverhältnis determiniert.

Die Geschichte der Ehe bzw. der Partnerschaft zeigt, wie tief Historisches in unsere Gegenwart eingreift. Partnerschaft ist als soziale und sexuelle Gemeinschaft immer vom Christentum bzw. den Kirchen bestimmt worden. Im Mittelalter wurde die eheliche Partnerschaft als gottgewollt überhöht – auch wenn der Ehelosigkeit ein noch höherer Status eingeräumt wurde. Es entstand das Scheidungsverbot, dass erst im Zuge der Reformation für die Protestanten verändert wurde. Luther griff die Überhöhung der Ehe als Sakrament an, die von Katholiken als Abbild des Bundes, den Gott auf ewig mit den Menschen geschlossen hatte, verstanden wurde.

Die Ehe war zunächst nicht Liebesgemeinschaft sondern eine soziale Gemeinschaft, die ökonomische Sicherheit versprach. Die Reproduktion bestimmte ihren sexuellen Charakter: Kinder mussten gezeugt werden, damit die Familie lebensfähig blieb und das Alter gesichert wurde. Der Beitrag von Mann und Frau galt lange als gleichberechtigt – bis im Zuge der Entstehung der bürgerlichen Gesellschaft die Abwertung des weiblichen Anteiles begann. Diese Abwertung dauert zum einen an, wird andererseits erneut verändert, da die Ökonomie – beide Partner sollen berufstätig sein – eingreift in die Ausgestaltung der Beziehungen. Die gesellschaftlichen und medizinischen Entwicklungen der zweiten Hälfte des vorigen Jahrhunderts veränderten die Qualität von Beziehung weiter und forderten eine neue Definition von Treue. Partner waren ökonomisch weniger aufeinander angewiesen. Treue im bisherigen Verständnis als notwendige soziale Klammer entfiel.

Die gleichgeschlechtliche Partnerschaft ist einem ähnlichen Veränderungsmechanismus unterworfen. Zwar kämpfen Homosexuelle schon lange um die Gleichstellung, erst aber unter dem Druck der ökonomischen Verhältnisse (Partner sollen Verantwortung für den Unterhalt übernehmen) scheint sich auch eine umfassende juristische Veränderung anzubahnen.

Im Zuge dieser partnerschaftlichen Umwälzungen, begleitet durch einzelne Versuche, neue Lebensformen zu kreieren (z.B. Kommunen), hat sich das Ewigkeitsversprechen der Ehe gewandelt. Immer mehr Verbindungen sind endlich, immer weniger Paare heiraten. Wenn sie dann heiraten, ist dies weniger einer Grundüberzeugung geschuldet, sondern oft einem gesellschaftlichen Initiationsritus.

Im Zuge dieser Entwicklung bedürfen Partnerschaften oft der fachlichen Begleitung, der Paarberatung oder des Coachings. Solche Hilfsangebote waren vor wenigen Jahrzehnten weitgehend unbekannt. Heute weiß man, dass Paarbeziehungen bestimmte störbare Phase durchlaufen.

Partnerwahl und Aufbau der Beziehung ist auch dadurch bestimmt, dass sie mit der Ablösung vom Elternhaus einhergeht. Nach den Startjahren, die häufig euphorisch bestimmt sind, kommen Zeiten der Konsolidierung, die in Krisenzeiten übergehen können. Es geht um Erwartungen, Machtkampf, Zweifel („Das 7. Jahr"), Arrangements und Akzeptanz. Gelingt diese Konsolidierung nicht, entwickelt sich die Auflösungsphase, die entweder in der Sackgasse der Resignation endet (die Beziehung wird äußerlich aufrechterhalten) oder aber zur Trennung führt. Viele Partner suchen sich eine neue Partnerschaft. Diese ist oft erfüllender und bindender. Sie scheint zu profitieren von den jeweiligen Vorerfahrungen und mündet häufig in Patchwork-Familien.

Biografiearbeit hat viel mit der Gestaltung von Partnerschaftsfolgen zu tun, muss sich aber auch mit dem Phänomen „Single" auseinander setzen. Diese Lebensform ist oft bestimmt von einer Vielzahl gewollter aber nicht gelungener Partnerschaften. Sie ist Ausdruck einer Gesellschaft, die immer mehr Unabhängigkeit und Selbstbestimmung ermöglicht, aber auch Unverbindlichkeit hervorruft.

Partnerschaft: Fragen

- Wie wurden Jungen, wie Mädchen in der Pubertät erlebt?
- Wie waren Vorbilder für eine gelingende Partnerschaft?
- Woraus wurden erste Informationen über Sexualität und Erotik gewonnen?
- Wie kam der erste Kuss zustande?
- Wie äußerten sich die Eltern über die erste Liebesbeziehung?
- Wie lange dauerte die Beziehung, woran scheiterte, was stabilisierte sie?
- War die Beziehung verschwiegen oder wurde sie öffentlich gemacht?
- Wie waren die gesellschaftlichen Rollenerwartungen hinsichtlich Mann und Frau?
- Wie wurden die Rollen tatsächlich gelebt?
- Welche Vorstellungen über gleichgeschlechtliche Liebe gab es?
- Wie ging man im Lebensbereich mit Homosexualität um?
- Konnte Homosexualität gelebt werden?
- Gab es eine bewusste Entscheidung, Single zu sein?
- Wenn das Single-Dasein eher zufällig war: Wurde es akzeptiert gelebt?
- Wann zeichnete sich die erste Partnerschaft ab, die in eine Dauerbeziehung münden könnte?
- Welche Wünsche wurden an einen Partner/in gerichtet?
- Hatten die Eltern Einfluss auf die Partnerwahl?
- Gab es eine Verlobungszeit, welche Anforderungen gab es, wie wurde sie gelebt?
- Warum wurde geheiratet: aus Liebe, zur Sicherung der materiellen Existenz, weil ein Kind unterwegs war?
- Wie wurde Hochzeit gefeiert?
- Wurden Reden auf der Hochzeit gehalten, die im Gedächtnis geblieben sind?
- Welche Wohnung bezog das junge Paar?
- Waren beide Partner berufstätig?
- Wie wurde die Hausarbeit aufgeteilt?
- Wandelte sich die Arbeitsteilung, als Kinder kamen?
- Wandelte sich die Beziehung, als eine Familie entstand?

- Wenn die Dauerpartnerschaft kinderlos blieb: War das eine Krise für die Beziehung?
- Wirkten die Eltern auf die entstandene Familie ein?
- Wie sozial integriert war das Paar?
- Wie lange hielt die Ehe?
- Warum wurde sie ggf. geschieden, wurde eine neue Ehe eingegangen?
- Bei mehreren Ehen oder Dauerpartnerschaften: Wie unterschieden sie sich? Welche war stabiler?
- Entwickelte sich eine Patchwork-Familie? Wie lebten die Kinder damit?
- Welche Bedeutung hatte der Tod eines Partners für die Weiterexistenz?

- **Partnerschaft auf Dauer speist sich aus großer Liebe oder vielen kleinen vernünftigen Entscheidungen: Wie war es bei Ihnen?**

Eigene Familie

Wer sich für eine Familie entscheidet, entscheidet sich für eine Weichenstellung, die nach der Phase des Alleinlebens oder Partnerlebens der Existenz eine neue Richtung gibt. Schon der Schritt in die verbindliche Partnerschaft beendete einen Lebenszyklus, der bis dahin von der Ausgangsfamilie bestimmt und vorstrukturiert war. Wer die eigene Familie will, der entscheidet sich für einen neuen oder anderen Lebensentwurf. Dieser Lebensentwurf ist mittlerweile nicht mehr eindimensional typisch, sondern vielfältiger geworden. Dies gilt für den Beginn (Ehe) und für die Dauer (Scheitern der Ehe und Patchwork-Familie). Viele der bisherigen Variablen verändern sich. Diese Struktur bleibt: Familie wird bestimmt durch das Zusammenleben mindestens zweier Generationen.

Mit der Familiengründung sind Entscheidungen verbunden: Wo ist der Wohnort? Wessen Beruf oder persönliche Ausgangslage entscheidet darüber? Wie wird Erwerbs- und Familienarbeit miteinander in Beziehung gebracht? Wer trägt die Hauptlast? Wie wird mit den Freunden umgegangen? Werden sie gemeinsame? Wie wird das Verhältnis zu den Ausgangsfamilien definiert? Welche Nähen entstehen oder sollen nicht entstehen? Wie sollen sich die Lebensrhythmen verändern? Wie wird die Familie in das soziale Umfeld eingebettet?

Sind die Entscheidung durch willentliche Übereinkünfte oder die Faktizität der Ereignisse getroffen, entstehen daraus nahezu immer weitere Folgen. Wird z.B. entschieden, dass der besser Verdienende ganztags arbeitet und der Partner bzw. die Partnerin den größeren Teil der Familienarbeit übernimmt, ist das gleichzeitig eine Entscheidung über den gesellschaftlichen Status. Da meistens die Männer Besserverdienende sind, führt die ökonomisch sinnvolle Entscheidung zu einer eigentlich nicht gewollten Zementierung des Geschlechterverhältnisses.

Der Partner bzw. die Partnerin wird nach den Eltern und ggf. den eigene Geschwistern engste Bezugsperson. Damit einher treten Erwartungen und Belastungen, die nicht immer erfüllt werden wollen oder können. Der psychologische Effekt der Übertragung früherer Erfahrungen in die neue Situation muss beherrschbar gestaltet werden. Familie kann ein Ort der Sicherheit und der Beheimatung sein. Von hier aus gehen die Eltern und später die Kinder „hinaus in die Welt" und hierhin kehren sie zurück.

Familie ist – banal zu schreiben – der Ort ständiger Biografiearbeit. Hier wird in Echtzeit reflektiert, entschieden, umentschieden, neu verhandelt. Hier begegnen einem die ersten Vorbilder für die gesellschaftliche Orientierung und die ersten Referenzsubjekte für „richtig und falsch". Keine Gruppe wird künftig stärker prägen und die Biografie bestimmen. Da zudem die Familie Vorfamilien und Ahnen hat, macht deutlich, wie stark das Kontinuum und wie begrenzt die eigene Originalität ist.

Paare als Familiengründer machen einen neuen Anfang in dem Bewusstsein, dass das alte nicht verloren aber vergangen ist. Sie orientieren sich neu in der Welt und in der Gesellschaft. Sie werden künftig anders wahrgenommen. Familie dient auch der Verwurzelung und Akzeptanz in der Erwachsenenwelt.

Die Familie wird eigentlich dann zur Familie, wenn das erste Kind geboren wurde. Hatte das Paar vor allen Dingen Bedeutung für sich, tritt jetzt eine neue Verantwortlichkeit auf den Plan. Gegenseitige Abhängigkeit kennzeichnet für viele Jahre die Eltern-Kind-Beziehung und damit entstehen neue Verhaltensmuster, die zum Teil von anderen gelernt, zum Teil aber selbst entwickelt und ausprobiert werden.

Das erste Kind hat den Charakter des „Versuchsobjektes". Die Eltern versuchen Erziehung. Bei den möglichen nächsten tritt Routine und Erfahrung hinzu. Dies wiederum verändert die Qualität der Konstellation. Je mehr Kinder in einer Familie aufwachsen, desto prägender wird in der Regel die Sozialität. Anders, manchmal irritierend anders, funktionieren Familien, wenn neben den eigenen Kindern z. B. Pflegekinder hinzutreten und für kurze oder lange Zeit Mitglied im Verbund sind. Die Psychodynamik verändert sich.

Das Geschwisterverhältnis ist ein lebensprägendes Thema. Brüder und Schwestern probieren sich aneinander aus, erproben das, was ihnen später in der Welt begegnet und erfahren häufig Stützung, die auch dann noch anhält, wenn man sich scheinbar aus den Augen verloren hat. Die Nähe der Geschwister ist nicht ersetzbar durch die Fürsorge der Eltern, die Erotik einer Beziehung oder die Verlässlichkeit einer außerfamiliären Freundschaft. Fehlt diese innerfamiliäre Freundschaft oder wird sie geschädigt, entstehen meistens psychische Verletzungen, die bis ins hohe Alter andauern können.

Großeltern haben für Enkel einen besonderen Stellenwert: Sie können sich mit ihnen auf einer weniger reglementierenden Ebene bewegen, eröffnen untergegangene Horizonte und sind zuweilen Bezugspunkte, wenn die Beziehung zu den Eltern nicht funktioniert. Die Akzeptanz solcher kompensatorischer Haltungen ist hoch, da sich Großeltern zu Eltern in der Regel nicht konkurrent verhalten.

Die Beziehung zu den Ausgangsfamilien und deren Verästelungen in unterschiedlichen Stammbäumen hat Einfluss auf die Dynamik einer Familie. Entstehen Zusammenhalte über die Kleinfamilie hinaus? Wesentliche Ereignisse und Erscheinungen werden in Bezug gesetzt zu dem, was einem in den beiden Ausgangsfamilien begegnet ist. Es wird verglichen: Wie wird das Weihnachtsfest gestaltet? Wer wird Pate? Wie wird Nähe und Distanz gelebt? Die beiden Ausgangsfamilien sind Inspiration und Konkurrenz zugleich.

Ähnlich wie Kinder, die z. B. ihren Vater nicht kennen gelernt haben und sich auf die Suche nach ihm und damit nach ihrer Identität machen, versuchen die Nachkommen, die Identität ihrer Vorfahren zu entschlüsseln. Sie wollen ergründen, wie Verortung gelingen kann, ohne auf eigene Gestaltung zu verzichten. Biografiearbeit mit Familienfokus entdeckt Traditionsstränge, Abwendungen und Entwicklungslinien.

Eigene Familie: Fragen

- Gab es eine wichtige Beziehung, aus der keine Familie erwachsen ist?
- War die Entscheidung für die eigene Familie eine Vernunftsentscheidung oder die Erfüllung eines Wunsches?
- War ein Kind unterwegs?
- Wie wichtig waren materielle Fragen für die Familiengründung?
- Hat es Unterstützung gegeben durch Eltern, Verwandte oder Freunde?

- Welchen Stellenwert hatten Kinder?
- Wurde eine bestimmte Kinderanzahl vorgegeben?
- Wie war das Verhältnis zur Geburtenregelung?
- Hat es Fehl-, Früh- oder Totgeburten gegeben?
- Wie viele Kinder waren erwünscht? Wie viele wurden geboren?
- In welchem zeitlichen Abstand wurden die Kinder geboren?
- Wer hat die Erziehungstätigkeit hauptsächlich übernommen?
- Waren Großeltern zur Unterstützung zur Stelle?
- Gab es Haushaltshilfen?
- Wie sprach man sich in der Familie an, mit welchen Namen?
- Welche Lebenswünsche wurden für die Kinder formuliert?
- Gab es „geheime" Aufträge?
- Wer war der Lieblingssohn, wer die Lieblingstochter?
- Mit welchen familiären Enttäuschungen musste man leben?
- Wann und aus welchem Anlass verließen die Kinder das elterliche Heim?
- Welche Beziehungen zwischen Eltern und Kindern sind stabil geblieben, welche durch den Auszug geschwächt worden?
- Wie war der Kontakt der Geschwister untereinander?
- Gab es eine ausgeprägte familiäre Hierarchie?
- Wie wurde die Familie im gesellschaftlichen Umfeld wahrgenommen?
- Unterschied sich das äußere Ansehen vom inneren familiären Klima?
- Wie repräsentierte sich die Familie nach außen – durch gemeinsame Auftritte, gemeinsame Engagements, Feste oder Feiern?
- Gab es konkurrente Familien, Familien, die vorbildhaft für die eigene waren?
- Litt jemand aus der Familie unter der eigenen Familie?
- Hat es Auflösungen oder Veränderungen gegeben – Scheidung oder Tod?
- Gibt es auch nach der Auflösung der ursprünglichen Familienkonstellation ein erfahrbares Familienbewusstsein?

- **Wollten Sie oder Ihre Eltern, dass es die Kinder einmal besser haben? Ist dieser Wunsch erfüllt worden?**

Wohnen

Das englische Sprichwort „My home is my castle" beschreibt ziemlich exakt, welche Funktion „Wohnen" in der modernen westlichen Gesellschaft hat. Neben den dort gelebten Vitalfunktionen wie Schlafen, Essen, Entspannung, Erziehung und anderem ist die Wohnung der Rückzugsraum, der sich nur ausnahmsweise öffnen muss. Die Wohnung genießt besonderen Schutz: juristisch und ethisch. Gleichzeitig wird die Qualität des Wohnens bestimmt durch die Umgebung. Wie viel Rückzug gestattet sie und wie viel Bindung ermöglicht sie?

Der Begriff Wohnen geht auf das Althochdeutsche „wonen" zurück, das mit „sein", „bleiben" und „zufrieden sein" übersetzt werden kann. Landläufig konnotieren wir Wohnen als Rückzug aus dem Öffentlichen, dem Entzug der Beobachtung durch Fremde und, ausgedrückt in vielen Bildern insbesondere des Biedermeier-Zeitalters, als traute Umgebung, in der das Leben glückt und Zufriedenheit möglich ist.

Mit dem Begriff des Wohnens wird in familiären Zusammenhängen auch eine klare Ordnung verbunden. Dies drückt sich in der meist patriarchalen Autorität des Familienoberhauptes und den Rollen- und Aufgabenzuweisungen aus, die sich im Wohnkonzept ausdrücken. Bis in die heutigen Tage finden sich Wohnungen, in denen die Kinder eigene Zimmer haben, der Vater einen Arbeitsraum, mindestens einen eigenen Schreibtisch, hat und der Lebensraum der Frau die Küche ist. Sie bleibt intern eine „öffentliche" Person, immer und allen zugänglich und ohne Rückzugsmöglichkeit.

Wohnen war lange Zeit nicht von Arbeit zu trennen. In agrarisch strukturierten Gesellschaften wären sogenannte Schlafstädte undenkbar, weil unfunktional gewesen. Arbeit und Leben bzw. Wohnen musste eine Einheit bilden, weil auch zwischen Arbeit und Freizeit in der Regel kaum getrennt werden konnte. Mit dem Aufstehen war das Vieh zu versorgen und mit dem Zubettgehen war der Besitz zu sichern vor Zugriffen von außen. Es herrschte ein steter Wandel von Arbeit und kurzzeitiger Entspannung. Die Menschen früherer Zeiten haben mental vermutlich nicht unterschieden.

Auch wenn die Gesellschaft patriarchal strukturiert war, so gab es in dieser Ordnung wesentliche Reste der Matriarchalität. Die Mutter war regelmäßig für den ganzen Haushalt zuständig. Sie organisierte ökonomisch die Reproduktion (Essen, Unterkunft, Altersversorgung etc.) aller, die zum Haus gehörten.

Wesentlich im 19. Jahrhundert veränderte die Industriegesellschaft auch diesen Lebensbereich: Die mobilisierte Arbeiterfamilie erforderte kleinere Wohnungen und so entstanden in den Großstädten die sogenannten Mietskasernen, die klein, eng, auf die Grundfunktionen reduziert waren. Die bürgerlichen Wohnungen hingegen bildeten adelige Wohnsituation nach (Extra-Räume für das eigene Gesinde, große Arbeitsräume für die Versorgung, repräsentative Wohnungen für die Besitzer).

Verzögert veränderte sich die Wohnsituation auf dem Land: Die Wohnungen wurden kleiner, ausgelöst auf den Höfen oder Gütern, die „Eigenheime“ entstanden – getrennt von den Arbeitsplätzen und oder bestenfalls benachbart. Auch dies ein Zeichen, dass in die agrarische Welt die Teilung des Lebens Eingang gefunden hatte.

Mit der Auflösung der Einheit, die gleichzeitig auch Befreiung von Abhängigkeiten bedeutete, begann die Neudefinition von Gemeinschaft. An die Stelle der sorgenden und dominanten Herrschaft musste eine andere Solidarform treten: die Dorfgemeinschaft oder die Nachbarschaft. In funktionierenden, noch nicht stark der Mobilität unterworfenen Segmenten der Gesellschaft, entwickelte sich die bisherige Lebensform so weiter. Es entstanden höhere Selbstständigkeiten, verbunden mit sozialer Kontrolle.

In den Städten wuchs hingegen die Isolierung und Anonymisierung. Hier begann die weitere Aufspaltung des Lebens. Einrichtungen mussten geschaffen werden, die z.B. Menschen jenseits des Produktionsprozesses und der Selbstständigkeit auffingen, da die Familie aufgrund der erforderlichen Mobilitäten ihre früheren Aufgaben nicht mehr übernehmen konnten. Altenheime, Behindertenheime, Kinderheime und andere Reservate entstanden. Das System der Rentenversicherungen löste die Zukunftssicherung weiter von den Familien ab und übertrug es der großen Solidargemeinschaft.

Wohnen ist heute in der Regel nicht mehr verbunden mit Unterstützung durch Nachbarn, Alterssicherung oder Gemeinschaft. Wohnen und Wohnung ist heute vielmehr Repräsentanz der Unabhängigkeit und Darstellung der eigenen wirtschaftlichen Kraft. Wer auf sich hält, drückt dies durch Eigenheim oder durch Wohnstil aus – manchmal nahe der Abschottung.

In den letzten Jahren wird immer stärker über neue Wohnlösungen in Quartieren nachgedacht. Das Schlagwort von der Inklusion, dem Einschluss aller Lebensformen und Lebensnotwendigkeiten in die kleinere Gemeinschaft, gewinnt an Bedeutung. Dass diese Konzepte nur begrenzt greifen, hat wiederum mit der ökonomischen Basis der Gesellschaft zu tun: Sie erfordert mittlerweile eine noch höhere Mobilität. Wenn die Kinder in Spanien arbeiten, wie können sie dann mit den Großeltern zusammen leben? Entscheiden diese sich für ein intergeneratives Wohnprojekt jenseits der Familie: Was passiert mit den Alten, wenn die Jungen aus beruflichen Gründen nach drei Jahre den Ort wechseln müssen? So entsteht bestenfalls Vertrautheit und Beheimatung auf Zeit.

Die scheinbare Demokratisierung des Wohnens sollte in den Nachkriegsjahren durch Viertel ausgedrückt werden, die Modernität und Komfort versprachen, egalitär wirkten und in Dorf- oder Stadtteilzentren Gemeinschaft vortäuschten. Entstanden sind die sogenannten Plattenbauten und ihre Entsprechung im Westen: Schlafstädte und Orte der Segmentierung. Indem die Schichten der Gesellschaft voneinander getrennt wurden, wurde auch Gemeinschaft weiter zerstört.

Es ist beobachtbar bis in die Innenausstattung von Wohnungen: Lange stemmten sich die Menschen gegen diese faktische Isolierung, indem sie wenigstens den Wohnstil der Herrschenden und Reichen rührend nachahmten und so sich selbst Teilhabe suggerierten. Dieses „Gelsenkirchener Barock“ verschwindet zunehmend und der Ikea-Stil des demokratischen Bürgers kündet von veränderter Ästhetik. Das Design ist auf Konsens angelegt, lässt aber weiterhin Raum für Selbstdarstellung.

Biografiearbeit beschäftigt sich mit dem Wohnen und dem Wohnstil von Menschen vor allen Dingen unter diesen Aspekten: Ist die Wohnung, ist die Lebensumgebung des Menschen seine Heimat? Ermöglicht sie ihm Schutz und Verortung? Fühlt er sich gestützt und wahrgenommen in seinem Quartier? Ist Heimat mehr als Ideologie aufgrund eines erzwungenen Verlustes, mehr als Kindheitssehnsucht? Biografiearbeit rekonstruiert die Wohnbiografie und hilft zu entdecken, wo Heimat entstanden ist und in welchen Wohnsituationen Heimat erinnert oder belebt worden ist.

Wohnen: Fragen

- Unter welchen Bedingungen haben die Eltern und Großeltern gewohnt?
- Sind die Eltern und Großeltern häufig umgezogen?
- Wie erlebten die Kinder den Wohnungswechsel? Welchen Einfluss hatte dieser auf soziale bzw. Freundschaftsbeziehungen?
- Hatten die Eltern und Großeltern ein eigenes Haus oder eine Eigentumswohnung?
- In welchem Stil waren sie eingerichtet?
- Wie wichtig war repräsentatives Wohnen?
- Wie war das Kinderzimmer eingerichtet?
- Gab es ein Zimmer für mehrere Geschwister in der Ausgangsfamilie?
- Nach dem Auszug von Zuhause: Wie war die erste Wohngelegenheit beschaffen?
- Wer hat das Zimmer/die Wohnung gesucht?
- Nach welchen Kriterien erfolgte die Entscheidung für die erste eigene Unterkunft?
- Wann und warum erfolgte der Auszug aus dem Elternhaus?
- In welchem Zusammenhang waren die Wohnungswechsel mit beruflichen Veränderungen zu sehen?
- Wie oft wurden Wohnungen gewechselt?

- Warum kam es zu Wechseln und Umzügen?
- Gab es erzwungene Wohnungswechsel – durch Flucht oder Vertreibung?
- Nach welchen Kriterien wurden jeweils neue Wohnungen ausgesucht?
- Wie wesentlich waren materielle Gründe?
- Hat sich der Einrichtungsgeschmack im Laufe der Jahre verändert?
- Welche Bilder hingen an den Wänden?
- Wer hatte Anrecht auf ein eigenes Zimmer?
- Wurde ein eigenes Haus gebaut?
- Gab es einen Garten?
- Gab es Lieblingsplätze in der Wohnung – zugewiesene oder frei gewählte?
- Welche Bedeutung für das Selbstwertgefühl hatte das eigene Haus?
- Gibt es eine zentrale prägende Wohnerfahrung?
- Welche Erfahrungen wurden mit Nachbarn gemacht?
- Welche Wohnsituation war die schrecklichste, schwierigste, problematischste?
- Hat es Zerstörungen gegeben, z.B. durch Krieg?
- Ist die persönliche Integrität beschädigt worden, z.B. durch Einbrüche?
- Gibt es einen Traum vom Wohnen?
- Veränderten sich mit dem Alter die Wohnbedürfnisse?
- Wurde im Alter eine kleinere Wohnung gewählt?
- Welche Einrichtungsgegenstände sind in nahezu allen Wohnungen präsent gewesen?

- **Wenn Sie auf Ihr bisheriges Leben zurück blicken: Wo oder was war Ihre Heimat?**

Arbeit

Kaum etwas anderes bestimmt die Entwicklung der Menschheit und der Menschlichkeit wie Arbeit. Wie wir arbeiten, so leben wir. Alle gesellschaftlichen Ordnungen der entwickelten Länder basieren auf dem Faktor Arbeit, auf der Verteilung der Produktionsmittel und der Steuerung der finanziellen Ressourcen. Die jeweiligen Lebensrhythmen werden dadurch bestimmt, ob und in welchem Umfang jemand Arbeit hat, welche Qualitäten diese Arbeit hat und wodurch sie ggf. verloren geht. Arbeit und Arbeitsethos durchdringen die Privatheit, sichern die Machtverhältnisse bis in die kleinsten Einheiten.

Die Bewertung der Arbeit ist durch unterschiedliche Phasen gegangen. Antike Autoren wie Xenophon oder Cicero missachteten die Arbeit. Sie war das Zeichen der Unfreien, der Sklaven, der Leibeigenen. Diese konnten ihre Lebensbedürfnisse nur dadurch befriedigen, indem sie sich die Mittel dazu erarbeiteten. Mit Arbeit war dabei immer körperliche Arbeit gemeint.

Die geistige Arbeit hingegen wurde eher als schöpferische Muße verstanden. Eine solche Haltung zur Arbeit konnte sich nur erlauben, wer als Adeliger über ausreichenden Besitz verfügte und die niederen Dienste durch Untertanen erledigen lassen konnte. Aus dieser Zeit stammen noch viele unserer Haltungen zur Arbeit – z.B. dass „Weiße-Kragen-Arbeit" wertvoller sei als solche Arbeit, bei der man sich die Hände „schmutzig" macht.

Bis in das letzte Jahrhundert hinein zogen sich in Europa die extremen Abhängigkeitsverhältnisse, die durch Arbeit entstanden. Fronarbeit, im russischen Zarenreich bis zur Revolution 1917 geleistet, betraf nicht nur Männer, sondern auch Frauen und Kinder.

Mit der Entwicklung der bürgerlichen Gesellschaft entwickelte sich die Notwendigkeit, Arbeit als Ware zu handeln, damit die gegenseitigen Abhängigkeiten geringer wurde und die Arbeitskraft selbst flexibel am Markt nach Werten gehandelt werden konnte. Damit einher gingen insbesondere im 19. Jahrhundert Verelendungen, eindrucksvoll von Friedrich Engels in seinem Klassiker „Die Lage der arbeitenden Klasse in England" beschrieben. Durch die Möglichkeiten der Energiewirtschaft wurde die Ware Arbeitskraft nach Bedarf ausgeschieden, angezogen und wieder ausgeschieden. Je mehr Arbeiter „am Markt" waren, desto billiger bzw. ausbeuterischer konnte ihre Arbeitskraft genutzt werden. Viele Menschen versanken im Elend.

Dies und die Gefährdung der Kriegsfähigkeit durch geschwächte Rekruten führte im 19. Jahrhundert dazu, dass der Staat einschritt und z.B. durch die Bismarck'sche Sozialgesetzgebung dafür sorgte, dass ein Mindestmaß an Versorgung und Lebenssicherheit zur Verfügung gestellt wurde. Wäre dies nicht geschehen, hätte der brutale Kapitalismus die Menschen bis aufs Blut ausgesaugt. Der Einzelne galt auch in der frühen bürgerlichen Gesellschaft wenig. Aber es gab auch vorausschauenden Unternehmen, denen klar wurde, dass der Markt allein die Arbeit nicht regeln konnte. Krupp, eigentlich Kapitalistensynonym, entwickelte z.B. ein System der einfachen Kranken- und Sozialfürsorge.

Die Nationalsozialisten mystifizierten die Arbeit und begannen sie militärisch zu überformen. Arbeit war jetzt nicht mehr dem Eigner, sondern zunächst dem Reich geschuldet, war eine Bringschuld im Dienste des Ganzen und diente der Erhöhung des gesellschaftlichen Reichtums. Dass viele Industrielle sich diese Überhöhung zunutze machen konnten und sich in den Dienst des Systems stellten, zeigt die Geschichte.

Aus der freien Marktwirtschaft wurde nach dem Zweiten Weltkrieg die sogenannte soziale Marktwirtschaft. Für viele veränderten sich Arbeits- und Lebensbedingungen. Die Gewerkschaften sorgten für auskömmliche Lebensverhältnisse, der Arbeitszeit trat die Freizeit zur Seite – zunächst zeitlich gering, später als freies Wochenende oder als Achtstundentag.

Arbeit ist für viele Menschen des ausgehenden 20. Jahrhunderts und des 21. Jahrhunderts nicht mehr nur Subsistenzarbeit. Immer stärker tritt in den letzten Jahrzehnten die Bedeutung der Selbstproduktion hinzu. Arbeit dient nun auch der Selbstdarstellung, der Gestaltung des eigenen Status, dem sozialen Kontakt und der Sinnproduktion. Arbeit ist zunehmend Bestandteil der Selbstverwirklichung geworden, ist Entfaltung schöpferischer Kräfte oder sogar Mittel und Möglichkeit, Gesellschaft zu verändern.

Vor diesem Hintergrund ist die Verknappung von Arbeit in den wohlhabenden Ländern gleichzeitig auch eine Sinnkrise. Wer arbeitslos ist, nimmt nicht mehr Teil am Prozess der gesellschaftlichen Gestaltung, kann die eigene Reproduktion nicht mehr ermöglichen und fühlt sich schnell den Mechanismen und Zwängen der modernen Gesellschaft ausgeliefert, ohne daran gestaltend teilhaben zu können.

Gleichzeitig nehmen die prekären Arbeitsverhältnisse zu. Die Notwendigkeit des Hinzuverdienstes, der zweiten oder gar dritten Tätigkeit wächst. Mit diesem Wachstum sind neue Arbeitsformen entstanden (Minijobs), die nicht ausreichend sind, um die Erfordernisse der Selbstversorgung zu erfüllen.

So wie sich die Gesellschaft immer stärker in arm und reich spaltet, so hat sich das Arbeitsverhältnis in den letzten Jahrzehnten massiv verändert. Noch vor einiger Zeit war ein Arbeitsplatz nahezu immer ein sicherer Arbeitsplatz und auf Lebenszeit der eigene. Befristete Arbeitsverhältnisse waren unbekannt, Schwarzarbeitsverhältnisse bildeten die Ausnahme. Die Phänomene des früheren Kapitalismus kehren zurück: Tagelöhner, Zeitarbeit, Leiharbeit, Schwarzarbeit – viele Arbeitsformen haben Einfluss auf den Markt. Die einheitliche Idee vom Sinn der Arbeit scheint abhanden zu kommen und wird bestenfalls noch in theologischen oder philosophischen Abhandlungen diskutiert – ein Intellektuellenproblem.

Erst in den letzten Jahren wird das Verhältnis von unentgeltlicher Arbeit und entgeltlicher Arbeit diskutiert. Familientätigkeit galt lange nicht als Arbeit. Arbeit war das, was bezahlt wurde. Mit der Differenzierung des Arbeitsmarktes und der Expansion des Kapitals, das mehr Arbeitskräfte benötigt, wird Familientätigkeit auch als Arbeit akzeptiert. Wertigkeit wird offenbar auch deswegen zugeschrieben, um mehr Männer an den Herd oder die Spülmaschine zu bekommen.

Trotz des gesellschaftlichen Reichtums ist feststellbar, dass notwendige „Schattenarbeit“ (Pflege, soziales Engagement, Jugendarbeit, Betreuung) weiterhin nicht oder nur schlecht honoriert wird. Sogenannte Bürgerarbeit wird diskutiert: Wer kann auf welche Weise und unter welchen Bedingungen diese Arbeit leisten? Menschen, die heute mit 65 oder 67 in Rente gehen, haben oft noch ausreichende Ressourcen für Engagements. Sie sollen Lücken schließen. Einerseits ist es sinnvoll, einen neuen ganz anders orientierten Markt der Möglichkeiten zu etablieren. Andererseits versagt unser System bezahlter Arbeit auf wesentlichen Feldern gesellschaftlicher Solidarität.

Biografiearbeit wird der Arbeitsbiografie immer eine besondere Bedeutung geben. War die Arbeit Last oder Sinnerfüllung, Freude oder Pflicht? Manche Weichenstellung im Leben wird bestimmt durch die Arbeits- und Karrieregestaltung und manche tiefe Verwurzelung im Leben ist nichts anderes als hohes Arbeitsethos.

Arbeit: Fragen

- Wie wurde Arbeit erlebt und definiert?
- Wurde unterschieden nach Erwerbsarbeit, Familienarbeit, freiwilligem Engagement?
- Diente Arbeit dem ausschließlichen Gelderwerb oder war sie auch eine Form der Selbstverwirklichung bzw. Weltgestaltung?
- Gab es ein bestimmtes Arbeitsethos?
- Hat sich das Verhältnis zum Sinn der Arbeit im Laufe des Lebens verändert?
- Welche Wirkung hatte die Schule auf die Berufswahl?
- Gab es Ermutigungen oder Entmutigungen hinsichtlich der Berufswahl?
- Auf welche Weise wurde der erste Beruf ergriffen? Wer oder was gab dazu den Anstoß?
- Hat es im Leben Weggabelungen gegeben, die zu falschen Entscheidungen hinsichtlich des Arbeitsplatzes führten? Blieben dadurch Träume unerfüllt?
- Waren die Lehrjahre „keine Herrenjahre“?
- War der Beginn der Arbeitsaufnahme auch der Abschied aus dem Elternhaus?
- Wie lange dauerte die Erwerbsarbeit? Wurde im Rentenalter zeitweise weiter gearbeitet?

- Welche weiteren Qualifikationen wurden erworben?
- Führte der Qualifikationserwerb oder ein Studium zu der Möglichkeit, interessantere oder besser dotierte Aufgaben zu übernehmen?
- Bei Selbstständigen: Wie wurde dieser Status im Gegensatz zu angestellten Tätigkeiten erlebt?
- Welche Arbeit war die interessanteste?
- Kann man von einer Berufskarriere sprechen? Worin drückte sich diese aus?
- Gab es während des Arbeitslebens schwerwiegende Auseinandersetzungen wegen Lohn- oder Tariffragen?
- Gab es gewerkschaftliches Engagement – mit welchem Erfolg oder um welchen Preis?
- Bei Arbeitslosigkeit: Wie wurde diese erlebt? Welche Folgen hatte sie für die soziale Stellung?
- Bei Familienarbeit: Stand sie gleichberechtigt neben der Erwerbsarbeit?
- Wurde „Schattenarbeit" geleistet, z.B. die Pflege von Angehörigen?
- Wurde Familienarbeit gern geleistet?
- Musste im Leben eine Entscheidung zugunsten der Familie oder der bezahlten Arbeit gefällt werden? Wer entschied darüber, zu welchem Preis?
- Fiel der Ausstieg aus dem Beruf leicht oder mündete er in eine Krise?
- Folgte auf die Erwerbs- oder Familienarbeit eine Zeit ehrenamtlichen oder freiwilligen Engagements?
- Bei Engagements: Warum wurden welche Felder gewählt?
- Gab es Wünsche hinsichtlich des idealen Arbeitsplatzes, die nicht erfüllt worden sind?

- **Ist der Satz „Ohne Fleiß kein Preis" die richtige Überschrift über Ihrem Arbeitsleben?**

Freizeit

„Denn die Natur hat auch den Abscheu für anhaltende Arbeit manchem Subjekt weislich in seinen für ihn sowohl als andere heilsamen Instinkt gelegt: weil dieser etwa keinen langen oder oft wiederholenden Kräfteaufwand ohne Erschöpfung vertrug, sondern gewisser Pausen bedurfte", schreibt Immanuel Kant 1798 in seiner „Anthropologie in pragmatischer Hinsicht". Der Philosoph räumte der Freizeit eine Schutzfunktion ein. Der Mensch kann seine Arbeitskraft nicht schadlos ausbeuten, wenn er nicht auch Phasen der arbeitsfreien Reproduktion und Rekreation erlebt. Zwar wird in der

Bibel nicht der Achtstundenarbeitstag propagiert, wohl aber der deutliche Hinweis, dass ein Tag der Muße und Anschauung zu widmen sei.

Freizeit ist also keine Erfindung der Neuzeit, sondern zunächst ein Erfordernis. Die Definition von Freizeit war und ist Wechseln unterworfen, die auch die jeweilige Abhängigkeit von der Arbeitszeit illustriert.

In der Antike war freie Zeit das Privileg der Besitzenden, die nicht arbeiten mussten und ihren Unterhalt und Lebenswandel durch Sklaven sichern und ausweiten konnten. Allerdings wurde bei den Griechen während der Olympischen Spiele Freizeit in dem Sinne eingeräumt, dass alle an den Festen teilzunehmen hatten. Freizeit war sozusagen eine Verpflichtung.

Bei den Römern war es später „panem und circensis", Brot und Spiele, die die Sklaven bei Laune halten sollten.

Freizeit ist im Mittelalter bestimmt durch einen Rechtsbegriff der „frey zeyt": Es war eine temporäre Friedenszeit, in der die Reisenden, die zu den Märkten unterwegs waren, von Übergriffen, Gewalt und Störungen bewahrt werden sollten. Wer gegen diese Friedenszeit verstieß, musste mit Ahndung rechnen.

Mit der Industrialisierung und dem Entstehen der bürgerlichen Gesellschaft wurde der Arbeitstag immer weiter ausgedehnt. In den Fabriken waren 16 Stunden Arbeit keine Seltenheit und ein einheitliches Wochenende war eher unbekannt. Durch die Entwicklung der Energie (Licht) war Arbeit zudem nicht mehr an bestimmte Tages- und Jahreszeiten gekoppelt, sondern konnte weiter gedehnt werden. Das kapitalistische System hatte kein Interesse an der Gewährung von Freizeit. Die Ware Mensch wurde ausgebeutet bis an die Grenze der physischen und psychischen Erschöpfung. Als allerdings diese Erschöpfungen als Gefahr für die Produktion erkannt wurde, begann zum einen der Kampf um die Verkürzung des Arbeitstages und zum anderen die Fürsorge zur Sicherung der Arbeitskraft.

Der Philosoph und Ökonom Karl Marx betonte den Wert der „disponiblen Zeit". Er sah darin die Möglichkeit zur Emanzipation des Menschen, die Möglichkeit der Wiedergewinnung der Menschlichkeit aus der Entfremdung. Freie Zeit sei von der Arbeit befreite Zeit, in der sich jedes Individuum besonders gut entfalten könne. Sie war damit auch die Zeit, in der politisch und gewerkschaftlich agiert werden konnte.

Auch die bürgerliche Gesellschaft reagierte. Der Pädagoge Friedrich Fröbel räumte seinen Zöglingen ausdrücklich Zeiten für ihre individuellen, nicht von der Arbeit bestimmten Bedürfnisse ein.

Die Weimarer Republik war gekennzeichnet durch den Kampf der Gewerkschaften und linken Parteien für mehr Freizeit und mehr Phasen der Rekreation. Acht Stunden Arbeit sollten acht Stunden freie Zeit und ebenso viel Schlaf gegenüber stehen. Der Nationalsozialismus unterbrach die beginnende Entwicklung und ideologisierte auch die Freizeit: „Kraft durch Freude."

In der Zeit nach dem Zweiten Weltkrieg verlor Freizeit und der Kampf um mehr Freizeit an Bedeutung. Existenzsicherung stand im Vordergrund. Arbeit bestimmte das Leben und die Kämpfe der Weimarer Republik um den Achtstundentag wurden erst viel später wieder aufgenommen. Dann aber erhöhte sich durch die Wirtschaftswunderjahre auch die freie Zeit. Fortan boomte die Konsumgüterindustrie. Freizeit wurde auch zur Konsumzeit und damit marktwichtig. Immer aber blieb Freizeit gekoppelt an das Arbeitsverständnis, wurde sozusagen von hier aus determiniert. Dieses Grundverständnis ist bis heute vorherrschend.

Freizeittheoretiker beklagen diese Bedingungen und Abhängigkeiten. Freizeit sei ein Raum geworden, der ökonomisch im großen Stil verwertet werde. Dass, was in der Arbeitszeit erworben wird, wird in der Freizeit wieder verloren. Arbeit diene dazu, Freizeit zu finanzieren. Freizeit diene dazu, für die Arbeit zu rekreieren – eigentlich ein Teufelskreis.

Freizeit wird in eigenen Freizeitmaschinerien erlebt: denen des Sports, der Wellness, des Urlaubs, der Bildung, des Kulturbetriebs. Der Rhythmus des Lebens wird auch hier bestimmt und getaktet durch Arbeit. Von diesem Takt kann sich Freizeit kaum entfernen – schon gar nicht in Zeiten der Kommunikationsgesellschaft, die die ubiquitäre Erreichbarkeit ermöglicht. Muße – zweckfreie, nicht von außen gestaltete Zeit – ist in der Industriegesellschaft so gut wie nicht existent.

Der auch heute noch verwandte Nachkriegsbegriff der „Freizeitgesellschaft" beschriebt m.E. unzureichend eine Gesellschaft, die sich bereits damals diversifizierte: Menschen mit sehr viel Arbeit, arbeitslose Menschen, familienarbeitende Menschen, Bürgerarbeiter. Nicht die Freizeit verband und verbindet die Gesellschaft, sondern weiterhin die Arbeit.

Seit etwa 20 Jahren ist ein neues Phänomen hinzugetreten. Arbeit wird immer stärker gelöst vom Arbeitsort. Viele Tätigkeiten können an nahezu beliebiger Lokalität erledigt werden. Die Arbeitsmittel ermöglichten zum einen hohe Ortsflexibilität, zum anderen Zeitflexibilität, die zur dauernden Durchdringung von Arbeit und Freizeit für viele Berufstätige führte. Diese Durchdringung wird als Stress wahrgenommen, hat allerdings auch einen positiven Schatten: Die Vereinbarkeit von Beruf und Familie ist für viele verbessert worden.

Biografiearbeit wird sich immer mit dem Verhältnis von Arbeitszeit und Freizeit auseinander setzen müssen. Sie hat die Frage zu stellen, welchen Sinn im Leben eines Menschen seine nicht durch Arbeit gefüllte Zeit hatte und hat. Soll sie der Entspannung, der Selbstverwirklichung, der Familie oder der Gestaltung von Gesellschaft dienen? Wird Gesellschaft in der Freizeit oder durch die Produktions- und Kommunikationsprozesse gestaltet?

Freizeit: Fragen

- Was ist „freie" Zeit?
- War Arbeit und Freizeit klar gegeneinander abgegrenzt?
- Hat es im Leben frei verfügbare Zeit gegeben – Zeit, die nicht dem Lebensunterhalt, dem Familienunterhalt oder gesellschaftlichen Verpflichtungen gewidmet war?
- Wie wird der Begriff „Muße" gefüllt?
- Wurde Entspannung „geübt", z.B. durch Meditation, Yoga.
- Gab es das Gefühl der „Langeweile"?
- Wie gestaltete sich ein normaler Tagesablauf?
- Wurde an den Wochenenden gearbeitet – in welchem Umfang?
- War der Sonntag ein „geheiligter Tag"?
- Ging die Familie sonntags gemeinsam zum Gottesdienst?
- Gab es eine Phase im Jahreslauf, der von wenig Arbeit bestimmt war?
- Welche Kontakte wurden in der Freizeit gepflegt?
- Welche Rolle spielte die Verwandtschaft, die Nachbarschaft, eine Dorfgemeinschaft?
- Spielten die beruflichen Kollegen in der Freizeit eine Rolle?
- Kannten die anderen Familienmitglieder berufliche Kollegen?
- Wurde die Freizeit mit Hausarbeiten gefüllt, die nicht unbedingt notwendig waren, z.B. die Perfektionierung der eigenen Lebensumwelt?
- Wurden Feste gefeiert oder selbst organisiert?
- Welche Bedeutung hatten die Schulferien der Kinder?
- Waren die Schulferien der Kinder eine schwierige Zeit, da wegen der Berufstätigkeit der Eltern ihre Versorgung gesichert werden musste?
- Welchen Stellenwert hatte der Urlaub?
- Welche Urlaubsfahrten werden erinnert?
- Haben sich die Urlaubsbedürfnisse im Laufe der Jahre verändert?
- Was war der schönste Urlaub?
- Gab es Hobbys? Wie konnten diese gepflegt werden?

- Gab es Sammelleidenschaften, wechselten diese im Laufe des Lebens?
- Gab es künstlerische Aktivitäten?
- Welchen Stellenwert hatte der Medienkonsum, wie hat sich dieser im Laufe der Jahre verändert (von der Zeitung, zum Radio, zum Kino, zum Fernsehen, zum Internet)?
- Wann hat das Internet, der Computer größeren Einfluss auf das Freizeitverhalten genommen?
- Wurde Literatur gelesen? Veränderte sich die Beschaffung dieser Literatur im Laufe des Lebens (Hausbibliothek, Öffentliche Bibliothek, Kauf, E-Book)?
- Welche Rolle spielte aktiver Sport?
- In welchen Gruppen war man regelmäßig präsent und aktiv: Vereine, Initiativen, Kirche, Parteien?
- Hat sich das Verhältnis von gefüllter und freier Zeit mit zunehmendem Alter geändert?

- **Stellen Sie sich die folgende Situation vor: Sie gehen sonntags in den Gottesdienst und wissen, dass Sie den Rest des Tages in gewohnter Langeweile allein verbringen müssen. Was hindert Sie daran, jemanden anzusprechen und zum Mittagessen** (vgl. H. G. Ruhe: „Die Mitesszentrale") **in Ihre Wohnung einzuladen?**

Gesellschaft

Wer zur eigenen Biografie arbeitet, tut dies immer vor dem Hintergrund der eigenen Geschichte, der eigenen Familie, der eigenen Freunde und eigener Begegnungen. Der Einzelne bewegt sich aber nicht nur in seinen ersten Bezugsgruppen, sondern in der Gesellschaft, der er sich zugehörig fühlt oder die ihm zugewiesen wurde durch die äußeren Umstände. Als „Gesellschaft" versteht man eine in der Regel Menschen in einer abgegrenzten Formation, die sozial miteinander verbunden sind und miteinander interagieren (können). Der Systemtheoretiker Niklas Luhmann sprach in diesem Kontext von „allen füreinander kommunikativ zugänglichen Ereignissen". In diesem Sinne kann ein Dorf als Gesellschaft aber auch z.B. ein Staat wie Deutschland als Gesellschaft definiert werden – die Grenzen sind nicht immer trennscharf zu ziehen.

Geht man von der Nation aus, so ist die deutsche Gesellschaft mit Charakteristika ausgestattet, die einen besonderen Einfluss auf jede Art von Biografiearbeit haben. Der Nationalsozialismus brach mit einer solchen Vehemenz in die junge Weimarer Demokratie ein, dass wir mit den Folgen bis heute zu leben haben. Die Moralität einer ganzen Gesellschaft, ihr Versagen und ihre Widerständigkeit sind bis heute ein Thema für Diskussion und Reflexion. Das Verhalten des Einzelnen, seine ethische Orientierung, seine Beteiligung und sein Versagen – dies sind biografische Fragen, die sich hineingezogen haben in familiäre Auseinandersetzungen und Zweifel. Und die Jungen sind mit der Frage befasst: Wie hättest du dich damals verhalten? „Auschwitz" wird vermutlich noch über mehrere Generationen hinweg Prüfstein für Ethos und Moralität sein.

Deutschland ist Auslöser und verantwortlich für die beiden großen Weltkriege, die unglaubliches Leid und Veränderungen in Europa bewirkten. Fast jede Familie hatte Tote der Kriege zu beklagen, viele Familien litten unter Flucht, Vertreibung und den Problemen, in der neuen „Heimat" nicht willkommen zu sein.

Durch die Teilung Deutschlands wurden Familien zerrissen. Die große Blockbildung des kalten Krieges hatte oft auch eine Entsprechung in den familiären Situationen. Nach 1945 ist ein ganzer Kontinent neu geordnet worden, Identitäten und Machtverhältnisse änderten sich, Feindschaften wurden beendet oder erstanden neu, Staaten verschwanden und neue entwickelten sich. Deutschland lag 1945 am Boden und erstand in den Jahren danach zu großer ökonomischer Blüte – sowohl im Westen als auch mindestens zeitweise im Osten.

Dass, was nationale Identität ausgemacht hatte, veränderte sich in eine DDR- und eine BRD-Mentalität. Über die Jahre entwickelten sich nicht nur die gesellschaftlichen Konzepte weit auseinander, sondern auch das Alltagsleben bekam unterschiedliche Farben. Diese waren geprägt von den Durchsetzungsmechanismen der Macht, den Blöcken – hier Orientierung an den Amerikanismen, dort an den sogenannten Bruderstaaten.

Die 1960er und 1970er Jahre wurden im Westen als Identitätskonflikt gelebt. Die Studentenunruhen waren äußerer Ausdruck des endgültigen Bruchs mit der unheilvollen Vergangenheit. Die Adenauer-Republik war an ihr Ende gekommen, mit ihr auch all die kleinen und großen Verdrängungen von Schuld und Elend der NS-Zeit. Der Blick wurde offener, freier. Die positive Entwicklung wurde begleitet von einer Schattenseite: Der individuelle Terrorismus der jeweiligen RAF-Generationen verunsicherte bis in die Gestaltung des Staates hinein. „Law and order" drohte wieder gesellschaftsfähig zu werden. Wohl auch ein Zeichen der erwachsen gewordenen Demokratie: Die Phase wurde bestanden, freilich nicht ohne Fragezeichen und Beschädigungen.

Die Veränderungen des Ostblockes begannen außerhalb der DDR, erreichten sie dann aber mit großer Vehemenz – für viele die erste Revolution, die auf deutschem Boden stattfand. Und wie sie sich ereignete: friedvoll, kreativ, bewundernswert. Nach den 1968er Jahren stand Deutschland plötzlich vor der Situation eines neuen Schubes, eines anderen Weges von Demokratie und sozialer Gerechtigkeit. Die Hoffnungen gründeten sich nicht nur auf die Kohl'sche Versprechung der „blühender Landschaften", sondern auch auf die Partizipation an den Erfahrungen einer friedlichen Gesellschaftsveränderung.

Wie so oft in der Entwicklung von Gesellschaften wurden diese Hoffnungen schnell zunichte gemacht: Die Steuerung übernahm nicht das Volk („Wir sind das Volk") bzw. die Volksvertretung, sondern die Ökonomie. Innerhalb weniger Jahre wurde verkauft, angeeignet, übereignet und das System der Markwirtschaft vereinheitlichte wirksam im wieder vereinigten Deutschland.

Die Energie der Veränderung wurde aufgesogen durch die Alltagsprobleme, die Notwendigkeiten der Neuorientierung, durch entstehende Vorurteile über die Nachbarn (Besserwessi gegen Dunkeldeutschland). Die wiedervereinigten Menschen hatten zur Kenntnis zu nehmen, wie fremd sie sich geworden waren. Dieses Fremdsein und die Unkenntnis über die unterschiedlichen Systeme zeitigte Früchte: Pauschalisierungen ersetzten das genaue Hinsehen, Arroganz die notwendige Demut. Daneben standen die Eigentümlichkeiten des Alltags: Wer steht früher auf, wie wurden welche Vorgänge bezeichnet, welche Feiern des Alltags waren wichtig?

Biografiearbeit sieht den Einzelnen immer vor dem Hintergrund der Gesellschaft. Privatheit und Gesellschaft hängen zusammen, sind nicht gegeneinander, sondern nur miteinander zu reflektieren. Wer Privates erinnert, erinnert auch Gesellschaftliches. Wer Gesellschaftliches erinnert, erinnert auch Privates.

Auch die Geschichtswissenschaft reagiert seit einigen Jahrzehnten auf diesen Ansatz. War früher Geschichte immer wieder das Darstellen großer Linien, berühmter Monarchen und Führer, die Beschreibung von Revolutionen und Umbrüchen, so begann irgendwann auch das Alltagsleben für die Forschung an Bedeutung zu gewinnen: „Oral History" (erzählte Geschichte) reüssierte zum eigenen Ansatz. Zunächst wurde Zeitzeugenschaft nur als Illustrierung von Forschungsergebnissen genutzt, um Geschichte unterhaltsamer zu machen.

Später begann man, das historische Alltagsleben selbst zum Forschungsgegenstand zu machen und erklärte daraus, warum es zu welchen gesellschaftlichen Entwicklungen gekommen war. Das „Phänomen" des Nationalsozialismus z.B. ist ohne Verständnis für den Alltag des frühen 20. Jahrhunderts kaum zu verstehen, die Studentenunruhen der 1968er sind ohne ein Gefühl für die familiäre Kleinbürgerlichkeit der Adenauerzeit nur begrenzt nachvollziehbar. Aber auch die umgekehrte Betrachtungsweise ist legitim: Die Feigheit und Angst der Hitlerzeit kann nicht allein als individuelles Versagen beschrieben, sondern muss im Kontext des Repressionsapparat gesehen werden. Die Kleinbürgerlichkeit der Adenauerzeit versteht nur, wer die Sorgen und Nöte der Nachkriegsgeneration ernst genommen hat.

Gesellschaft: Fragen

- In welchen gesellschaftlichen Verhältnissen ist man aufgewachsen?
- Wie war das lokale und regionale Umfeld?
- Welche gesellschaftliche Ordnung galt?
- Wie wurde innerhalb der Familie die gesellschaftliche Ordnung bewertet?
- Wurde die Ordnung durch aktives Engagement gestützt oder beschädigt?
- Gab es Beteiligungen an öffentlichen Feiertagen (z.B. 1. Mai, Volkstrauertag), wie sah diese Beteiligung aus?
- Welche öffentlichen Ämter wurden seit der Jugendzeit übernommen?
- Hat es in der Familie Verfolgung gegeben?
- Gehörte die Familie einer (ethnischen) Minderheit an?
- Gibt es Vorfahren, die aus anderen Ländern mit anderen Ordnungen kamen?
- Wurde von Familienmitgliedern etwas geschaffen, das über die Generationen hinaus in der Gesellschaft Bestand hatte, heute von der Öffentlichkeit noch wahrgenommen wird?
- Hat es Ehrungen, Ehrenzeichen oder Orden gegeben?
- Wurde in der Familie über Politik gesprochen?
- Gab es eine aktive Beteiligung am Leben der Kirche?
- Wurden soziale Institutionen wahr- oder in Anspruch genommen?
- Gibt es gesellschaftliche Ereignisse, die einen besonderen Einfluss auf die Familie oder Einzelne hatten?
- War jemand Mitglied in einer Partei?
- Wurde Zeitung gelesen, an politischen oder ähnlichen Versammlungen teilgenommen?
- Gibt es Dokumente über Engagements, schriftliche Äußerungen?
- Wurden im Alltagsleben Benachteiligungen aufgrund bestimmter politischer oder gesellschaftlicher Optionen in Kauf genommen?
- Wie war das individuelle Grundgefühl zum gesellschaftlichen Umfeld: „Integration“ oder „Isolation“?

- Wie veränderte sich im Laufe des Lebens die Teilhabe oder das Teilhabegefühl?
- Wird hinsichtlich des gesellschaftlichen Engagements etwas bedauert?

- **Was wäre anders geworden, wenn Sie nicht auf diese Welt gekommen wären?**

Materielle Sicherheit

Vielleicht ist die Generation der jetzt 60-Jährigen die erste, die den Nachkommen nicht mehr vorgibt: „Ihr sollt es einmal besser haben!" Die Veränderung der Lebensumstände seit den 1980er oder 1990er Jahren sind so gravierend gewesen, dass die frühere Sicherheit, es wandele sich alles zum noch Besseren, verloren gegangen scheint. Immer mehr Menschen schauen mit Skepsis nach vorn. Sie registrieren die Umbrüche und Fehlentwicklungen, die Erfordernisse permanenter Mobilität und die Notwendigkeit, dass Multitasking zur Alltagsqualität geworden ist.

Die Gegenwart ist trotz steigendem Wohlstand vieler unberechenbarer geworden; die möglichen Abstürze sind mittlerweile ein Menetekel für jede Gesellschaftsschicht. Die Entscheidungen der Finanzmanager und Wirtschaftsoligarchen orientieren sich nicht an gesellschaftlichen Notwendigkeiten.

Reichtum basierte jahrhundertelang auf Land, auf Agrarwirtschaft und der Verfügungsgewalt des Adels. Wer sich dem System anpasste bzw. anpassen musste („Wes' Brot ich ess', des Lied ich sing'." Oder: „Unter'm Krummstab ist gut leben."), der hatte ein gewisses Auskommen: einen Arbeitsplatz, Lebensort, eine gewisse Grundbildung. Jeder definierte sich über den scheinbar Gott gewollten zugewiesen Platz und die Hierarchien wurden selten infrage gestellt.

Mit dem Erstarken des Bürgertums und seiner Revolution änderte sich das. Es galt nicht mehr der gesellschaftlich zugewiesene Platz, sondern die am Arbeitsplatz erbrachte Leistung. Aus der Fiktion heraus, dass jeder die gleichen Chancen hatte, begann eine Neuorientierung, entwickelte sich ein soziales Sicherungssystem, das nicht mehr an den Landesherren gebunden war. Mobilität wurde möglich, wurde gefordert. Der Markt brauchte Arbeiter, die sich seinen Funktionsprinzipien unterwarfen. Der funktionierende Kapitalismus sorgte ebenso für seine Kinder wie später der zeitweilig existente reale Sozialismus.

Der Wirtschaftsordnung wohnte ab jetzt permanentes Wachstum inne. Mit diesem Dauerwachstum veränderten sich die Lebensverhältnisse. Gemessen an den Entwicklungszeiten im Feudalismus schwoll der Wohlstand rasant innerhalb von Jahrzehnten an. Und es hat den Anschein, als wenn er noch immer weiter wachsen wolle – meistens auf Kosten anderer.

Vor diesem Hintergrund entstand der Wunsch, dass es die eigenen Kinder besser haben sollten – verstärkt durch die Mangeljahre der Kriege und deren Folgen. Wer als Vertriebener seinen Hof verloren hatte und im Westen das Dasein auf einer Nebenerwerbsfläche fristete, der konnte nur hoffen, dass es die Kinder einmal besser haben würden. Hoffen – bis zu dem Wunsch, die alten Bedingungen, die mit dem Ende des Nationalsozialismus nicht mehr existent waren, wieder herzustellen.

Wer Hunger und Durst, Krankheit und Tod erlebt hat, der entwickelt zu Geld und zu materieller Sicherheit ein deutlich anderes Verhältnis als derjenige, der in (relativem) Wohlstand aufgewachsen ist. In dieser Generation wurde Geld, Wohlstand und demonstrierbare soziale Sicherheit („Meine Frau, mein Haus, mein Boot") wichtiger genommen, als in der Generation, die jetzt um die 40 Jahre alt ist.

Die jüngeren Leute wissen um die Wandelbarkeit des Lebens und die Notwendigkeit der Flexibilität. Zwar hat Wohlstand immer noch einen demonstrativen Charakter, aber er wird offenbar weniger wichtig genommen. Andere Orientierungen treten hinzu, z.B. Zeitflexibilität oder Zeitsouveränität. War früher der feste Arbeitsplatz Ausweis eigener Solidität, so ist heute der Wandel, der Wechsel Hinweis darauf, dass man sich im Leben zu Recht findet. Erlebte die vorangegangene Generation den gesellschaftlichen Reichtum als außerordentlich, nimmt ihn die Nachkriegsgeneration so selbstverständlich hin wie das Unberechenbare des Marktes.

Armut wurde früher verstanden als Hunger oder Wohnungslosigkeit. Heute wird Armut so definiert: In der Europäischen Union gilt als armutsgefährdet, wer mit weniger als 60 Prozent des mittleren Einkommens der Bevölkerung auskommen muss, in den deutschen Bundesländern zwischen 10 und 25 Prozent der Bevölkerung. Armut bestimmt sich heutzutage vornehmlich nicht dadurch, dass man zu wenig zu essen oder anzuziehen hat, sondern dadurch, wie die gesellschaftliche Teilhabe funktioniert. Stehen ausreichend Mittel zur Verfügung, dass das Kind im Sportverein mitwirken, zur Musikschule gehen oder mit entsprechend angemessenem Geschenk Gast einer Geburtstagsfeier sein kann?

Armut wird mit fehlender gesellschaftlicher Anerkennung assoziiert. Fehlende Anerkennung und fehlende Partizipation verringern für die Betroffenen die Lebenschancen und erhöhen die Wahrscheinlichkeit der (krankhaften) Lebenskrise. Armut ist wie falscher Humus, der Menschen die Möglichkeiten zur Entfaltung nimmt. Materielle Sicherheit bedeutet zunächst, alle Chancen wahrnehmen zu können und nicht von vorn herein ausgegrenzt zu sein.

Bedeutet „materielle Sicherheit“ automatisch auch höhere Lebenszufriedenheit? Nein. Es gehört zu den Paradoxien, dass sogar Reichtum nur vorübergehend die Zufriedenheit erhöht. Man hat festgestellt, dass Menschen, die plötzlich zu Wohlstand gekommen waren (z.B. durch einen Lottogewinn), ein knappes Jahr eine hohe Lebenszufriedenheit hatten, sich dann aber wieder dem früheren Level näherten. Lebenszufriedenheit ist offenbar von anderen Ausstattungen der Menschen abhängig und nicht zuerst bestimmt durch die materielle Sicherheit.

In der Biografiearbeit kann man immer wieder beobachten, dass in der Auseinandersetzung und in den Gesprächen unterschiedlicher Wohlstand von geringer Bedeutung ist. Wesentlicher ist die familiäre Situation, sind Beziehungsfragen, die Wohnsituation und die Sicherheit, im Alter nicht auf sich allein gestellt zu sein. Egalitäre Nähe entsteht über diese Themen.

Materielle Sicherheit: Fragen

- Stand immer ausreichend Geld zur Verfügung?
- Gab es Vermögen?
- War öffentliche Unterstützung notwendig?
- Gab es andere (z.B. kirchliche) Unterstützung?
- Gab es Phasen der Armut, der Not, des Hungers?
- Reicht im Alter die Pension oder die Rente?
- Müssen Angehörige unterstützen?
- Wie wird ausreichender Lebensstandard verstanden?
- Was waren Luxusgüter?
- Reichte das Geld aus, um die Ausbildungswünsche und beruflichen Ziele zu verwirklichen?
- Mussten Kinder unter Geldknappheit leiden?
- Wie wurden fehlende Mittel kompensiert (z.B. statt gekaufter Geschenke selbstgebastelte)?
- Konnte Wohnungseigentum erworben werden?
- Wurden die eigenen Kinder finanziell z.B. beim Studium unterstützt?
- Konnten nahe Angehörige materiell unterstützt werden?
- Wurde für gute Zwecke gespendet? Wenn ja: für welche vorrangig?
- Wie wirkte sich die finanzielle Situation auf den Speisenplan aus?

- Wie wirkte sich die finanzielle Situation auf Kleidung aus? Musste die jüngeren Kinder die Kleidung älterer auftragen?
- Wann und aus welchem Grund gab es das erste Auto?
- Wann hielten Medien Einzug (z. B. eigener Fernsehapparat)?
- Lebte die Familie „über ihre Verhältnisse", um den gesellschaftlichen Status zu sichern?
- Hat es berufliche oder private Insolvenzen gegeben?
- Wie war die materielle Entwicklung im Laufe des Lebens?
- Hat sich durch die materielle Entwicklung der gesellschaftliche Status verändert?
- Welche besonderen Ereignisse wurden durch hohen materiellen Aufwand möglich?
- Hat es unverhoffte und unerwartete materielle Zuwendungen gegeben (z. B. Erbschaft, Lottogewinn)?
- Wer verdiente das Geld?
- Wie wirkten sich unterschiedliche Gehälter von Vater und Mutter aus?
- Wer verfügte über die Finanzen?
- Hatten die Familienmitglieder eigene Taschengelder?
- Mussten die Kinder vom selbst Erworbenen in die Familienkasse einzahlen?
- Wurden Geldgeschenke gemacht?

- **Stellen Sie sich vor, Sie hätten das „große Los" gezogen. Wie hätte sich das auf Ihren Lebensstil und auf Ihre Lebenseinstellung ausgewirkt?**

Sinn

Wozu sind wir auf Erden? Diese alte katholische Katechismusfrage ist über Generationen so beantwortet worden: Wir sind auf Erden, um Gott zu erkennen, ihn zu lieben und ihm zu dienen und dadurch in den Himmel zu kommen. Die Frage ist demnach schnell beantwortet.

Wenn es denn so einfach wäre in einer Zeit, die nur aus Fragen besteht und wo jede Frage neue Fragen beinhaltet: Wer oder was ist Gott? Was bedeutet Erkenntnis? Wie kann ich jemanden lieben, dessen Anwesenheit ungeklärt ist. Ja, wie soll ich ihm dienen und warum? Was habe ich davon auf dieser Erde? Der Himmel wird versprochen? Was ist der Himmel? Reden wir von Konkretem, von einer Denkfigur, von Erhofftem oder von einem Bild? Die Lyrikerin Elisabeth Borchers erzählt vom Himmel und meint, er sei ein Kleid, das der Erde zu weit ist, er sei ein Haus, in das wir kriechen sollten.

Am Ende konstatiert sie dann allerdings lapidar: „Der Himmel ist nicht wie du denkst/der Himmel ist blau."

Die Sinnfrage ist nahezu immer eine Glaubensfrage und die Glaubensfrage wird in den christlichen, islamischen und jüdischen Konfessionen vom Ende her gedacht: Was kommt nach dem Tod? Ist der Tod der endgültige Zeitpunkt für die verbindliche Lebensbilanz. Entscheidet sich mit dieser Bilanz das „Weiterleben"? Generationen haben so gedacht und ihre Antworten waren konkret. Der Himmel war keine Denkfigur, sondern eine wirkliche Erfahrung, die einem nach dem Tod sinnlich widerfahren würde. Wer ein solches Bild vom Weiterleben der Existenz hat, für den stellt sich die Frage nach dem Sinn des Lebens nicht wirklich und die Fragen des Katechismus sind relativ einfach zu beantworten. Gott selbst hat im Menschen Jesus von Nazareth vorgelebt, wie man ihn erkennen, lieben und ihm dienen kann.

Dietrich Bonhoeffer sah den Sinn des Lebens in der Nachfolge Christi: „Wenn die Erde gewürdigt wurde, den Menschen Jesus zu tragen, wenn ein Mensch wie Jesus gelebt hat, dann und nur dann hat es für uns Menschen einen Sinn zu leben."

Die Sinnfrage scheint eine eher elitäre oder philosophisch-theologische Frage zu sein. Die Fragestellung ist nur den Menschen zu Eigen. Ein Tier fragt vermutlich nicht nach Sinn, sondern lebt. Offenbar hängt die Frage auch mit unserem Anthropozentrismus zusammen: Wir betrachten uns als Mitte und Ausgang der Erde, ja des Universums und erliegen der Täuschung, wir seien die „Krone der Schöpfung", statt uns einzubetten in den Fluss der Evolution, als Zwischenstation im Entwicklungsleben des Universums – unter zeitlicher Perspektive also ziemlich unbedeutend. Hier nach einem spezifischen Sinn zu fragen, mag für den Einzelnen bedeutend sein, ist aber für das Ganze nichtig.

Der Philosoph Günther Anders hat zur Thematik gefragt: „Warum setzen Sie eigentlich voraus, dass ein Leben, außer da zu sein, auch noch etwas haben müsste oder auch nur sein könnte – eben das, was Sie Sinn nennen."

Adorno behauptet, die Frage nach dem Sinn des Lebens sei die letzte, in der die Metaphysik weiterlebe. Die Frage selbst sei Symptom einer objektiv sinnlosen Welt, in der Sinn für das subjektiv-individuelle Leben fehle.

Viktor Frankl, einer der Großen der Psychotherapie und Begründer der Logotherapie hat hingegen behauptet, dass der Mensch in jeder Situation dem Leben Sinn abgewinnen könne, so lange er bei Bewusstsein sei. Frankl sagt: „Wer ein Warum zu leben hat, erträgt fast jedes Wie." Und weiter: „Was ist der Mensch? Es ist das Wesen, das immer entscheidet, was ist. Es ist das Wesen, das die Gaskammern erfunden hat; aber zugleich ist er das

Wesen, das in die Gaskammern gegangen ist, aufrecht und ein Gebet auf den Lippen". Frankl war selbst KZ-Häftling.

Es scheint so, als wenn viele Menschen die Frage nach dem Sinn den Religionen zur Beantwortung überlassen. Diese nehmen die notwendigen Zuschreibungen vor und klären stellvertretend die Begründbarkeit und die Berechtigung der Existenz. So lange die eigene Lebensführung gelingt, nicht angezweifelt oder erschüttert wird, so lange verfährt die Mehrheit eher nach dem Motto „Leben und leben lassen."

Die Bedeutung der Sinnfrage nimmt aber zu, je belasteter das Leben ist, je näher der Tod rückt, je existentieller die Krisen sind, die einem im Laufe des Lebens begegnen. Vielleicht ist Sinn weniger eine Frage nach dem großen Ganzen, sondern der Versuch, einzelne Lebenserfahrungen in die Biografie einzuordnen. Wesentlich ist der Mikrokosmos und nicht das Universum.

In der Biografiearbeit macht man die Erfahrung, dass Menschen, die sich geborgen fühlen, die Frage nach der eigenen Existenz nicht oder nur am Rande stellen, bestenfalls als philosophisches Gedankenspiel. Für geborgene Menschen, also solchen, die nicht vom Widerfahrenen gebrochen wurden, ergibt sich Sinn offenbar aus der Erfahrung des Lebens: Es ist gut, dass ich „da" bin.

Biografiearbeit ist oft Arbeit mit erschütterten Menschen. Menschen müssen Krisen bewältigen, sind seelisch verletzt, wurden tief enttäuscht, haben Schicksalsschläge zu verarbeiten, weichen ab von der Norm (als Kranke, Behinderte oder Alte). Biografiearbeit hat hier begleitende Funktion, in Therapie-Settings heilende. Wie gelingt die Einordnung der Erschütterung, wie kann man annehmen und einordnen? Im Bild gesprochen: Wie kann der mäandernde Fluss des Lebens zurück geleitet werden in sein Bett, so dass er wieder beruhigt fließt oder aber beiträgt zum Leben der „Landschaft", die er befruchtet. Dabei sei an Frankl erinnert: Die Menschen schaffen selbst, was dann die Sinnfrage gebiert. Sie haben es in der Hand, durch die Beantwortung des „Wie" dem eigenen Leben auch dann eine Richtung und Orientierung zu geben, wenn es hoffnungslos erscheint. In der Krise bedarf dies der Begleitung, in der existentiellen Bedrohung des sozialen und solidarischen Kontextes.

Die große Frage bleibt offen: Geht es um mich oder die Schöpfung, geht es um meine Erfahrung oder die des Gemeinwesens? Geht es um Überlebensstrategie oder den Impetus einer größeren Idee – womit wir wieder bei der Religion und der eigenen Religiosität angekommen wären.

Sinn: Fragen

- Was bedeutet Glück?
- Woran wurde das Glück des Lebens gemessen?
- Reicht statt Glück Zufriedenheit?
- Braucht das Leben einen Sinn?
- Wer oder was gibt dem Leben Sinn?
- Suchen Kinder nach dem Sinn des Lebens?
- Wann wurde zuerst die Frage nach dem Sinn des Lebens gestellt?
- War die Ausgangsfamilie glücklich? Ist die eigene Familie glücklich?
- Sind die Menschen früher zufriedener gewesen als heute?
- Kann man durch Leistung zur Zufriedenheit gelangen?
- Ist man für die Lebenszufriedenheit anderer Menschen verantwortlich?
- Wie war der religiöse Weg?
- War das Umfeld stark religiös bestimmt?
- Wie haben religiöse oder spirituelle Erfahrung Eingang ins Leben gefunden?
- Worin hat sich die Religiosität, der eigene Glaube ausgedrückt?
- Hat es wesentliche religiöse Erfahrungen gegeben?
- Welche religiös inspirierten Feste wurden auf welche Weise im Laufe des Lebens gefeiert?
- Hat sich der religiöse oder spirituelle Weg im Laufe des Lebens verändert?
- Gab es dafür Anlässe und Erfahrungen?
- Welche Bedeutung haben einzelne Menschen für die eigene Sinngebung gehabt?
- Wurde die eigene Sinngebung an Nachkommen weiter gegeben?
- Gibt es in der Familie eine Traditionslinie des Sinns?
- Ist Tradition über die Generationen hinaus selbst sinnstiftend?
- Kann man das eigene Leben erklären, es in einer Linie beschreiben?
- Unglück: Hat es sich im Nachhinein als wichtig oder sogar gut erwiesen?
- Gab es übersinnliche Erfahrungen, Unerklärliches?
- Gab es einen Hang zum Esoterischen, zur Überhöhung von unerklärbaren Vorgängen?
- Wird mit Symbolen oder Zeichen gelebt? Finden sich diese in den privaten Wohnräumen?
- Gibt es Neid auf das Leben anderer Menschen?
- Welche spirituellen Rituale werden im Jahreslauf gelebt?
- Wenn der Tod naht: Ist es wichtig, was danach kommt?

- **Wenn Sie an Gott glauben: Haben Sie ein konkretes Bild von ihm?**

Tod

Der Tod beendet das Leben – eine Binse. Die Spanne des Menschen liegt zwischen Geburt und Tod, sein Erinnern bezieht sich auf diese Phase. Das aber, was den Menschen zum Menschen macht, liegt auch außerhalb dieses Zeitraumes: Geschichte, Kultur und Ahnen. Wenn das Leben endet, so existieren Menschen doch weiter: mit ihrem Werk, in den Erinnerungen anderer, oft sichtbar in Zeichen, Bauwerken oder Büchern.

Verfolgt man allerdings das Thema in der Tiefe, so stößt man schnell an die Definitionsschranken: Wann tritt der Tod wirklich ein (wichtig für die Frage der Transplantationen)? Was stirbt (nur der Körper)? Gibt es ein Leben nach diesem, gar eine gewandelte Rückkehr ins Leben (Wie wichtig ist dann mein Leben jetzt)? In den Kulturen und in der Philosophie ist nicht immer eindeutig, was „Tod" denn sei.

Für viele ist der Tod das endgültige Ende der Existenz. Nicht nur der Körper stirbt, sondern mit ihm auch alles andere: die Gedanken, die Bedeutung, das Sein. Eine andere Deutung ist die der Reinkarnation. Der Mensch geht durch das Leben und kehrt gewandelt wieder. Das Leben hat Einfluss auf das nächste Leben. Die dritte Denkfigur ist die des Weiterlebens nach dem Tod, die insbesondere im Christentum zu Hause ist. Der Mensch wandelt sich in einen anderen Seinszustand. Er wird „Engel" oder „Lichtwesen". Der Körper ersteht am „Jüngsten Tage" wieder auf. Daneben gibt es eher indifferente Begründung, die zwischen Tod und Leben nicht scheiden wollen oder aber den Tod als nicht existent begreifen, da der Zustand an sich nicht „erlebbar" ist, folglich jedes Philosophieren darüber unerheblich.

Die Todesgrenze zum Leben ist schwer zu ziehen, ebenso der Beginn des Lebens. Ist es die Zeugung, der Beginn des vierten Schwangerschaftsmonats, die Geburt? Gesellschaftliche Diskussionen haben eine sehr unmittelbare Wirkung für diejenigen, die das Leben ermöglichen – z.B. Frauen, die ungewollt schwanger sind und vor der Frage eines Abbruches stehen.

Sowohl bei der Geburt als auch beim Tod wird die Frage nach dem Wert und der Verfügbarkeit des Lebens virulent: Gibt es die Unterscheidung nach Lebenswertem? Welches Leben ist von größerem Wert? Bestimmt das, was wir leisten, über unsere Existenz? Darf ich diesem Leben aus freien Stücken ein Ende setzen? Andere Fragen reichen weit in die Erfahrungen der jüngeren Geschichte (Euthanasie) hinein.

Wie wir mit dem Tod umgehen, gibt Auskunft darüber, wie wir unser Leben gestalten. Wir leben in einer Gesellschaft, die den Tod zum Tabu erklärt hat. Der direkte Umgang mit Toten, also die sinnliche Vorwegnahme des eigenen Todes, ist selten geworden. Menschen sterben meistens nicht mehr im Kreis der Angehörigen und Freunde, sondern werden abgegeben in die Gesundheitsmaschinerie, bis diese nichts mehr ausrichten kann. Die Kenntlichkeit des Todes in anderen Ereignissen ist fern: Katastrophen sind in unseren Breiten selten, der letzte Krieg ist ein Lebensalter entfernt.

Wir fürchten den Anblick der Toten und umschreiben ihren Zustand: Es sind Dahingeschiedene (also von uns Getrennte), Entschlafene (als Schlafende) oder Gefallene (also solche, die aufstehen könnten). Wenn der Tod grausam war, dann ist der Mensch „umgekommen". Wir verwenden Euphemismen für das, was wir nicht wahrhaben und deshalb nicht aussprechen wollen. Der Tod und das Sterben sind nicht eingebettet in unser Leben, sondern ausgegliedert. Gestorben wird in Altenpflegeheimen, Krankenhäusern und Hospizen. Verwalter und Gestalter des Todes sind die Bestatter, Priester und Trauerredner. Dem entspricht, dass mit dem Rückgang der Religiosität die Trauerkultur an Bedeutung verloren hat.

Früher waren die Monate nach dem Tod eines nahen Angehörigen Zeiten gesellschaftlichen Ausschlusses. Es gab die unausgesprochene Verpflichtung, ein Jahr schwarze Kleider zu tragen. Die Männer durften keine farbigen Accessoires nutzen. Mit der Kleidung wurde sowohl die Schutzbedürftigkeit, als auch der zeitweise Absonderung unterstrichen: Teilhabe war weder gewollt noch gewünscht. Der oder die Trauernde sollte wieder in die seelische Balance kommen. Besondere Formen der dörflichen oder nachbarschaftlichen Zuwendung unterstützten das.

In den letzten Jahren entwickelten sich neue Trauerkulturen. Die vielen Holzkreuze an den Straßenrändern und die Kerzenmeere für ermordete Kinder zeugen davon. Es gibt allerdings einen gravierenden Unterschied: War früher Trauer mit Rückzug verbunden, scheint sie heute für viele auch Exhibitionistisches bzw. Voyeuristisches zu ermöglichen. Sie dient der Selbstdarstellung.

Die Auseinandersetzung mit dem Tod ist mehr eine Auseinandersetzung mit dem Sterben. Das Interesse und die Angst richten sich auf diese letzte Phase des Lebens, in der sich meistens die Probleme des Alters potenzieren. Damit ist nicht allein körperliches Gebrechen gemeint, sondern auch die Vereinsamung des Menschen. Der Tod muss allein bestanden werden: Was geschieht in diesen letzten Momenten?

Statt dass sich die Gesellschaft auf die Wiederaneignung dieser letzten Lebensphase konzentriert, diskutiert sie vehement den Sinn von Sterbehilfe, die Moralität des Suizids und propagiert die Verfügbarkeit des eigenen

Lebens. Dahinter scheint sich ein Leistungsgedanke zu verstecken: Wer nicht mehr funktionieren kann, den möge man in Frieden gehen lassen.

Biografiearbeit kennt viele Methoden, sich mit dem Sterben, dem eigenen Tod, dem Tod Angehöriger auseinanderzusetzen. Je behutsamer dies geschieht und je nähernder es gelingt zu enttabuisieren, desto vorbereiteter können Menschen den letzten Weg gehen. Das „Memento mori" sollte über dem ganzen Leben stehen. Wir wissen, dass sich diese Annäherung aber in der Regel erst in den letzten Lebensjahren ereignet. Wir haben die „Kunst des Sterbens" verlernt. Unser Lebensstil ist auch die Verweigerung des Todes, der dennoch unausweichlich kommen wird. Biografiearbeit kann eine Schule des Sterbens sein.

Tod: Fragen

- Ist der Tod ängstigend?
- Sind in der Kindheit nahe Angehörige gestorben?
- Wie viele Tote wurden im Laufe des Lebens beklagt?
- Wurde die Erfahrung des Sterbens gemacht?
- Sind nahe Angehörige gestorben?
- Ist der wichtigste Mensch im Leben bereits tot?
- Gibt es in der Familiengeschichte außergewöhnliche Tode, z.B. Kriegstote?
- Gibt es Menschen, die vermisst sind (z.B. im Krieg), von deren Schicksal man nichts weiß?
- Verändert der Tod die Einstellung zum Leben?
- „Gedenke des Todes!" – Steigt die Bedeutung dieser Aufforderung am Ende des eigenen Lebens?
- Welche Sterbe- und Todesrituale wurden erlebt?
- Welche wurden gemieden, welche waren hilfreich?
- Wie viele Tote wurden aufgebahrt gesehen?
- Gibt es Bilder vom Tod aus der Kindheit (z.B. der von Pferden gezogene Leichenwagen)?
- Haben alle Toten der Familie oder aus dem Freundeskreis ein Grab, einen Erinnerungsort?
- Welche Bedeutung hat Religion im Zusammenhang mit dem Sterben?
- Gibt es ein Wunschalter – vorausgesetzt, dies kann ohne schwere körperliche Gebrechen erreicht werden?
- Gibt es den Wunsch, ewig zu leben?
- Wie soll der letzte Lebensabschnitt gestaltet werden?
- Wie soll der Tod eintreten? Wo soll er eintreten?

- Wie will man bestattet werden, an welchem Ort?
- Wurden todesähnliche Zustände erlebt?
- Gibt es ein Leben nach dem Tod?
- Was ist die Seele und was geschieht mit ihr, wenn man stirbt?
- Wenn ein Leben nach dem Tod unterstellt wird: Wie wird dies mutmaßlich aussehen können?
- Schreckt die Vorstellung, nicht mehr zu sein?
- Sollen Angehörige die Trauerfeier auf eine bestimmte Art gestalten?
- Wer soll nach Möglichkeit daran teilnehmen, wer auf keinen Fall?
- Wie will man nach dem Tod erinnert werden? Welche Vorkehrungen werden dafür getroffen?
- Im Alter: Ist das Bewusstsein, sterblich zu sein, allgegenwärtig?

- **Nicht alle Beziehungen des Lebens glücken. Stellen Sie sich vor, es gäbe ein „Jenseits“: Wem möchten Sie dort nicht begegnen?**

Biografische Perspektiven im Alltag
Praxisfelder

Biografiearbeit ereignet sich in unterschiedlichen Praxisfeldern. Sie geschieht intentional, oder aus zufälligen Kontexten heraus. Sie ereignet sich mit Professionellen (z.B. in Therapien, Beratungen und Bildungsprozessen), mit Semiprofessionellen (z.B. Gruppenleitern, engagierten Ehrenamtlichen), in freundschaftlichen bzw. familiären Kontexten oder Einzelreflexionen.

Die Ziele von Biografiearbeit sind definiert durch die Praxisfelder, die individuellen Settings und durch die Beteiligten. Unabhängig von den Akteuren und ihrem Alter, gilt für alle Praxisfelder, dass in der Arbeit die eigene Identität reflektiert wird, forschende Rückschau stattfindet und Integration oder Versöhnung mit dem Vergangenen geschieht. Insbesondere Älteren bedeutet die Beschäftigung mit der Biografie unter Umständen auch Training des Gedächtnisses und die Intensivierung sozialer Beziehungen.

Im Folgenden werden die wichtigsten Praxisfelder der Biografiearbeit benannt und hinsichtlich ihrer Besonderheiten und Abgrenzungen knapp dargestellt.

Kindertagesstätte

Zunächst mag man zögern, wenn über Biografiearbeit mit Kindern gesprochen wird. Kinder im Kindertagesstättenalter leben wenig mit Erinnerungen, sie gestalten ihre Gegenwart. Das Erinnerte hat eher anekdotischen Charakter, dient der Illustrierung der Gegenwart, ist im schlimmeren Fall Traumatisierung. Dass bei psychischen Verletzungen Elemente der Biografiearbeit im Rahmen z.B. von Therapien wichtig und wirksam sind, versteht sich. Daraus ist erklärbar, dass die meiste Literatur zur Biografiearbeit mit Kindern eine deutlich defizitorientierte Tendenz aufweist. Es wird immer wieder auf Heimkinder, Pflege- und Adoptivkinder, auf Scheidungswaisen und Kinder mit Migrationshintergrund verwiesen. Das Kind wird offenbar eher als Klient gesehen.

Dennoch können viele Methoden, die in Kindertagesstätten zum Alltag gehören, unter Biografiearbeit subsumiert werden. Spiele thematisieren Alltagserfahrungen und greifen in der Vergangenheit erlebte Rollen auf, Puppenspiele imitieren familiäre Umfelder und „arbeiten" das Geschehene auf. Biografiearbeit ist hier nicht intentional und kaum jemand würde das Geschehen so bezeichnen. Auch Bilder, die von Kindern gestaltet werden, thematisieren auf je eigene Art immer wieder die eigenen Lebenserfahrungen. Spiel ist Spiel und hat Wert an sich. Es bedarf keiner zusätzlichen biografietheoretischen Diskussion, wohl aber das Bewusstsein der Akteure (z.B. der Erzieher und Erzieherinnen) darüber, was sich in diesen Spielen, im Malen und Erzählen ereignet. Daraus ergeben sich Ansatzpunkte für ein intentionales Agieren oder Reagieren auf Krisen.

Die Erwachsenen brauchen ein waches Bewusstsein für die Signale. Indem sie die Signale aufgreifen, verstärken oder abschwächen, steuern sie Biografiearbeit, die ganz im „Hier und jetzt" agiert, aber doch zurückweist in die Vergangenheit der Kinder. Unterstützt wird durch gezielte Anregungen: Male deine Familie; zeichne dich selbst; was habt ihr am Wochenende unternommen?

Grundschule

Geht das Kind in die Schule, so wechselt es Lebensräume. War die Kindertagesstätte ein noch eher privates Refugium, oft mitgestaltet von engagierten Eltern, so betritt das Kind mit dem Schulalter regelmäßig einen unvertrauten Raum. Es nimmt nunmehr teil am öffentlichen Leben, wird konfrontiert mit Fremden (Lehrern und Lehrerinnen), die Einfluss nehmen. Es erlebt deutlich stärker als in der Kindertagesstätte die Notwendigkeit der Teilnahme, ja den Zwang der Mitwirkung. Das eigene Leben wird aus dem bislang vorherrschenden Schonraum entlassen. Das Kind verändert sich und das Interesse an der eigenen Person mit ihrem Leistungsvermögen, ihrer Fähigkeit sich darzustellen, ihrem Agieren in von Eltern weitgehend unabhängigen Situationen, nimmt deutlich zu.

Die Lebenssituation (z.B. der Familie) wird ausdrücklich thematisiert. Fragen, die die eigene Existenz berühren, werden ins Gespräch gehoben. Gleichzeitig beginnt Abgrenzung von der Vergangenheit. Das Kind ist ein „Schulkind" und erinnert sich bestenfalls an die früheren Jahre, orientiert sich aber deutlich stärker nach „vorn", vergleicht sich mit den oberen Klassen.

Immer stärker wächst das Bewusstsein für die eigene Gestaltungskraft. Die Erfahrung des Fremden und der Annahme durch das Fremde ist in dieser Lebensphase wesentlich. Der Lehrer oder die Lehrerin treten als Repräsentanten eines Systems auf, dem man sich zu stellen bzw. zu unterwerfen hat. Dadurch wächst die Bereitschaft zum Vergleich und zur Differenzierung.

Lehrer oder Lehrerin benötigen insbesondere in der Grundschule ein gutes Verhältnis von Nähe und Distanz. Das Kind muss erfahren können, dass es weiterhin als Person angenommen ist, aber gefordert wird. Die Bezugsperson regt an, repräsentiert das Andere und ermöglicht dem Kind andere Blicke – auch auf die Biografie. Die soziale Situation ermöglicht neue Identität, das Kollektive wird bedeutsamer.

Indem das Kind sinnlich erfährt, nicht allein in einem Schutzraum auf der Welt zu sein, wächst seine Möglichkeit, Lebensgeschichte wahrzunehmen und zu integrieren. Dass dies auf der vermutlich zum ersten Mal bewusst wahrgenommenen Folie der Gesellschaft geschieht, bereitet den Weg der Verantwortungsübernahme. Biografiearbeit bietet für dieses Alter ein großes Methodeninventar, das auf die Zielgruppe sorgsam abgestimmt werden muss.

Schule

Der Weg der Grundschule wird in den anderen Schulen fortgesetzt. Das, was anfänglich noch spielerisch durchsetzt war, eher die Gegenwartsidentität beschrieben hat, wird nun in den unterschiedlichen Fächern, Projekten und Angeboten aufgesplittet. Eine höhere Differenzierung ermöglicht eine tiefende Auseinandersetzung, fördert das Denken in Facetten mit unterschiedlichen Fokussen und bedient das wachsende Neugierverhalten. Die gesellschaftliche Dimension wird stärker einbezogen. Guter Unterricht versucht hier, die individuellen Erlebnisse und Erfahrungen in den Kontext gesellschaftlicher Entwicklungen zu stellen – sei dieser Rahmen lokal oder gar international vorgeben. Zeitgeschichte gewinnt an Bedeutung. Gleichzeitig ist zur Kenntnis zu nehmen, dass die Scheu vor der Selbstthematisierung wächst.

In der beginnenden Jugendzeit wird der Blick nach vorn gerichtet. Das Vergangene verliert deshalb an Bedeutung, weil jedes Erinnern auch ein Erinnern an die Kindheit ist. Ein pubertierender Jugendlicher aber will erwachsen sein und sich nicht zurückholen lassen in eine Phase, die er gerade überwunden hat.

Ist Biografiearbeit in dieser Phase intentional, dann misslingt sie oft deshalb, weil sie von den Jugendlichen missverstanden wird als Verharrung im gegenwärtigen Zustand. Der Lehrer, die Lehrerin oder die Eltern erscheinen als solche, die das Erwachsenwerden verhindern wollen.

Biografiearbeit gelingt besser in Gruppen Gleichaltriger, die durch Semi-Professionelle (z.B. ehrenamtliche Gruppenleiter) angeleitet werden. Mit Erwachsenen als Gegenüber gelingt sie nur dann, wenn Vertrauen in das Wachstum (und nicht in die Regression) aufgebaut wurde. Biografiearbeit ist in dieser Zeit als Aktions- oder Projektarbeit, weniger als Reflexionstätigkeit sinnvoll.

In schulpädagogischen Settings wird dieser Ansatz am besten durch Exemplarisches gestützt: Wie haben sich Kinder in welchen Situationen früher verhalten? Wie sah Kindheit und Jugend während des Krieges aus? Wie geschah die Berufswahl? Aus der Auseinandersetzung mit dem Fremden kann Näherung an die Gegenwart geschehen.

Pubertät ist nicht nur Selbstvergewisserung, sondern auch Modellierung der entstehenden Persönlichkeit. Dies geschieht durch Selbstdarstellung, Konflikt, Orientierung an Älteren oder Experiment. Der Raum für Rückschau ist begrenzt.

Bildung

Außerschulische Bildung vollzieht sich auf viele Weise bei unterschiedlichen Trägern. Sie war früher traditionell angesiedelt in sogenannten Bildungshäusern, Akademien und anderen Zentren, fand ambulant in Volkshochschulen oder Bildungswerken statt. Immer war ihr zu eigen, dass ein Lehrender oder Lehre Organisierender personal zur Verfügung stand. Bildungsarbeit in diesem Sinne wird weiterhin gepflegt; mittlerweile treten aber andere Formen hinzu: Fernkurse, Blended Learning (Kombination aus personalem Unterricht und digitaler Informationsvermittlung) oder Selbststudium mit entsprechend didaktisch aufbereiteten Materialien.

Nach dem Krieg entwickelte sich aus der reinen Informationsvermittlung die politische Bildung, die mehr sein wollte: Auseinandersetzung, Diskurs, Praxisvorbereitung. In den 1980er Jahren traten stärker Elemente der Selbsterfahrung hinzu. Ganzheitlichkeit war das Schlagwort. Aus dieser Arbeitstradition heraus entwickelte sich auch die Biografiearbeit im Bildungsbereich.

Biografiearbeit wird heute in Seminaren angeboten. Varianten dazu sind Workshops, in denen einzelne Themen der Biografie behandelt werden. Meistens handelt es sich dabei um geschlossene Gruppen, die sich eigens zum Thema getroffen haben. Mit dem Ende des Seminars endet auch die

Kooperation. Gruppenarbeit ist in der Bildungsarbeit nicht ausschließlich Informationsvermittlung, sondern meistens auch Arbeit am Prozess der Gruppe, an den Erfahrungen der jeweiligen Teilnehmenden oder Arbeit am umgebenden Umfeld, wenn die Gruppe lokal verortet ist.

Der Leiter ist moderierender Fachmann, steuert die Arbeitsverläufe, sorgt für die notwendigen Arbeitsformen. Er trägt die Verantwortung dafür, dass Biografiearbeit sich nicht zur Beratung oder gar Therapie auswächst – auch dann nicht, wenn in diesem Zusammenhang Dynamiken entstehen, die für die persönliche Entwicklung genutzt werden können.

Ist die Gruppe lokal angesiedelt und lebt in einem gemeinsamen Umfeld, kann sie auf die zeitgeschichtlichen Daten der Stadt, des Quartiers oder der Straße zurückgreifen. Nicht selten wird aus der Gruppenkooperation auch Aktion, die in Projekten endet.

Seminare, die sich mit Biografiearbeit beschäftigen, brauchen erfahrene Leiter, die nicht nur historisch orientiert sind, sondern auch über Qualifikationen aus der Beratungs- und Begleitungsarbeit verfügen.

Therapie

Therapeutisches Arbeiten ist per se Biografiearbeit – allerdings mit einem wesentlichen Unterschied zu den anderen Feldern: Der Fokus ist gerichtet auf eine psychische Verletzung, auf Leiden. Der Therapeut oder die Therapeutin ist nicht allein Moderator der Therapie, sondern Spiegel, Übertragungsobjekt und letztendlich auch „Themen"-Gestalter. Aus seiner oder ihrer Fachlichkeit heraus, entwickelt sich der Prozess. Therapie fokussiert und tieft auf sehr viel intensivere Weise, als dies z.B. Bildungsarbeit kann und darf. Therapie ist nahezu immer krisenorientiert. Erst aus der Arbeit in und mit der Krise entwickelt sich die Orientierung auf die Lebensgeschichte.

In jüngeren Jahren erfolgt bei Therapien eine immer stärkere Einbeziehung der Zeitgeschichte. Wird z.B. zu intergenerativen Traumata gearbeitet, so ist dies nicht möglich, ohne das Wissen über die psychischen Verletzungen der Vorfahren durch Krieg, Vertreibung oder Not. Therapie mit Flüchtlingen kann nicht individualisiert betrachtet werden, sondern muss aus dem Kontext der früheren und jetzigen gesellschaftlichen Situation begriffen werden.

Viele Methoden der Biografiearbeit können variiert auch in der Therapie eingesetzt werden, einige Methoden entstammen der therapeutischen Arbeit. Der jeweilige Einsatz richtet sich nach Intention und Praxisfeld.

Beratung

Biografiearbeit in der Beratung ist vergleichbar mit Biografiearbeit in therapeutischen Settings – mit dem Unterschied, dass in der Beratung die Verantwortung für einzelne Schritte deutlich stärker beim Klienten liegen. Übernimmt der Therapeut zeitweise die Verantwortung für das Geschehen, wird in der Beratung der Klient bzw. die Klientin nicht aus dieser Verantwortung entlassen.

Insbesondere in der Paarberatung greifen viele Elemente der Biografiearbeit. Paarberatung stellt die gemeinsame Lebensgeschichte in den Mittelpunkt in dem Bewusstsein, dass diese Geschichte unterschiedlich erlebt wird. Der Berater oder die Beraterin identifiziert die Unterschiedlichkeiten, klärt, diskutiert sie nicht gegeneinander, sondern wirbt für unvoreingenommene Wahrnehmung.

Paarberatung hat immer das Ziel, den Vorrat der Gemeinsamkeiten festzustellen und möglichst durch Verständnis des anderen zu erhöhen. Aus zwei Einzelbiografien soll eine Paarbiografie werden, die das Unterschiedliche achtet und das Gemeinsame zum Energievorrat macht.

Auch in der Beratung Einzelner geht es um die Herstellung eines Vorrats von Gemeinsamkeiten mit anderen Menschen: um sich besser andocken zu können, besser zu verstehen und auf gemeinsamer Basis besser abgrenzen zu können.

Migration

Ein besonderes und weitgehend unbeachtetes, quer zu allen anderen liegendes Praxisfeld ist Biografiearbeit mit Migranten bzw. unter Inklusion von Migranten.

Migration durch Krieg und Vertreibung hat es immer gegeben; das Phänomen der Arbeitsmigranten kennen wir vor allen Dingen seit der Industrialisierung. In den Wirtschaftswunderjahren der Bundesrepublik waren es zunächst die Italiener, Griechen, Spanier und Portugiesen, später Türken, die den Markt vom Arbeitskräftemangel entlasteten. Geworben wurde die erste Generation mit dem Versprechen, innerhalb kurzer Zeit viel Geld verdienen zu können. Dieses Versprechen war verbunden mit der Erwartung, dass die Arbeitenden nach ein oder zwei Jahren in ihre Heimat zurückkehren würden. Die Entwicklung verlief anders. Schon die erste Generation der Migranten blieb länger und wurde zum großen Teil sesshaft. Die Reaktionen der

Gesellschaft waren nicht freundlich („Spaghetti-Fresser"), obwohl die Prosperität zu einem guten Teil von den „Gastarbeitern" abhing.

Das Phänomen der Arbeitsimmigranten („Fidschis") war in der DDR weniger bedeutsam. Meistens handelte es sich um politische Flüchtlinge z. B. aus Vietnam oder Angola.

Migranten und Migrantinnen der ersten Generation unterschieden sich von denen der folgenden durch die tiefe Verwurzelung in der kulturellen Ausgangsidentität und Verbundenheit mit den traditionellen Wertvorstellungen. Sie lebten noch aus dem Selbstverständnis der Rückkehr. Spätere Generationen lebten die Kultur des „Gastlandes" zum Teil mit, versuchten aber, Wertvorstellungen ihrer Herkunftsgesellschaften zu bewahren. Noch später begannen die Auseinandersetzung um die sogenannte „Leitkultur", das Erfordernis der Integration und ein weitgehendes Unverständnis darüber, dass Inklusion der vielleicht intelligentere Ansatz für ein gedeihliches Zusammenleben ist: Vielfalt in der Gemeinsamkeit.

Angesichts der Tatsache, dass mittlerweile fast 20 Prozent der Bevölkerung einen „Migrationshintergrund" hat, erstaunt es immer wieder, wie wenig man voneinander über Herkunftskulturen, Werte, religiöse Überzeugungen, familiäre Lebensweisen und Lebenswünsche weiß. Die sehr unterschiedlichen Lebensgeschichten bereichern Biografiearbeit. Das Kennenlernen anderer Kulturen und deren Wertvorstellungen konfrontiert die eigene Verortung positiv. Jan Kizilhan beschreibt als mögliche Themen für Biografiearbeit die Konflikte im Aufnahmeland, die psychischen und sozialen Konflikte zwischen Aufnahme- und Herkunftskultur, Überangepasstheit und Abneigung der Aufnahmekultur und die Notwendigkeit der „multiplen Switch Identitäten". Viele Migranten kommen aus kollektiven Kulturen und oralen Gesellschaften. Auch darin liegt die besondere Chance narrativer Begegnungen zwischen Menschen, die sich verwurzelt wähnen und solchen, die neue Wurzeln entwickeln, die alten aber nicht abgetrennt haben.

Seniorenarbeit

Elemente der Biografiearbeit sind in der Seniorenarbeit immer präsent. Hier wirkt die Arbeit stark bilanzierend. Sie läuft allerdings Gefahr, monothematisch zu werden, da der Erfahrungshintergrund der Teilnehmenden oft identisch ist. Es fehlen Anregungen von Menschen jüngerer Generationen.

Wenn man mit Senioren biografisch arbeitet, sollten immer Elemente eingebaut werden, die die genannte Ausgangssituation aufbrechen – z. B.

zeitweise Begegnungen mit Kindern, jungen Erwachsenen oder Senioren aus anderen Kulturkreisen. Gerade die Arbeit mit Menschen, die seit Generationen in Deutschland leben und denen, die einen sogenannten Migrationshintergrund haben, kann sehr ereignisreich und überraschend sein.

Wer Biografiearbeit mit Senioren macht, muss sich gegen Defizitorientierungen wappnen. Zu schnell wird die Gegenwart als Last und die Vergangenheit als verlorener Schatz verstanden. Durch neue Erfahrungen und Begegnungen können Klischees entkräftet werden.

Behindertenarbeit

Biografiearbeit beschäftigt sich mit dem Lebenslauf und der Lebensgeschichte. Im Praxisfeld der Behindertenarbeit geht es nahezu immer um Arbeit mit der Lebensgeschichte und nicht um exakte Chronologien. „Fehlendes oder auf Grund der kognitiven Beeinträchtigung fehlgeleitetes oder fehlgehendes Zeitbewusstsein gilt in der Geistig-Behinderten-Psychologie und in der dazu gehörigen Diagnostik nach wie vor als zentrales Definitionskriterium für geistige Behinderung …“, so referiert Christian Lindmeier die vorherrschende Position und kritisiert gleichzeitig, dass dieses Urteil als Grund für die Unterstellung eines quasi geschichtslosen Lebens der geistig behinderten Menschen herhalten müsse. Auch wenn sich viele Menschen nicht an konkrete Daten oder chronologisch erinnern könnten, so hätten sie sehr wohl ein Bewusstsein für die eigene Lebensgeschichte. Sie orientierten diese meistens an einzelnen Ereignissen. Erinnerung lebt bei geistig Behinderten stark von der Intensität der sie begleitenden Emotionen.

Biografiearbeit mit Behinderten unterscheidet sich hinsichtlich der Ziele nicht wesentlich von der Arbeit mit anderen Zielgruppen. Im Sinne von Integration bzw. Inklusion sind viele Methoden der Biografiearbeit übergreifend anwendbar. Alle Ansätze hingegen, die klare zeitliche Orientierungen verlangen oder herstellen wollen, verlieren für dieses Praxisfeld an Bedeutung.

Interessant ist, dass Fachautoren vor allen Dingen den Nutzen für die Pflegenden oder Betreuenden sehen: Bedürfnisse und Wünsche würden schneller verstanden, wenn die dahinter liegende(n) Geschichte(n) bekannt seien. Über das Erfassen der Biografie des Einzelnen, erhalte der Pflegende einen besseren persönlichen Zugang und entwickele Respekt für die Lebensgeschichte. Außerdem könnten Sicherheit und Geborgenheit für Behinderte dadurch hergestellt werden, dass man an Früheres anknüpfe. So richtig diese Intentionen sind: Biografiearbeit würde fehlorientieren, wenn sie ausschließlich der Sicherung besserer Pflege und Kommunikation diente. Sie liefe Gefahr, aus dem Behinderten ein Objekt zu machen. Biografiearbeit will die Subjektorientierung.

Eigens hingewiesen sei auf die „Methodensammlung" von Christian Lindmeier, der gängige Methoden für die Behindertenarbeit variiert hat.

Altenpflegeheim

Geht das: Biografiearbeit im Altenpflegeheim unter dem Diktat der Pflegesätze, der zunehmenden Bürokratisierung, dem Zeitdruck? Experten bejahen diese Frage, warnen aber gleichzeitig davor, zu hohe Anforderungen zu stellen. Die Pflegenden sind schon mit der sogenannten Funktionspflege überfordert.

Biografiearbeit an solchen Orten gelingt nur, wenn die Pflegenden entsprechend geschult sind und bei ihren täglichen Verrichtungen auf die Signale der alten Menschen achten können, wollen und dürfen (wer in sieben Minuten einen alten Menschen duschen muss, dem wird dadurch schon verboten, zugewandter zu sein). Die gesellschaftliche Arroganz einem Leben gegenüber, das jeder für sich gern ausschließen möchte, das ihm gleichwohl widerfahren kann, ist die Tragik dieser letzten Station.

Solche Orte benötigen die kleine Form: die freundliche Nachfrage beim Frühstück, das aufmerksame Betrachten des Familienfotos und die Unterstützung von lebenslang gepflegten Ritualen. Wer zudem achtsam zuhört, der schenkt dem Menschen das Gefühl, etwas geben zu können. Die Mitteilung des Erinnerten ist oft das letzte Geschenk alter Menschen. Wenn es gelingt, Orte der Erinnerung zu schaffen (Gesprächsgruppen, Vorlesegruppen, intergenerative Begegnungen auf Zeit), dann gelingt und bereichert Biografiearbeit.

Demenz

Menschen, die dement sind oder werden, brauchen Verortung. Sie brauchen Trost, wenn sie ihre Situation erkennen, weil sie sich dem Reich des Vergessens nähern, aus dem sie nicht wieder zurückkommen werden. Sie brauchen Bindung, damit sie sich nicht verloren wähnen und mit diesem

Gefühl auch ihre Lebensgeschichte verlieren: Sie wollen ihre Identität gesichert wissen. Sie wollen Einbeziehung und angemessene Beteiligung. Und sie schätzen Humor.

Demenz vollzieht sich in verschiedenen Stufen: in der ersten Phase wird das Leiden noch bewusst wahrgenommen, in der zweiten entsteht eine Art Traumwelt, oft mit sehr viel Wunsch nach Freiraum. Die dritte Phase ist geprägt von den sehr existentiellen Bedürfnissen wie Essen oder Bewegung.

Die Methoden können diesen Phasen angepasst werden, z.B. durch Dokumentation dessen, was erinnert wird (erste Phase), erzählen der Träume und gemeinsames Nacherleben (Validation) oder Arbeiten mit Gerüchen, Musik oder Gekochtem. Gelingende Biografiearbeit ist insbesondere hier abhängig von den Akteuren, von ihren Haltungen und ihrer Aufmerksamkeit. Wer Biografiearbeit pflegerisch-technisch betreibt oder weil es im Zertifizierungsprozess als Notwendigkeit eingefordert wird, erfährt schnell die Grenzen und kann am großen und kleinen Reichtum der Erinnerung nicht teilhaben.

Einzelarbeit

Viele Methoden der Biografiearbeit können in Einzelarbeit angewandt werden. Sie erhalten dadurch häufig einen bilanzierend-meditativen Charakter. Wer regelmäßig in Einzelarbeit Biografiearbeit nachgeht, sollte darauf achten, von Zeit zu Zeit ein Gegenüber zu haben, um zu erzählen, Rückmeldung oder Anregungen zu bekommen. Das Gegenüber spiegelt, kontrastiert und regt mit der je eigenen Lebensgeschichte an. Nur wenige Methoden (z.B. Tagebücher) vertragen ausschließliche Exklusivität. Biografiearbeit will zunächst keine Lebensgeheimnisse verwalten, sondern diese dosiert kommunizierbar machen. Wer dennoch Exklusivität will, sollte sich einen Rahmen schaffen durch zeitliche oder methodische Auswahl und thematische Begrenzungen.

Bewährt haben sich feste Rituale: Beginn mit einer Konzentrations- oder Meditationsübung, immer gleicher Zeitpunkt, Abschluss mit einer Geste o.ä. (Die brennende Kerze wird gelöscht, das Aufgeschriebene laut vorgelesen). Einzelarbeit darf nicht dazu führen, sich im Vergangenen einzurichten oder gar zu verlieren. Sie kann Perspektiven ermöglichen, die in die Zukunft weisen – auch zu anderen Menschen.

Konstellationen der Erinnerung
Settings

Biografiearbeit geschieht in unterschiedlichen Settings. Die meisten sind geplant, d.h. durch bestimmte Intentionen strukturiert. Fokussiert wird dabei auf die Biografie, manchmal auf andere Fragen oder Probleme, denen biografische Aspekte als Facetten hinzugefügt werden (z.B. in der Paarberatung).

In anderen Settings ist der Einsatz von Biografiearbeit eher unreflektiert und dennoch hoffentlich selbstverständlicher Bestandteil (z.B. in der Pflege). Biografiearbeit ereignet sich nichtintentional und ohne Anleitung: Menschen begegnen sich und erzählen aus ihrer Vergangenheit.

Settings sind nur teilweise planbar, entziehen sich immer wieder den Intentionen. Auch darin wird deutlich, dass die Verfügung über Erinnerungen bei den einzelnen Menschen liegt und nicht bei einer wie auch immer gearteten Planung. Jedes Setting hat seine Möglichkeiten und Begrenzungen.

Die Settings, in denen Biografiearbeit stattfindet, werden im Folgenden hinsichtlich ihrer Chancen und Begrenzungen kurz dargestellt. Knappe Hinweise zur Rolle des biografischen Gegenübers ergänzen die Darstellung.

Einzeln allein

Viele Methoden der Biografiearbeit können Interessierte allein anwenden. Sie helfen, die Erinnerungsarbeit zu strukturieren, geben dem Einzelnen Anregung und führen ihn oder sie sozusagen geordnet durch die Lebensgeschichte.

Einzelarbeit ermöglicht
- selbstbestimmtes Arbeiten,
- Finden des eigenen Rhythmus,
- Konzentration und Achtsamkeit,
- ausschließliche Orientierung an den eigenen Interessen und Wünschen.

Einzelarbeit begrenzt durch

- Fixierung auf die eigene Geschichte,
- Verzicht auf Anregungen von außen,
- fehlendes Feedback,
- begrenzte Selbstdarstellung.

Einzelarbeit hat häufig bilanzierenden Charakter. Eine Lebensphase oder das Leben sollen abgeschlossen, gerundet werden. Die intime Art der Erinnerung wird nicht gestört durch den Abwägungsprozess: Was teile ich mit, was bleibt mein Geheimnis?

Anregungen:

- prüfen, ob Elemente des Erinnerten ggf. mit zeitlichem Abstand offengelegt werden können,
- ritualisieren der Erinnerung: eine Form finden, um die Arbeit innerlich abzuschließen.

Einzeln mit einem biografischen Gegenüber

Mit biografischem Gegenüber ist eine Person gemeint, die Resonanz gibt und durch eigene Erfahrungen oder methodische Anregungen die Biografiearbeit stützt. Menschen müssen meistens mit-teilen, was sie erfahren haben. Das gilt sowohl für die Erfahrung der Vergangenheit als auch die Schlussfolgerungen, die in der Gegenwart für die Zukunft gezogen werden.

Einzelarbeit mit einem biografischen Gegenüber ermöglicht

- Erweiterung der Erinnerungsarbeit,
- Korrektur von ggf. falsch erinnerten Daten und Fakten,
- Vertiefung der Auseinandersetzung,
- Resonanz.

Einzelarbeit mit einem biografischen gegenüber begrenzt durch

- die mögliche Verletzung der Schamgrenze,
- starke Außenimpulse,
- zu starke Fokussierung ohne eigenen Rhythmus,
- Banalisierung durch Ausweichen.

Ein biografisches Gegenüber kann Begleiter, Förderer, Tröster sein, dringt aber auch tiefer in den intimen Raum der Erinnerung ein. Innerhalb einer familiären Beziehung entstehen meistens Schutzmechanismen, die akzeptiert werden. Innerhalb einer professionell orientierten Begleitung müssen diese verabredet werden.

Anregungen:

- die Rolle des Begleiters innerlich oder tatsächlich klären,
- zeitliche Begrenzungen vereinbaren.

Paar allein

Erinnerungsarbeit mit und von Paaren unterliegt besonderen Vorzeichen. Jeder ist mit seiner dem Partner unbekannten Geschichte in die gemeinsame Zeit gegangen. Das Paar besitzt dadurch ein Reservoir an Verständnis- und an Streitthemen. Der Partner oder die Partnerin ist auch biografisches Gegenüber mit in der Regel ausgeprägtem Eigenblick. Sie oder er will immer auch die eigene Seite und Befindlichkeit zum Klingen bringen.

Biografische Arbeit von Paaren ermöglicht

- tiefes Verständnis der jeweiligen Lebensgeschichte,
- Erkenntnis der geprägten Verschiedenartigkeit,
- Schlussfolgerungen aus dem Alltagsverhalten,
- Verortung in der jeweilig anderen Ausgangsfamilie.

Biografische Arbeit von Paaren begrenzt

- durch Eigeninteressen,
- durch Fokussierung auf die gemeinsame Geschichte,
- höheres Streitpotential,
- obsessives Wiederholen des Bekannten.

Biografisches Arbeit mit Paaren gehört zu den „Königsdisziplinen“: Sie ermöglicht tiefe und intime Erinnerungen und sichert so den Vorrat an Gemeinsamkeiten, auf dessen Grundlage sich Zukunft gestalten und intensiver leben lässt. Paararbeit steht immer auch in der Gefahr, das Gleiche mit anderen Worten oder Verhaltensweisen zu wiederholen. In diesen Fällen ist ein Gegenüber hilfreich.

Anregungen:

- genaue Klärung des Settings,
- potentielle Spannungen entlasten durch Begrenzung des Zeitraumes und der Zeitfrequenzen,
- Wechsel zwischen Paar- und Einzelarbeit.

Paar mit biografischem Gegenüber

Ein biografisches Gegenüber kann den Begrenzungen der Biografiearbeit begegnen. Es kann (z.B. als Berater oder Beraterin) die Muster der Kommunikation aufdecken und die sich in Paarbeziehungen oft wiederholenden Fokussierungen positiv irritieren. Es steht auch für die Außenbeziehungen des Paares und verhindert so, dass die Partnerschaft sich „nur“ um die eigene Situation dreht und die gesellschaftliche Perspektive vernachlässigt.

Paararbeit mit einem biografischen Gegenüber ermöglicht

- Erweiterung der Erinnerungsarbeit,
- Korrektur oder Befragung von ggf. falsch erinnerten Daten und Fakten,
- Vertiefung der Auseinandersetzung,
- Resonanz.

Paararbeit mit einem biografischen Gegenüber begrenzt durch

- die mögliche Verletzung der Schamgrenze,
- zu starke Außenimpulse,
- zu starke Fokussierung ohne eigenen Rhythmus,
- unerkannte Banalisierung.

In der professionellen Begegnung (Paarberatung oder Therapie) treten weitere Facetten hinzu, die begrenzen oder ermöglichen, je nach Fokus z.B. des Therapeuten.

Anregungen:

- eindeutige Auftragsklärung zwischen Paar und Begleiter,
- wenn möglich: Begleitung durch Spiegel-Paar (Mann/Frau werden begleitet von Mann/Frau).

Peergroup

Peergroup meint in diesem Kontext eine Gruppe gleichberechtigter Mitglieder. Sie kann eine Gruppe sein, die im familiären Kontext oder z.B. durch enge freundschaftliche Beziehungen entstanden ist. Peergroup meint die erste, wichtigste Bezugsgruppe und keine willkürlich entstandene z.B. im Rahmen von Bildungsarbeit.

Eine Peergroup ermöglicht

- vertrauensvolle Zusammenarbeit,
- schnelle Aneignung eines Themas,
- Verständigung vor dem Hintergrund gemeinsamer Haltungen und Werte,
- Schutz vor Öffentlichkeit.

Eine Peergroup begrenzt durch

- eingespielte Verhaltensweisen,
- geringeres Neugierverhalten,
- zu starke Abgrenzung nach außen,
- Ermüdung durch fehlende Irritationen.

Biografiearbeit in familiären Kontexten zu leisten, wird oft gescheut. Zu viele Lebensthemen, die unangenehm wirken, könnten zur Sprache kommen, zu eingefahren sind die Kommunikationsstile.

Anregungen:

- Konzentrierung auf ein Thema und eine Aufgabe,
- Schaffung eines Produktes (z.B. Familientagebuch).

Gruppe

Bildungs- und Begegnungsarbeit wird vornehmlich in Gruppen geleistet. Aktionen entwickeln sich am besten in kleinen Projektgruppen auf Zeit. Gruppen ermöglichen die Aufhebung von Vereinzelung mit dem gleichzeitigen „Versprechen“, sich einander nicht zu nahe zu kommen. Gruppen treffen sich meistens auf Zeit, gehen hohe Verbindlichkeiten ein, trennen sich dann wieder, arbeiten meistens mit einer Leitung. Die Arbeitsform ermöglicht Vertrauen und steuert die Tiefe der Intimität (abhängig vom Praxisfeld). Sie bietet Räume der Erprobung.

Gruppen, die miteinander konstant arbeiten oder leben, verharren oft auf einem bestimmten, nicht ausdrücklich definierten Level des Vertrauens. Von diesem Level ist die Möglichkeit der Biografiearbeit abhängig.

Die Gruppe ermöglicht

- Vertrauen,
- Schutz,
- schnelle Verständigung,
- das Riskieren neuer Verhaltens- und Äußerungsformen.

Die Gruppe begrenzt durch

- klare Regeln,
- informelle hierarchische Strukturen,
- zeitliche Intimität,
- Notwendigkeit des Transfers in den Alltag.

Die Qualität des biografischen Arbeitens wird sehr bestimmt durch die Qualifikation und Einfühlung des Leiters. Ist er oder sie wirkliches Gegenüber der Gruppe, entsteht gelingende Erinnerungsarbeit.

Gruppen tut in der Regel Aktion gut, um das Erarbeitete und Reflektierte sichtbar werden zu lassen. Wird Außenorientierung vernachlässigt, beginnt häufig ein auf Dauer lähmender Prozess der Selbstbeschäftigung.

Anregungen:

- klare Zieldefinition,
- Prozessverabredungen: Wer ist wann für was zuständig?

Großgruppe

Biografisches Arbeiten in Großgruppen ist nur begrenzt möglich. „Großgruppe" meint hier Gruppen mit mehr als 30 Mitgliedern. Sie eignen sich in der Regel nur für die Informationsvermittlung oder die Organisation von Arbeitsprozessen.

Die Großgruppe ermöglicht

- Multiplikation,
- Dynamiken der Begegnung mit Fremden,
- Öffentlichkeit,
- Repräsentation einer Idee oder eines Anliegens.

Die Großgruppe begrenzt durch

- Unübersichtlichkeit,
- geringes Vertrauen,
- komplizierte Organisation,
- Unverbindlichkeit.

Großgruppen sind außerhalb des Regelhaften nur wenig steuerbar. Sie verhalten sich wie Marktplätze: Überall geschieht etwas, entwickeln sich Zusammenhänge und werden wieder aufgegeben. Wenn Steuernde bereit sind, dieser Dynamik Raum zu geben, können interessante Prozesse entstehen.

Anregungen:

- genaue Prüfung der Leistungsfähigkeit,
- Schaffung von Unterstrukturen.

Spontan und geplant
Situationen

Biografiearbeit findet immer in bestimmten Situationen statt. Diese Situationen sind geplant hergestellt, entstehen zufällig oder werden einseitig hervorgerufen, um das Gegenüber zu einer bestimmten Reaktion zu veranlassen. Praxisfelder und Settings geben die Art der Biografiearbeit vor, Methoden sind dieser Art zugeordnet und gestalten die Arbeit. Der situative Anteil der Biografiearbeit hingegen kann zufällig entstehen, einseitig ohne den Willen des Gegenübers ausgelöst werden oder geplanter Bestandteil der Methode sein. Verschiedene Situationen durchdringen sich, beeinflussen die Dynamik der Erinnerung gestalten den Prozess der Reflexion. R.M. Rilke spricht vom Leben, das sich in wachsenden Ringen ereignet. So wie jeder Ring für einen Zeitabschnitt steht, so steht auch jede Situation, jeder Moment, für eine Phase der Erinnerungsarbeit – vorhanden und doch beendet.

Die wesentlichen Situationen und Momente, in denen Biografiearbeit geschieht, werden im Folgenden kurz dargestellt und mit Beispielen illustriert.

Spontane Situation

Die spontane Situation entsteht aus der Begegnung und der zufälligen Erinnerung. Sie hat zunächst keine Zielrichtung, knüpft aber die Vergangenheit an die Trigger der Gegenwart. Für einen Moment entstehen Zusammenhänge, die bislang nicht gesehen wurden. Das Spontane kann überfallen, belustigen oder irritieren. Stärker als jeder geplante Prozess ist es emotional, eine Reaktion auf den Moment.

> Bertha G. fuhr seit Jahren am gleichen Tag, zur gleichen Stunde die gleiche Strecke mit dem Stadtbus. Ihr begegneten die immer gleichen Menschen, an ihr zogen die immer gleichen Bilder vorbei. Die Fahrt hatte Rituelles. Sie kannte die Gesten der Fahrer, die Unbeholfenheit der Touristen und die Routinen der Pendler.

Eines Tages stieg ein groß gewachsener Mann zu, der sie nach einiger Zeit unverwandt anschaute und mit ihr gleichzeitig den Bus verließ. Er ging einige Schritte hinter ihr her und sprach sie an: „Entschuldigen Sie, sind Sie Bertha aus P.?"
So begegneten sich zwei Schulfreunde wieder, verabredeten sich, tauschten Erinnerungen aus und fast Vergessenes aus der gemeinsamen Zeit wurde aktualisiert. Die Busfahrt bekam seit diesem Zeitpunkt einen anderen Charakter. Sie war tägliche Erinnerung an eine frühere Zeit.

Es gehört zum Wesen der Spontanität, dass sie nicht planbar ist, sondern in den Alltag einbricht und die Möglichkeit neuer Wahrnehmung eröffnet.

Provozierte Situation

Erinnerungssituationen werden vor allen Dingen bei Aktionen oder Projekten provoziert. Einzelne oder eine Gruppe wollen ihre Intentionen realisieren und andere konfrontieren. Die Situation wird geplant, die Reaktion vorweggedacht und ein mögliches Handlungsrepertoire bestimmt.

Im Bildungshaus G. beschäftigte sich eine Gruppe junger Erwachsener mit der Geschichte der Juden in der Kleinstadt. Das Stadtarchiv war bemüht worden, spärliche lokale Literatur wurde ausgewertet und ein Zeitzeuge befragt. Am Ende hatte man mehrere Stadthäuser identifiziert, in denen Juden gelebt hatten, die 1944 deportiert und umgebracht worden waren.
Aus Pappe wurden kleine Erinnerungstafeln gefertigt, versehen mit wenigen aber eindeutigen Informationen. Die Tafeln wurden an den entsprechenden Häusern mit Klebeband befestigt. Die Aktion wurde durch Fotos dokumentiert. Schon einen Tag später meldete sich ein erstaunter Hausbesitzer, der die Geschichte seines Gebäudes nicht kannte. Er sicherte spontan zu, auf eigene Kosten ein dauerhaftes Schild anzufertigen und anzubringen. Andere Hausbesitzer taten es ihm nach.

Auch jenseits von Aktionen oder Projekten ereignen sich Provokationen. In familiären Kontexten entstehen häufig einseitig hervorgerufene Kommunikationen – etwa wenn Kinder nach der Vergangenheit ihrer Eltern fragen.

Geplante Situation

Geplante Situationen der Biografiearbeit entstehen immer dann, wenn es zu didaktisch oder therapeutisch bestimmten Verläufen kommen soll. Der Bildungsreferent oder die Therapeutin planen die biografische Phase in die Arbeit ein – manchmal verbunden mit klar kommunizierten Zielsetzungen und Regeln. Jeder Workshop zur Biografiearbeit ist eine geplante Situation. Die Teilnehmenden wissen, worauf sie sich einlassen und was sie erwartet.

Im Bildungshaus H. fanden jedes Jahr mehrere Seminare zum Thema „Abschied von der Arbeit" statt. Sie richteten sich an Menschen, die sich in der Übergangsphase vom Beruf zur Rente befanden. In den Seminaren wurden Anregungen für den bevorstehenden neuen Lebensabschnitt gegeben. Ein wesentlicher weiterer Teil war die Biografiearbeit.
Als die Veranstaltungen ausgewertet wurden, stellte sich heraus, dass die Mehrheit der Teilnehmenden wegen der Anregungen gekommen war. Jetzt lobten sie vor allem die gelungene Biografiearbeit.

Immer noch ist Biografiearbeit für viele fremd. Die Verknüpfung mit weniger fremden Themen oder bekannten Situation erleichtert den Zugang. Biografiearbeit wird zum Angebot einer neuen Erfahrung.

Der Moment des Anfangs

Angeblich wohnt ja, so Hermann Hesse, jedem Anfang ein Zauber inne. Das ist poetisch so schön wie falsch. Viele Anfänge sind angstbesetzt: fremde Menschen, fremde Umgebungen, fremde Themen, neue Erfahrungen. Das Neugierverhalten von Menschen ist eingegrenzt, wenn zu viel Unbekanntes zu wenig Orientierungsmöglichkeit gibt.

Ein gelungener Anfang ist oft die Garantie für eine gute Vollendung. Wer Anfangssituation gestaltet, sollte sich dessen bewusst sein. Anfänge brauchen Sicherheit, einen Bestand an Vertrautem und klare Orientierungen. Anfänge, die unzureichend gestaltet sind, führen in Verunsicherungen, die lange Zeit anhalten und den Prozess behindern.

40 Menschen saßen zu Beginn der Woche in dem fremden Raum. Der Seminarleiter stellte ausführlich das Programm vor, präsentierte sich selbst und bat die Anwesenden sich dem jeweiligen Nachbarn vorzustellen. Dazu bot er drei einfache Fragen an. Nur eine davon war auf die Vergangenheit gerichtet.

Anfänge ertragen nur wenig Irritation aber umso mehr Ermutigung.

Der Moment der Irritation

Damit Menschen wachsen können, damit Prozesse sich entwickeln können, bedarf es der Irritation: Bekannte Verhaltensweisen oder Erinnerungsmuster werden in Frage gestellt oder verunsichert. Das, was bislang in Erkenntnis und Erinnerung gesichert schien, erfährt eine Störung. Irritationen sind gesetzte Interventionen. Sie „tauen" das „Gefrorene" (Muster, Urteile, Verhaltensweisen) auf Zeit an und ermöglichen Neues. Diese entstehende Beweglichkeit wird wieder erstarren, dann freilich anders und nur so lange, bis die nächste Irritation stört.

> Ingrid K. beklagte sich jeden Tag über das unfreundliche Verhalten von Kindern. Sie würde nicht beachtet, man grüße sie nicht und zeige kein Interesse an einer alten Frau.
> Die Pflegerin nahm sich Zeit und besuchte mit Ingrid K. den Spielplatz einer Grundschule. Zunächst wurden die beiden erwachsenen Besucher nicht beachtet, später näherten sich Fußballspieler und Turnerinnen neugierig. Der kleine Max fragte Frau K. höflich, ob er mal ihren Rollator schieben dürfe.

Gewohnheiten helfen, sich im Leben zu Recht zu finden. Sie sichern Plätze, langweilen aber auf Dauer und verengen Blicke. Wer neue Erfahrungen möglich macht, öffnet auch eine neue Welt.

Der Moment des Wandels

Menschen verändern sich nicht gern. Das Ungewohnte irritiert, das Gewohnte stabilisiert. Wenn neue Wahrnehmungen versucht und andere Verhaltensweisen ausprobiert werden, bedarf es der Bestärkung. Bleibt diese aus, läuft man Gefahr, in alte Muster zurückzufallen. Biografisch arbeitende Menschen müssen die Erfahrung machen, dass sich Erinnerung lohnt. Zur Stärkung der Biografiearbeit gehört die Erinnerung an die gelungene und bereichernde Erinnerung.

> Nachdem Paul K. das Lieblingsrezept seiner Kindheit wieder entdeckt hatte, kochte er es gemeinsam mit der Nachbarin regelmäßig und gönnte sich so den Rückblick in eine Zeit, deren Gerüche und Geschmack für ihn schon verloren schien. Später als seine Geschmacksnerven kaum noch etwas wahrnahmen, behielt er das Ritual bei. Jenseits des Schmeckens reichte das Tun, um Erinnerungen zu aktualisieren.

Leiter, Beraterinnen und Therapeuten sind Agenten des Wandels. Sie haben es in der Hand, Veränderungen zu stabilisieren.

Der Moment des Endes

Wie der Anfang so ist auch das Ende von zentraler Bedeutung für die Auseinandersetzung, für das Gelingen eines Prozesses. Menschen fürchten das Ende, weil sie sich damit in eine neue, unbekannte Situation begeben müssen. Sie fühlen sich vom Gewohnten allein gelassen und zweifeln schnell, ob sie im Neuen bestehen können. Viele Aktivitäten und Engagements kennen kein Ende. Die Beteiligten setzen fort, was eigentlich nicht fortzusetzen ist. Indem sie das Abgeschlossene verlängern, entwerten und verwässern sie es.

> Helma F. hatte jahrelang an den Workshops des Bildungshauses teilgenommen. Jetzt beendete sie ihre Teilnahmen und verkündete, bald in ein Seniorenstift zu ziehen. Die Workshops hätten dafür den Boden bereitet. Sie sei, trotz ihrer guten Gesundheit, zu dieser abschließenden Entscheidung gekommen.

Biografiearbeit muss, trotz aller notwendigen Kontinuität, auch das Ende vollziehen. Schwierige Lebenssituationen bedürfen des Abschlusses, damit es zur Rundung oder Versöhnung kommen kann. Wer gut beendet, der orientiert sich nach vorn und erhält Perspektive.

Das Mögliche ermöglichen
Methoden

143 Methoden und deren Varianten werden dargestellt. Die Leser und Leserinnen sollen sie nicht als fertige Rezepte lesen, sondern in das jeweilige Feld, Setting oder die Situation „übersetzen". Gute Methoden sind durch viele Köpfe, Hände und Herzen gegangen. Sie wurden verändert, verbessert, angepasst. Und werden durch Praxis weiter verändert werden …

Die Methoden sind in thematische Abschnitte aufgeteilt. Jede Methode wird kurz dargestellt. Die dann folgenden Varianten sind Fortführungen oder Weiterentwicklungen der Grundidee. Kurze Erfahrungsberichte schließen sich an.

Um die Orientierung zu erleichtern, werden die Methoden dreifach klassifiziert. Die Zuordnungen und Klassifizierungen können nicht immer trennscharf sein (vgl. „Erwachsene" und „ältere Erwachsene"). Sie bedürfen manchmal zusätzlicher Differenzierungen.

Zeitlauf
Systematisieren und vergleichen

Die Methoden dieses Abschnittes regen Biografiearbeit durch die Beschäftigung mit Zeitleisten, Chroniken oder Stammbäumen an.

1 Lebenslinie

Das eigene Leben wird als chronologischer Verlauf grafisch dargestellt.

- Die Teilnehmenden werden gebeten, sich jeweils für ca. eine Stunde mit einem großen Bogen Papier (mindestens DIN A2) und Malutensilien zurückzuziehen. Jeder soll zuerst auf einem Arbeitsblatt alle Lebensereignisse (Personen und Situationen) notieren, die nach gegenwärtiger Einschätzung für sie oder ihn wichtig waren. Anschließend soll sich jeder eine Gestaltungsmöglichkeit ausdenken, wie diese Erfahrungen linear dargestellt werden können.
  Die Leitung gibt dazu Anregungen: Die Teilnehmenden können das Blatt mit einem Strich längs teilen und auf dieser Linie die Zeiteinteilung des eigenen Lebens vornehmen, von der Geburt bis zum Jetztpunkt. Die erinnerten Ereignisse werden dieser Linie zugeordnet.
- Nach dieser Stunde stellen (bei einer Gruppenarbeit) alle ihre Linien vor. Wer sich dem verweigert, sollte „gelobt" werden. Biografiearbeit braucht Schutzräume. Jeder kennt seine eigenen Grenzen. Die Intensität der Bearbeitung ist abhängig vom Setting: in der Begegnungsarbeit also anders als in der Beratung.
- Die Teilnehmenden werden aufgefordert, eine Art Welle zu zeichnen. Erhebt sich diese über die Linie, so handelt es sich um positive, fällt sie darunter um negative Ereignisse.
- Statt einer Linie wird ein Bild ohne zeitliches Raster gefertigt, das für das eigene Leben steht.

> Das Paar wurde während der Beratung aufgefordert, getrennt die gemeinsame Lebenslinie zu skizzieren. Abschließend stellte man Abweichungen und Übereinstimmungen fest.

Bei der Lebenslinie steht das Bildhafte im Mittelpunkt. Die Methode empfiehlt sich für die Darstellung von (Primär-)Beziehungen oder für thematisches Arbeiten.

Die Auswertung von Lebenslinien ist häufig sehr aufwändig – insbesondere, wenn mit Gruppen gearbeitet wird. Gemeinsam wird man feststellen, wie ereignisreich und interesseweckend das scheinbar bedeutungslose Leben gewesen ist. Auswertungen in Untergruppen sollten wegen der entstehenden Dynamik vermieden werden.

☑ Ich/Paar ☑ Gruppe ☐ Projekt	☑ Besinnung ☑ Krise ☑ Begegnung/Bildung	☐ Kinder/Jugendliche ☑ Erwachsene ☑ Ältere Erwachsene

2 Chronik

Die individuelle Biografie wird mit der gesellschaftlichen Entwicklung verglichen. Kontexte und Parallelen werden wahrgenommen und untersucht.

- Die eigene Biografie wird in Stichworten aufgeschrieben, die wesentlichen Daten markiert. In Chroniken werden die Ereignisse recherchiert, die sich während der persönlichen Stichtage ereigneten.
- Statt allgemeiner Chroniken werden Chroniken zu Teilgebieten oder lokale Chroniken hinzugezogen.
- Familienchroniken, soweit sie geführt worden sind, erweitern die individuelle Erinnerung.

In einer Gesprächsrunde über die sogenannten Wirtschaftswunderjahre im Ruhrgebiet waren auf mehreren Pulten Publikationen ausgelegt. In ihnen konnten die Teilnehmenden blättern, sich informieren und anregen lassen. Nachdem ausreichend Zeit für das Suchen und Entdecken gegeben worden war, bat die Leiterin zu einem Spiel. Die Anwesenden sollten ihr persönlich wichtige Daten zurufen. Sie las daraufhin aus den Chroniken die zeitlich entsprechenden Daten vor.

Chroniken mit unterschiedlichen Schwerpunkten sind im Internet leicht zu finden. Der Buchhandel hält Publikationen mit unterschiedlichen thematischen Schwerpunkten vor.

Schwieriger zu recherchieren sind lokale Ereignisse. Viele Lokalzeitungen veröffentlichen Beilagen am Ende des Jahres: Sie fassen dort die wesentlichen Artikel der letzten zwölf Monate zusammen. Es empfiehlt sich, diese zu sammeln oder sie für ein konkretes Projekt aus dem Zeitungsarchiv zu erbitten.

☐ Ich/Paar
☑ Gruppe
☐ Projekt

☐ Besinnung
☐ Krise
☑ Begegnung/Bildung

☑ Kinder/Jugendliche
☑ Erwachsene
☑ Ältere Erwachsene

3 Zeitleiste

Die individuelle Biografie wird verglichen mit den Lebensläufen anderer und mit der gesellschaftlichen Entwicklung. Identisches und Ähnliches, Fremdes und Verschiedenes werden miteinander in Beziehung gesetzt.

Die wesentlichen Daten der eigenen Biografie werden von allen Teilnehmenden auf Zeitleisten dargestellt. Dafür werden Formblätter zur Verfügung gestellt: Blätter mit Jahreszahlen, die ungefähr die Lebensspannen der Teilnehmenden umfassen. Die Zeitleisten werden unter einander gehängt und so miteinander in Beziehung gesetzt.

Im gleichen Format steht eine Zeitleiste mit wesentlichen gesellschaftlichen Daten zur Verfügung. Sie wird in die Vergleiche einbezogen.

Es werden Blindplakate ausgehängt, auf denen lediglich Jahreszahlen vermerkt sind. Die Anwesenden versuchen, das Plakat aus der eigenen Erinnerung mit gesellschaftlichen Ereignissen zu füllen. Die „weißen Flecken“ werden in Beziehung zur persönlichen Zeitleiste gebracht. Später können die Lücken mit Hilfe entsprechender Quellen komplettiert werden.

Teilnehmer und Teilnehmerinnen eines Erwachsenenbildungsseminars fertigten ihre eigenen Zeitleisten und verglichen diese mit markanten gesellschaftlichen Ereignissen. Der Austausch wurde durch Fragen angeregt. Wo waren Sie während der Währungsreform? Erinnerung Sie sich an den Tag, als Kennedy ermordet wurde? In welcher Situation befanden Sie sich, als die Flugzeuge 2001 in die World Trade Tower einschlugen?

Es empfiehlt sich viel Sorgfalt auf die Erstellung der Formblätter zu verwenden, um eine Vergleichbarkeit der Zeitleisten zu erreichen. Pro zehn Lebensjahre sollte ein A4-Blatt quer zur Verfügung stehen.

☐ Ich/Paar
☑ Gruppe
☐ Projekt

☐ Besinnung
☐ Krise
☑ Begegnung/Bildung

☑ Kinder/Jugendliche
☑ Erwachsene
☑ Ältere Erwachsene

4 Verschobene Zeitleisten

Lebens- und Ereignisdaten unterschiedlicher Epochen werden miteinander verglichen.

Der durchschnittliche Werdegang am Anfang des 21. Jahrhunderts wird mittels einer Zeitleiste dargestellt: Einschulung, Ausbildung, Studium, Partnerschaft, Ehe, Familie, Karriere, Rente etc. Diese Zeitleiste wird konfrontiert mit den Daten anderer Epochen, die in mutmaßliche Zeitleisten umgesetzt werden.

Statt zu mutmaßen, werden vergleichbare Daten recherchiert und mit der Zeitleiste des 21. Jahrhunderts in Beziehung gesetzt.

> In einem Seminar wurde durch die Methode der Verschobenen Zeitleiste deutlich, warum die Gesellschaft noch immer Probleme mit der Differenzierung des Alters hat. Galt man früher mit 65 Jahren als alt und mit 75 als Greis, so gelten heute z.B. 65-Jährige als „junge Alte" und erst die Zeit ab 80 oder noch später als die des Ruhestandes. Diskutiert wurde über die sich daraus ergebenden Konsequenzen und Anforderungen.

Lebensperioden und Ereignisdaten verschieben sich generativ. An den Unterschieden erkennt man Bedeutungen bzw. Bedeutungsverluste. Erst in der Neuzeit z.B. entwickelte sich ein Verständnis von „Kindsein". Der Literatur kann man die entsprechenden Durchschnittswerte entnehmen und in Beziehung setzen zu den aktuellen oder persönlichen Perioden und Daten.

☐ Ich/Paar	☐ Besinnung	☐ Kinder/Jugendliche
☑ Gruppe	☐ Krise	☑ Erwachsene
☐ Projekt	☑ Begegnung/Bildung	☑ Ältere Erwachsene

5 Lebensphasen

Die Erinnerungen zu einem definierten Zeitabschnitt werden zusammengetragen, verglichen und in Beziehung gesetzt.

Ein Zeitabschnitt (z.B. die „Wirtschaftswunderjahre") wird thematisiert. Die Anwesenden werden gebeten, von ihren Erinnerungen und Erfahrungen zu erzählen. Anschließend werden die Erinnerungen in einer Schreibwerkstatt aufgeschrieben.

Statt selbst zu schreiben, protokolliert ein Gesprächspartner und verfertigt daraus einen Text.

> Unter der Überschrift „So haben wir überlebt“ entstand eine kleine Broschüre mit Begebenheiten, Rezepten, Anekdoten und Überlebensstrategien aus der Nachkriegszeit. Die Broschüre wurde zum Selbstkostenpreis verkauft und später erweitert mit Erinnerungen, die die Leser beisteuerten. Der Erlös wurde gespendet.

Private Texte erschließen sich in der Regel nur denen, die mit den Lebensumständen des Autors vertraut sind, sein Denken und Fühlen kennen. Das, was dem Text an literarischer Qualität fehlt, wird durch den Leser quasi hinzu komponiert. Literarisches Schreiben hingegen wird vom Öffentlichen bzw. Veröffentlichen bestimmt. Der Autor muss über eine Sprache verfügen, die keiner weiteren Kenntnis seiner Person bedarf. Der Text steht für sich. Erst wenn dieses Kriterium erfüllt ist, ergibt es Sinn, in Schreibwerkstätten verfasste Texte zu publizieren.

☐ **Ich/Paar**	☐ **Besinnung**	☐ **Kinder/Jugendliche**
☐ **Gruppe**	☐ **Krise**	☑ **Erwachsene**
☑ **Projekt**	☑ **Begegnung/Bildung**	☑ **Ältere Erwachsene**

6 Alltagsvergangenheit

Vergangenheit und Gegenwart werden miteinander verglichen: Wo findet sich Gemeinsames, wo Trennendes?

Der normale Tagesablauf verschiedener Lebensphasen wird rekonstruiert und aufgeschrieben: Wann stand man auf, ging zur Arbeit? Wie lagen die Arbeitspausen, wann endete der Arbeitstag? Wie wurde die Familienarbeit gestaltet? Wann gab es welches Essen? Wie wurden die Feiertage gestaltet?

> Kurz nach der Wiedervereinigung trafen sich Rentner aus Ost- und Westdeutschland und stellten fest, dass man zwar eine gemeinsame Vergangenheit im Vorkriegs- und Kriegsdeutschland hatte, dass sich die alltägliche Lebenswirklichkeit im getrennten Deutschland aber deutlich verändert hatte: Schulen begannen eher, die Arbeit endete früher, nahezu alle Rentnerinnen aus Ostdeutschland hatten nicht nur Familienarbeit geleistet, Worte der Alltagssprache waren unverständlich (z. B. „Komplexannahmestelle“).

Niemand lebt allein, eine Existenz jenseits gesellschaftlicher Beziehung ist nicht möglich, würde den sozialen Tod bedeuten. Indem Vergangenes mit der Gegenwart verglichen wird, werden Erinnerungsanker angeboten. Welchen Weg hat die Gesellschaft genommen, wie war der persönliche Weg? Welche Entwicklungen haben Einfluss gehabt auf das Einzelschicksal, wo bewegten Einzelschicksale das Ganze? Manchmal nehmen die unterschiedlichen Entwicklungen unmerklich Einfluss aufeinander: Das Private wird öffentlich, das Öffentliche privat.

Wer sich gemeinsam der Vergangenheit (einer Kultur, eines Landes oder Ortes, einer Familie) erinnert, der kann das Trennende besser annehmen und als Bereicherung erkennen. Dies gilt auch für die großen Zeitbögen: Mancher Konflikt hätte nicht die Schärfe, wenn wir bewusster realisieren würden, dass sich z.B. drei große Religionen (Islam, Judentum und Christentum) auf einen gemeinsamen Urvater (Abraham) beziehen.

☑ Ich/Paar
☑ Gruppe
☐ Projekt

☐ Besinnung
☐ Krise
☑ Begegnung/Bildung

☐ Kinder/Jugendliche
☑ Erwachsene
☑ Ältere Erwachsene

7 Lebensbaum

Der Werdegang eines Menschen wird mit der Metapher des Baumes dargestellt und beschrieben.

- Der Leitende gibt folgende Anweisung: „Stellen Sie sich vor, ihr Leben sei ein Baum. Er besteht aus Wurzeln, Stamm, Ästen, Zweigen, Blättern und der Krone. Er wächst auf unterschiedlichen Böden, erhält Wasser, ist Umwelteinflüssen ausgesetzt. Bitte malen Sie Ihren Baum und bezeichnen Sie dessen Teile mit Ihren Lebensereignissen: Was sind Ihre Wurzeln, Ihr Stamm, Ihre Zweige, Ihre Blätter?"
  Verschiedene Malstifte und große Bögen Papier werden zur Verfügung gestellt.
  Nach einer angemessenen Zeit beginnt der Austausch über die Bilder: Wofür stehen die Farben, die Formen, die gewählten Symbole? Dabei wird auf Bewertungen verzichtet.
  Die Blätter verbleiben als Wanddekoration im jeweiligen Arbeitsraum.
- Baum-Gedichte aus der Literatur werden ergänzend oder gesprächsbeendend eingebracht – z.B. das Gedicht von Nazim Hikmet „Zu leben, al-

lein und frei wie der Baum, brüderlich unter den Bäumen des Waldes, das ist unser Traum."

Bilder und Metaphern sind vielen Menschen leichter zugänglich als intellektuelle Erörterungen. Sie streifen das Emotionale und Handwerkliche (Malen, Skizzieren), eröffnen andere Perspektiven, konzentrieren auch durch Tun. Anders als beim Reden und Zuhören fokussieren sich die Teilnehmenden mehrfach.

☐ Ich/Paar	☑ Besinnung	☑ Kinder/Jugendliche
☑ Gruppe	☐ Krise	☑ Erwachsene
☐ Projekt	☐ Begegnung/Bildung	☑ Ältere Erwachsene

8 Stammbaum

Der Stammbaum (Genogramm) der eigenen Familie (Ahnen, Ausgangsfamilie) wird erstellt.

- Auf einem möglichst großen Blatt wird die Verästelung der eigenen Familie skizziert. Jede Person wird mit einem Kästchen bezeichnet, in dem Geburts- und Todesdatum sowie die eventuelle Eheschließung mit entsprechenden Symbolen (Stern, Kreuz, Ringe) aufgeführt sind. Der eingeheiratete Partner bzw. Partnerin wird dem jeweiligen Kästchen zugeordnet. Je älter die Ahnen desto wurzelnäher werden sie angeordnet.
- Neben den drei genannten Daten werden auf Extrablättern weitere Lebensdaten der auf dem Stammbaum verzeichneten Angehörigen notiert.
- Der Stammbaum wird mit Fotos versehen.

Conny C. rekonstruierte jahrelang seine Familiengeschichte und ist bei einzelnen Verästelungen bis ins Mittelalter vorgestoßen. Die „Sippe" trifft sich zweijährlich an ihrem Stammort.

In der Regel ist jeder Mensch in der Lage, die verwandtschaftlichen Beziehungen bis zur Elternebene (Onkel, Tanten und deren Nachkommen) zu rekonstruieren. Schwieriger wird es, wenn die Großeltern- oder Urgroßelternebene einbezogen werden soll. Um eine solche Rekonstruktion zu leisten, muss im Verwandtenkreis recherchiert werden. Sind hier Beziehungen abgerissen oder die Verwandten gestorben, helfen Nachforschungen in

Stadtarchiven, kirchlichen Taufregistern oder im Internet (forschen nach Familiennamen).

Diese Erinnerungsarbeit ist vielschichtig, eröffnet häufig neue Horizonte und ermöglicht Kontakte.

☑ Ich/Paar
☐ Gruppe
☐ Projekt

☐ Besinnung
☐ Krise
☑ Begegnung/Bildung

☐ Kinder/Jugendliche
☑ Erwachsene
☑ Ältere Erwachsene

9 Drei Generationen

Im Dreigenerationengespräch wird Verbindendes und Trennendes gesucht: Gibt es gemeinsame Linien oder Weitergaben über die Jahrzehnte hinaus?

- Großeltern, Eltern und Kinder tauschen sich über den Alltag unterschiedlicher Lebensabschnitte aus.
- Kinder befragen ihre Vorfahren zu bestimmten Themen (z.B. Schulvergangenheit, Taschengeld oder Familienfeste).
- Großeltern erzählen, was sie von ihren Eltern über den oder die Kriege erfahren haben.

In einer schulischen Projektwoche kamen Kinder mit ihren Eltern und Großeltern zusammen und thematisierten unter der Überschrift „Die Gegenwart war unsere Zukunft“ verschiedene Lebensereignisse (z.B. Kindheit, Schulalltag und Taschengeld).

Wenn sich unterschiedliche Generationen begegnen, macht man häufig eine erstaunliche Feststellung: Die Alten meinen, die Jungen interessieren sich nicht für ihre Lebenserfahrung und die Jungen meinen, die Alten hätten wenig Sinn für ihre Art zu leben. Die Generation der 40-Jährigen hingegen scheint weder mit den Jungen noch mit den Alten viel zu tun haben zu wollen. Sie leben eher im Jetzt. Sobald aber Gespräche beginnen, verschwimmen die vorher so klaren Bilder. Man entdeckt Neugierverhalten und offene Freundlichkeit, gekoppelt mit bilanzierender Nachdenklichkeit.

☐ Ich/Paar
☐ Gruppe
☑ Projekt

☐ Besinnung
☐ Krise
☑ Begegnung/Bildung

☑ Kinder/Jugendliche
☑ Erwachsene
☑ Ältere Erwachsene

10 Ahnen-Recherche

Das Wissen über Ahnen wird gesammelt und archiviert.

- Die ältesten Familienmitglieder werden befragt: z.B. über Namen, Berufe, Wohnorte, Kinder, besondere Ereignisse.
- Auf alten Familienfotos dargestellte Personen werden recherchiert.
- In Kirchen-, Dorf- und Stadtarchiven wird anhand gefundener Namen geforscht.
- Familienarchive, alte Aufzeichnungen und Briefe werden entsprechend erkundet.

> Der junge Max hat damit begonnen, von jedem Familienmitglied digital einen Lebenslauf zu speichern. Er ergänzt diese um einige Fotos. Alle fünf Jahre schreibt er die Lebensläufe fort und fordert von den Lebenden entsprechende Informationen an. Max weiß, dass in diesem kleinen Archiv vieles nicht erscheint, was eigentlich wichtig zu dokumentieren wäre. Er beschränkt sich auf das, was ihm freiwillig mitgeteilt wird und hofft darauf, dass Vertrauen entsteht.

Es ist komplex und schwierig, etwas über die Biografien von Ahnen zu erfahren, wenn ihr Leben eine oder mehrere Generationen zurückliegt. Sie „verschwinden" aus dem Wissen und damit verschwinden auch wichtige Erfahrungen, interessante Erlebnisse und Vorkommen, deren Auswirkungen bis heute das Leben der Nachkommen beeinflussen.

Das gewachsene Interesse an Biografiearbeit kann dazu führen, dass Familien möglichst viel Wissen über ihre Mitglieder sammeln. Auch wenn nicht alles Wissen archiviert werden kann: Einige wesentliche Fakten über jedes Familienmitglied zu sichern, beschert den Dank der nachfolgenden Generationen.

☐ **Ich/Paar**	☐ **Besinnung**	☑ **Kinder/Jugendliche**
☐ **Gruppe**	☐ **Krise**	☑ **Erwachsene**
☑ **Projekt**	☑ **Begegnung/Bildung**	☑ **Ältere Erwachsene**

11 Berufsbilder

Berufsbilder werden miteinander verglichen.

- Anhand dreier Berufsbilder (Kontor-Angestellte, Schmied, Lehrerin) werden die Berufsbilder des 20. und 21. Jahrhunderts miteinander verglichen. Der Vergleich wird unterstützt durch Bildmaterialien.
- Museen (Technikmuseen, Heimatmuseen) werden mit der fokussierenden Frage besucht, wie der Alltag der jeweiligen Berufe in verschiedenen Zeitepochen ausgesehen hat.

> Über dem Schreibtisch hängt ein Bild, auf dem sein Vater als junger Mann mit kräftigen Armmuskeln dargestellt ist. Vor ihm und anderen Männern liegt auf einem Tisch Hufbeschlagwerkzeug. Die ernsten Blicke der Männer und ihre Haltung erzählen vieles über eine untergegangene Zeit.

Der Wandel der Arbeitswelt hat sich über die Jahrzehnte beschleunigt. Bestimmte Berufe sind nicht mehr existent (z.B. Stellmacher), führen ein Nischendasein (z.B. Hufschmied) oder imitieren Manufakturformen (z.B. Frisiersalons). Am Wandel der Berufe bzw. der Berufsbilder kann die Entwicklung der Gesellschaft nachgezeichnet werden. Mit diesem Nachzeichnen erschließen sich die Verluste (Technik verbirgt sich z.B. immer mehr in geschlossenen, digital funktionierenden Apparaten) und die Vorteile (der PC als Weiterentwicklung der Schreibmaschine). Wer die eigene berufliche Biografie vergleicht mit der gesellschaftlichen Entwicklung, relativiert die Entwicklungen und Erfahrungen.

☑ **Ich/Paar**	☐ **Besinnung**	☐ **Kinder/Jugendliche**
☑ **Gruppe**	☐ **Krise**	☑ **Erwachsene**
☐ **Projekt**	☑ **Begegnung/Bildung**	☑ **Ältere Erwachsene**

Erinnerungsstrategien
Forschen und finden

Die Methoden dieses Abschnittes regen Biografiearbeit durch die Beschäftigung mit Dokumenten, Medien, Orten oder Gewohnheiten an.

12 Name

Der eigene Name wird bedacht, seine Auswahlgeschichte geschildert und die Beziehung des Trägers zum Namen erörtert.

- Mit einem Arbeitsbogen werden Fragen gestellt: „Mögen Sie Ihren Namen? Wem haben Sie ihn zu verdanken? Welche Hoffnungen haben Sie damit getragen? Was sollte Ihnen damit auf den Weg gegeben werden? Wie hat Ihr Vorname Ihr Leben beeinflusst? Haben Sie Ihren Rufnamen im Laufe des Lebens geändert? Wurde er von anderen geändert? Hat sich Ihr Verhältnis zum eigenen Namen im Laufe des Lebens gewandelt?"
- Nicht der Vorname, sondern die Kosenamen (oder Spitz- und Spottnamen) werden in den Mittelpunkt des Erinnerns gestellt.
- Das erste offizielle Dokument über einen Menschen ist seine Geburtsurkunde. Sie kann Ausgangspunkt für ein Gespräch über den Beginn des Lebens sein.
- Welche Bedeutung hat der Familienname für die eigene Identität?

Ist Hans Georg Ruhe tatsächlich ein ruhiger Typ?

Der eigene Name wird geliebt oder gehasst. Man hat ihn nicht gewählt, er wurde von den Eltern zugewiesen. Der Name sagt etwas über die Einzigartigkeit und über die Multiplizität des Bezeichneten. Mit Namen werden Gefühle, Erwartungen, Wünsche oder Hoffnungen auf das Neugeborene übertragen. Traditionslinien sollen fortgesetzt oder bewusst gebrochen werden. Wenn der älteste Sohn den Namen des Vaters oder die Tochter den Vornamen der Großmutter trägt, so ist damit ein unausgesprochener Auftrag verbunden.

Manche Menschen hadern mit ihrem Namen und ändern ihn vorsichtig (aus „Ulla" wird „Ursula") oder radikal (aus „Elmar" wird „Christian"). Was verlieren sie, welche Identität gewinnen sie? Wie viel Wunsch nach Machbarkeit und Selbstbestimmung liegen in solchen Zeichen, wie viel Selbstverleugnung und Widerspruch, wie viel Anpassung?

Namensgebungen sagen etwas über gesellschaftliche Entwicklungen aus. Sie spiegeln Zeittrends.

Die Beschäftigung mit dem eigenen Namen ist meistens lustvoll. Hier ist das „Ich“ ausnahmslos gefragt: Nur ich kann Auskunft geben, mir muss man zuhören. Biografische Arbeit mit dem eigenen Namen unterstreicht die Unverwechselbarkeit jedes Menschen.

☑ Ich/Paar	☑ Besinnung	☑ Kinder/Jugendliche
☑ Gruppe	☐ Krise	☑ Erwachsene
☐ Projekt	☐ Begegnung/Bildung	☑ Ältere Erwachsene

13 Verschwunden

Verschwundene Orte, Fähigkeiten und Lebenszusammenhänge werden als Teil der eigenen Biografie oder der Biografie der Vorfahren wieder entdeckt.

- Von nahezu allen Städten, Kleinstädten und (manchmal) Dörfern existieren aus verschiedenen Jahrhunderten bildliche Darstellungen. Man findet sie in den örtlichen Museen, im Stadtarchiv oder in den Publikationen zur Heimatgeschichte. Mit Kopien dieser Darstellungen werden die Orte aufgesucht, an denen sie gemalt bzw. gezeichnet worden sind. Die Erinnernden begeben sich in die Perspektive des Künstlers und vergleichen das heutige „Bild“ mit den damaligen. Die Veränderungen werden registriert und analysiert. Ist man besonders ortskundig, können die Gründe für die Veränderungen erforscht werden.
- Berufe sind verschwunden. Welche alten Berufe sind noch vom Hörensagen bekannt, wurden erlebt? Stellmacher gibt es nicht mehr, Schmiede nur noch selten und der Schriftsetzer kann sein ehemals hoch entwickeltes Arbeitsmaterial nur noch in Museen betrachten. Mit den Berufen sind Fertigkeiten und Traditionen verloren gegangen. In der Arbeiterbewegung waren die Schriftsetzer, sie konnten lesen, führend. Hufschmiede waren für das Transportwesen bzw. die Arbeitstiere unverzichtbar und deshalb geachtete Handwerker im Dorf. Andere Berufe gibt es zwar noch, wurden aber gewandelt. Die meisten Metzger z.B. arbeiten nicht mehr in familiären Kleinbetrieben, sondern in großen Fleischfabriken mit industriellen Standards.
- In vielen Städten gibt es alternative Stadtpläne und Stadtführungen. All das, was in den offiziösen Stadtführungen häufig nicht vorkommt, wird

hier gezeigt bzw. dargestellt: „Geschichtsbetrachtung von unten". Solche Alternativen dienen der Spurensicherung des Alltags und produzieren Gegenbilder, die unsere Erinnerung anregen.

In der Stadt fanden sich viele alte Straßennamen, die zunächst nicht verständlich waren. Was ist unter der „Piepmäkerstraße" zu verstehen? Warum heißt der alte Marktplatz „Schuhhof", obwohl dort keine Schuhe verkauft werden? Gemeinsam mit dem Stadtarchivar und der lokalen Stadtliteratur wurden diese Geheimnisse gelüftet. Später entstand eine Stadtkarte der „Verschwundenen Straßen und Orte."

Wir leben in einer Zeit des Verschwindens. Immer schneller werden neue Produkte entwickelt und alte überflüssig gemacht. Heutige Ereignisse verdrängen die vom Vortag. Bestimmte Lebensfertigkeiten werden nicht mehr gebraucht, weil die Gegenstände oder Anlässe, zu denen sie verwandt wurden, verschwunden sind.

Dieses Verschwinden ist nicht neu. Alle Generationen haben es beobachten können. Neu ist, dass die Geschwindigkeit zunimmt. Konnte man früher eher linear ansteigende Tempi feststellen, so scheinen sich diese Geschwindigkeiten nun in Potenzen zu entwickeln mit der Folge, dass den Menschen immer höhere Anpassungsleistungen abgefordert werden. Sie kommen mit der Verarbeitung ihrer Erfahrungen nicht nach und verweilen auf Stufen, die den neuen Lebensbedingungen nicht mehr entsprechen. Oder: Sie brechen Lebensvollzüge unentwickelt ab, passen sich vorschnell den neuen Vorgaben an. Planung und Perspektive wirken manchmal nahezu irreal, da die Veränderungsrhythmen kaum Konstanten zulassen.

Wir haben es mit einem Paradoxon zu tun: Immer schneller entwickeln wir uns in die Zukunft, um immer mehr in der Gegenwart zu sein. „In Gegenwart" heißt hier: Nur für den Moment zu leben, für den unmittelbaren Genuss, die Lebenszufriedenheit. Wir leben in einer Kultur des Verschwindens.

☐ Ich/Paar
☐ Gruppe
☑ Projekt

☐ Besinnung
☐ Krise
☑ Begegnung/Bildung

☑ Kinder/Jugendliche
☑ Erwachsene
☑ Ältere Erwachsene

14 Vergessene Worte

Sprache hängt von der gesellschaftlichen Entwicklung ab: Wörter werden verändert, vergessen. Indem sie erinnert werden, scheint das wieder auf, was sie bezeichneten.

- Welche alten Wörter tauchen in der Sprache nicht mehr oder nur noch vereinzelt auf? Welche Worte werden noch verwandt, haben aber eine veränderte Bedeutung?
- Alte (literarische) Texte werden nach verschwundenen Wörtern durchforstet.
- Gibt es, neben der sogenannten Jugendsprache, auch eine Altensprache, die ab- oder ausgrenzt?
- Alte Wörter werden „ausgestellt", indem sie kalligrafisch gezeichnet werden und so den Charakter von Kunstwerken bekommen.

„Worte sammeln" hieß eine Aktion, die eine Jugendgruppe veranstaltete. Sie befragte ältere Menschen und Lexika, studierte alte Zeitungen und Bücher. So fand sie viele Wörter, die in der Alltagssprache nicht mehr auftauchen oder nur gewandelt benutzt werden. Untergegangene Gefühlswelten erschlossen sich.

Sprache entwickelt sich weiter. Neue Fertigkeiten und Erfahrungen brauchen neue Beschreibungen. Ein Wort wie „Halbwertzeit" hätte in den 1970er Jahren niemand verstanden. Der Begriff „geil" war schmutzig-sexuell belegt – heute benutzen ihn auch Politiker. Neue oder umgedeutete Wörter kennzeichnen den Zustand der Gesellschaft und machen sie verstehbarer.

Wörter, die verschwunden bzw. auf dem Weg ins Vergessen sind, tun dies auf ihre Art auch.

Wörter wie „Gnade", „Demut" oder „Opfer" werden in wenigen Jahrzehnten von niemandem mehr in ihrer ursprünglichen Bedeutung verstanden werden. Die Gründe dafür sind facettenreich: Das, was sie bezeichnen, verschwindet. Ihr Umfeld (Religion) verliert an gesellschaftlicher Bedeutung. Die ihnen innewohnenden Haltungen oder anheftenden Zuschreibungen scheinen nicht mehr demokratischen Standards zu entsprechen. Begriffe wie Recht, Selbstbewusstsein oder Respekt haben hingegen Konjunktur. Dennoch verlieren diese Worte ihren eigentümlichen Zauber nicht. Sie wirken wie Grüße aus einer untergegangenen Zeit.

Auch Dialekte unterliegen der Veränderung oder sind im Schwinden begriffen. Der emotionale Gehalt von Sprache ändert sich und damit auch Anbindung und Bodenhaftung. Kulturelle Identitäten verschieben sich, neue treten hinzu. „Multikulturell" ist schon lange nicht mehr definiert durch nationale Binnenstrukturen, sondern Bereicherung über Grenzen hinaus. Die Dialekte der Gegenwart werden ergänzt durch Amerikanismen oder türkische Sprachfarben.

☐ Ich/Paar	☐ Besinnung	☑ Kinder/Jugendliche
☑ Gruppe	☐ Krise	☑ Erwachsene
☐ Projekt	☑ Begegnung/Bildung	☑ Ältere Erwachsene

15 Dialekte

Die eigene Sprache und ihre regionale Einfärbung werden reflektiert mit dem Ziel, die Beheimatung ins Gespräch zu heben.

- Jeder charakterisiert seine eigene Sprache, deren Einfärbung oder Dialekt. Welche Beziehung besteht dazu? Wird sie geliebt oder löst sie eher sanfte Diffamierungen aus? Welche Wörter und welche Formen sind typisch? Wie ist die Beziehung zum sogenannten Hochdeutschen?
- Die Sprachfarbe der Nachrichtensprecher oder Moderatoren wird ergründet. Wer stammt mutmaßlich aus welcher Region?

> Die Gruppe kam in dieser Formation zum ersten Mal zusammen. Der Leiter bat in der Vorstellungsrunde, dass jeder einen kurzen, für alle identischen Text vorlese. Die Teilnehmenden sollten anhand des Dialektes bzw. der sprachlichen Einfärbung erkennen, aus welcher Region der Vorlesende stammt. Anschließend schilderte dieser seine bzw. ihre Beziehung zu dem Lebensraum.

Dialekte und mitschwingende Färbungen stehen für kulturelle Identifikationen und Identitäten: Das „Landsmannschaftliche“ tritt hervor. Mit ihnen kann man Lebensbedingungen und manchmal Lebensmöglichkeiten ahnen. Das Karge des Norddeutschen kontrastiert mit den französischen Farben am Rhein und der Vitalität des Südens, das Laute des Sächsischen rutscht ins Vorlaute der Berliner. Ruhrpott-Slang mag die Härte des Arbeitsalltags aufgenommen haben und bekommt nördlicher die bäuerlichen Farben des Münsterlandes. Auch wenn manches zum Klischee verkommen ist, so findet sich hinter dieser Fassade immer noch ein Stück Lebenswirklichkeit.

☐ Ich/Paar	☐ Besinnung	☐ Kinder/Jugendliche
☑ Gruppe	☐ Krise	☑ Erwachsene
☐ Projekt	☑ Begegnung/Bildung	☑ Ältere Erwachsene

16 Lieder

Gemeinsam gesungene Lieder aktivieren Erinnerungen und wirken gemeinschaftsstützend.

- Regelmäßige Treffen werden durch ein Lied eröffnet.
- Lieder werden thematisch nach Vorlieben gesammelt: Volklieder, Schlager, frühe Pop-Musik, jetzige populäre Musik.
- Beliebte Songs aus dem Englischen werden gemeinsam übersetzt.
- Die Disco der 1970er Jahre lebt erzählend oder nachgespielt wieder auf.
- Arbeiterlieder werden identifiziert und es wird über deren Ausgrenzung aus dem allgemeinen Liederkanon nachgedacht.

> Im Altenkreis wurde jedes Treffen mit dem Singen eines Volksliedes begonnen. Reihum hatte jeder das Recht, ein Lied seiner Wahl vorzustellen und zu erklären, welche Wirkungen es in seinem Leben gehabt hat.

Alte Menschen kennen meistens viele Volkslieder oder alte Schlager. Ihnen sind Gruppensituationen vertraut, in denen diese Lieder gesungen wurden. Obwohl das Liedgut oft nur einen bestimmten Abschnitt des eigenen Lebens oder der eigenen Erfahrungswelt widerspiegelt, so tragen Lieder doch Erinnerungen und kulturelle Identität. Diese Lieder verlieren auch dadurch nicht ihren Wert, dass sie in der sogenannten Volksmusik nachgeahmt und faktisch entwertet werden. Nicht das Ursprüngliche ist kitschig, sondern das verpoppte auf Profit schielende Imitat.

Ältere Schlager und Pop-Musik haben oft Volkliedcharakter bekommen. Macht man Biografiearbeit mit Menschen, die jenseits der 1950er Jahre geboren wurde, muss man diese Entwicklung in den Blick nehmen.

Junge Menschen haben wenig Erfahrung mit dem gemeinsamen, gemeinschaftsstiftenden Singen. Singrunden wirken auf heutige Generation oft fremd oder peinlich berührend.

☐ **Ich/Paar**	☐ **Besinnung**	☑ **Kinder/Jugendliche**
☑ **Gruppe**	☐ **Krise**	☑ **Erwachsene**
☐ **Projekt**	☑ **Begegnung/Bildung**	☑ **Ältere Erwachsene**

17 Musik

Musik erinnert an bestimmte Lebensphasen, Personen oder Ereignisse.

- Jeder bringt die Lieblingsmusik seiner Jugend und seiner Gegenwart mit – als CD oder Noten.
- Die Lieblingsmusik der Teilnehmenden wird im Internet gesucht, z.B. in Portalen wie „YouTube“.

> Immer wenn er „Wir wollen niemals auseinander gehen“, ein Schlager der 1950er Jahre, hörte, sah er das eine Bild vor sich: Tanzende Paare in einer Waldgaststätte, die dem Jungen ein erstes Gefühl von Erotik vermittelten.

Hören ist ein passiver Zustand. Normalerweise kann der Mensch nicht aktiv hören, er kann durch Anstrengung sein Hören bestenfalls verbessern. Menschen hören täglich unzählige Geräusche – so viele, dass sie gezwungen sind, manche nicht wahrzunehmen. Das Gehörte wird dennoch gespeichert und vermischt sich mit anderen Sinneseindrücken.

Musik verbindet Geräusch mit Emotion. Emotion verbindet Gefühl mit Bildern und manche Musik lässt Bilder auferstehen und lebendig werden. Man kann nicht sicher sein, ob das durch Musik ausgelöste Bild virtuell ist oder eine tatsächliche Realität der Vergangenheit abbildet. Musik produziert in uns virtuelle Welten. Wer Wagner hört, hört nicht nur das Schwelgen, sondern entdeckt innere Landschaften.

Musik ist ein wichtiger Trigger – sowohl passiv gehört als auch aktiv ausgeübt. Sie verbindet zudem auf besondere Weise, weil sie die Lebenswelten wie eine Klammer zusammenhält. Wer erinnert sich bei „Satisfaction“ nicht an die damals wesentliche Unterscheidung zwischen Beatles- und Rolling-Stones-Anhängern?

☐ Ich/Paar
☑ Gruppe
☐ Projekt

☑ Besinnung
☐ Krise
☑ Begegnung/Bildung

☐ Kinder/Jugendliche
☑ Erwachsene
☑ Ältere Erwachsene

18 Gebete

Gebete helfen, prägende Kindheitserfahrungen zu erinnern und ggf. zu entschlüsseln.

- Welche Gebete werden aus der Kindheit erinnert? Sie werden laut aufgesagt und bei Erinnerungslücken durch andere ergänzt. In welchen Situationen wurde gebetet, trugen die Gebete durch schwere Zeiten?
- Wenn die Gebetstexte nicht mehr präsent sind, werden sie im Internet oder alten Gesangbüchern recherchiert.

> Das Gebet seiner Kindheit „Müde bin ich, geh zu Ruh'" war für Max F. verschollen. Er entdeckte es in einem Gedichtband wieder und stellte fest, dass der Text von Luise Hensel auch heute noch für ihn viel Tröstliches und Beruhigendes hat.

In einer Welt, die immer religionsloser und entmythologisierter wird, die offenbar ihren Sinn für Transzendenz verliert oder sie folkloristisch ausbeutet, eintauscht gegen Secondhand-Weltbilder, stabilisieren sich religiöse Bilder im Alter oft wieder. Die Bereitschaft, über das Leben hinaus zu denken, nimmt zu. Die Ursachen dafür sind vielfältig: Angst vor der eigenen Endlichkeit, Loslassen religiöser Negativerfahrungen oder Belebung der eigenen bilanzierenden Sinnsuche. In alten Gebeten (Morgen- und Abendgebeten, Tischgebeten, Stoßgebeten) vereinigen sich Hoffnung und magische Weltbeschwörung, trauernde Erinnerung und stärkender Zukunftsglaube. Man erinnert die stärkenden Momente der eigenen Kindheit.

☑ **Ich/Paar**	☑ **Besinnung**	☐ **Kinder/Jugendliche**
☐ **Gruppe**	☑ **Krise**	☐ **Erwachsene**
☐ **Projekt**	☐ **Begegnung/Bildung**	☑ **Ältere Erwachsene**

19 Märchen

Lebenswissen, das in Märchen konzentriert ist, ermöglicht die Auseinandersetzung mit dem eigenen Schicksal.

- Ein Märchen wird vorgelesen. Anschließend werden die einzelnen Figuren gemeinsam charakterisiert: Für welchen Typus stehen sie? Welche Eigenschaften stellen sie dar? Welchen Rat hätten sie geben können?

- Welche Kindererinnerungen zum vorgelesenen Märchen sind präsent? Welche Bilder von den zentralen Szenen sind in den Kinderköpfen entstanden?
- Was ist das jeweilige Lieblingsmärchen? Wer wäre gern welche Märchenfigur gewesen?
- Statt Märchen werden Sagen, Fabeln oder Balladen entsprechend eingesetzt.

„Wofür steht Bremen?" lautete die Frage in einem Gesprächskreis. „Wer von uns ist Esel, wer Hund, Katze oder Hahn? Wer vermag so laut zu schreien, dass ein neuer Lebensplatz möglich wird? Wer sind die Räuber? Wollen wir je in Bremen ankommen?" Die Assoziationen waren reichhaltig und am Ende waren sich alle einig: „Zieh' lieber mit uns fort. Etwas Besseres als den Tod findest du überall."

Die Brüder Grimm haben mit ihrer Sammlung der Märchen einen kollektiven Bewusstseinsstand in Schriftform gebracht. Sie hielten eine Welt fest, die versunken ist, deren Erfahrungen oder Weisheit aber noch Aktuelles birgt. Wir begegnen Lebensläufen und Lebensabschnitten, Schicksalsschlägen, Lebenskünsten, Geburt und Tod, Alter und Krankheit.

Märchen, die von Generation zu Generation weiter erzählt worden sind, sammeln Lebenswissen und sind oft poetisch gefasste Regeln für ein gelingendes Leben. Weil sie voller Andeutungen, Mythen, Bilder sind, bieten sie Material, das sich zwar in seiner Komplexität nicht sofort erschließt, aber Assoziationen auslöst. Märchen regen tiefe Erinnerungsschichten an und aktualisieren, was lange verschüttet schien. Sperriges und Widerständiges tritt hervor. Alte Ängste können lebendig werden. Was hat das Märchen mit meinem Leben zu tun? Woher kenne ich solche Verhaltensweisen?

Wenn die erste Auseinandersetzung gelungen ist, kann der Leser oder die Zuhörerin neue Zugänge und Sichtweisen gewinnen. Der Text erscheint plötzlich in einem anderen Licht, bietet Interpretationen für alte Erfahrungen an.

Märchen gehören zu den ältesten Texten mit Alltagscharakter und entstammen nicht der hohen Schriftsprache. Die sogenannten Volksmärchen – anders als die Kunstmärchen, die von einem Autor verfasst wurden – haben sich über Jahrhunderte entwickelt, wurden tradiert. Ihre Veränderungen waren nicht zufällig. Jede Generation hat nach eigenem Lebenswissen ergänzt und umgeformt. Wären sie nicht schriftlich fixiert worden, hätten die Märchen heute wohl eine andere Gestalt. Wie würde man „Hänsel und Gretel" heute erzählen?

☑ **Ich/Paar**	☑ **Besinnung**	☑ **Kinder/Jugendliche**
☑ **Gruppe**	☑ **Krise**	☑ **Erwachsene**
☐ **Projekt**	☐ **Begegnung/Bildung**	☑ **Ältere Erwachsene**

20 Mythen

Alte Mythen liefern Bilder für gegenwärtige Phänomene und illustrieren sie.

- Eine konkrete Konstellation (z.B. Paarkonflikt) wird mit einem Mythos bzw. einer Sage kontrastiert oder rekonstruiert.
- Mythologische Geschichten werden als Reflexionshintergründe erschlossen.

> In der Beratung eines Ehepaares entwickelte sich ein Altersbild von vollständiger Übereinstimmung und nahezu verschmelzender Liebe bis in den Tod. Die Beraterin erzählte von der phrygischen Volkssage „Philemon und Baucis", die von Ovid berichtet worden ist: Das alte Paar bewirtete als einziges die unerkannt herum ziehenden Götter Zeus und Hermes. Diese verwandelten deren ärmliche Hütte als Dank in einen Palast und erfüllte dem Paar den Wunsch, das Leben gemeinsam beschließen zu dürfen. Sie wurden im hohen Alter zu gemeinsam stehenden Bäumen, Eiche und Linde, verwandelt.
> In der Beratung entwickelten sich neue Bilder. Ist diese Verschmelzung das, was das Paar wollte? Waren sie eins und doch getrennt?

Mythen wirken ähnlich wie Bibelstellen oder Märchen. Sie wurzeln häufig noch tiefer in den Menschheitserfahrungen und spiegeln eine Welt, die uns alt und fremd gegenüber tritt. Sie entstammen Lebens- und Kulturräumen, mit denen wir uns kaum identifizieren können (Rom, Griechenland) oder wollen (Germanen). Dennoch haben die sperrigen Bilder einen besonderen Reiz: Sie bieten Abgrenzung und Annäherung, Vertrautes und Fernes.

In der Regel ist interpretierende Literatur notwendig und hilfreich.

☑ **Ich/Paar**	☑ **Besinnung**	☐ **Kinder/Jugendliche**
☑ **Gruppe**	☑ **Krise**	☑ **Erwachsene**
☐ **Projekt**	☐ **Begegnung/Bildung**	☑ **Ältere Erwachsene**

21 Bibel

Die Darstellungen und Postulate der Bibel werden als Maßstäbe oder Kontraste erschlossen.

- Eine Bibelstelle wird ausgesucht (gezielt oder zufällig) und vorgelesen. Jeder assoziiert Bilder, sucht Verbindendes und Trennendes.

- Was ist der Kernsatz der vorgelesenen Stelle?
- Jeder nennt ein Wort, das ihm oder ihr wichtig ist.

> In einem Lesekreis wurde die neue Lektüre gesucht. Man entschied sich für „Hiob" von Joseph Roth. In der Bibel ist der gläubige Hiob ein von Gott vielfach gestrafter bzw. belasteter Mensch. Roth setzte das Motiv in ergreifender Weise als Roman um. Der Lesekreis entschied sich zu einem Dreierschritt: Der biblische Text wurde zunächst in Auszügen gelesen, dann schloss sich die Lektüre des Roth-Buches an. Gemeinsam bedachte man anschließend Leiderfahrungen und Schicksalshader.

Bibelstellen erweitern die textlichen Qualitäten von Märchen und Mythen um eine weitere Komponente: Sie sprechen transzendente Erfahrungen und Deutungen an. Auch wenn religiöse Texte oft mit eigenen negativen Erfahrungen überfrachtet werden, sollte Biografiearbeit sich den Formen- und Sprachreichtum der Bibel nicht entgehen lassen. Das Widerständige der Erinnernden kann dazu eine reizvolle Spannung erzeugen.

Interessante Bibelstellen für Biografiearbeit sind u.a. Genesis 22 (Abraham und Isaak), Genesis 25 (Jakob und Esau), Psalm 23 (Der Herr ist mein Hirte) und Lukas 25 (Gleichnis vom verlorenen Sohn).

☑ **Ich/Paar**	☑ **Besinnung**	☑ **Kinder/Jugendliche**
☑ **Gruppe**	☑ **Krise**	☑ **Erwachsene**
☐ **Projekt**	☐ **Begegnung/Bildung**	☑ **Ältere Erwachsene**

22 Gedichte

Poesie „verdichtet" Lebenserfahrung und hilft, die individuellen Erfahrungen Einzelner mitteilbar zu machen.

- So kann mit Gedichten gearbeitet werden:
- Jeder liest sich den ausgewählten Text mehrfach laut vor.
- Der ausgewählte Text wird abgeschrieben und kalligrafisch in eine eigene Form gebracht.
- Der Text wird in Alltagssprache übersetzt.
- Zum Text werden Assoziationen notiert und ausgetauscht.
- Zum Text wird eine Überschrift gesucht.
- Der Text wird illustriert.
- Zum Text wird in der Umgebung ein passender Gegenstand gesucht.

Die Ergebnisse werden präsentiert.

> In einem Seminar wurde jedem Teilnehmenden die einzelnen Zeilen eines Gedichtes übergeben mit der Aufgabe, den richtigen Text durch Puzzeln herauszufinden. Die unterschiedlichen Ergebnisse wurden (zum Teil lachend) miteinander verglichen und waren Grundlage für eine vertiefende Betrachtung des Originaltextes.

Gedichte entziehen sich der ausschließlich intellektuellen Auseinandersetzung. Sie wollen auf verschiedenen Ebenen „verstanden" werden. Ihr Reiz liegt in der sprachlichen Konzentration, der Genauigkeit und im Minimalismus der Form. Weil Gedichte kurz und konzentriert sind, erleichtern sie thematische Auseinandersetzungen. Es gibt viele lebensabschnittsorientierte Publikationen, in denen z.B. Gedichte zum Thema „Alter" zu finden sind.

☑ **Ich/Paar**	☑ **Besinnung**	☐ **Kinder/Jugendliche**
☑ **Gruppe**	☑ **Krise**	☑ **Erwachsene**
☐ **Projekt**	☑ **Begegnung/Bildung**	☑ **Ältere Erwachsene**

23 Witze

Witze dienen der Entspannung besonders dort, wo anderes Sprechen mühsam, peinlich oder banal erscheint.

- Jede Erinnerungsrunde wird mit einem Witz eröffnet.
- Jeder erzählt seinen Lieblingswitz und versucht, dessen Wirkung zu erklären.
- Zu einem festgelegten Thema (z.B. „Tod") werden Witze gesammelt und wechselweise vorgetragen.

> Zunächst blieb das Lachen im Hals stecken, dann war es umso lauter: Ein Arzt geht über den Friedhof. Da hört er eine leise Stimme: „Herr Doktor, Herr Doktor...". Als er der Stimme nachgeht, hebt sich ein Grabdeckel: „Herr Doktor, haben Sie was gegen Würmer?"

Eike Christian Hirsch schreibt in seiner brillanten „Schule des Gelächters", das Ziel aller Komik sei klar und bedürfe keiner Definition: das befreiende Lachen. Die Mittel, dieses Ziel zu erreichen, seien so vielfältig, dass sie sich einer definierenden Beschreibung entzögen.

Witze bieten Gelegenheit zur augenblicklichen Lösung unerwünschter Bindungen. Menschen gehen immer wieder Bindungen im Leben ein, die festmachen oder freihalten für andere Lebensmöglichkeiten. Jede Freiheit hat eine bindende, jede Bindung eine befreiende Seite. Witze können dies verdeutlichen. Sie zeigen uns Kehrseiten und lassen das vornehm Zurückgehaltende karikierend deutlich werden. Der Witz ist eine Möglichkeit der Angst- und Schambewältigung.

Biografische Arbeit bedeutet nicht, Witze angestrengt zu analysieren, wohl aber, ein Bewusstsein dafür zu haben, über welche Witze welches Lebenswissen und welche Lebenserfahrung transportiert wird.

☐ Ich/Paar
☑ Gruppe
☐ Projekt

☐ Besinnung
☐ Krise
☑ Begegnung/Bildung

☐ Kinder/Jugendliche
☑ Erwachsene
☑ Ältere Erwachsene

24 Rituale

Rituale werden gesammelt und beschrieben. Wie sind sie im Leben gelebt worden? Wurden sie neu entwickelt, übernommen oder weiter entwickelt?

- Alltagsrituale werden gesammelt und vorgestellt: Begrüßungsformen, Tischmanieren, Tageseröffnungen und Tagesabschlüsse.
- Feiertagsrituale werden erinnert: Weihnachten und Ostern.
- Was würde passieren, wenn man auf Rituale verzichtete? Es werden Sätze oder Erklärungen gesucht, die diese ersetzen könnten.

> Jeden Morgen ging der Chef durch seine Abteilung und begrüßte als erstes die Mitarbeitenden mit einem Handschlag. Nur er tat dies. Die Mitarbeitenden untereinander beließen es bei einem „Hallo" und Kopfnicken.
> Auf einem Personalentwicklungsseminar wurde deutlich, dass die Mitarbeitenden seinen Gruß als tägliche Kontrolle und Vergewisserung der Pünktlichkeit erlebten, während der Chef lediglich die tägliche Kooperation freundlich einleiten wollte.

Rituale, festgelegte Bräuche in Handlungen, Gesten oder Worte, sind in Form geronnene Erinnerung. Rituale lassen früheres Wissen anklingen, aktivieren Emotionen, geben Ereignissen die je eigene Farbe. Sie helfen die Bedeutung einer Begegnung, eines Tages aufleben zu lassen oder zu beschwören. Was spiegelt sich in ihnen an Lebenslust und Lebensnotwendigkeit. Was fehlte, wenn sie nicht vollzogen würden?

Nicht von ungefähr leben alle Religionen von Ritualen. In ihnen verdichtet sich Lebenswissen und Weisheit. Sie verkürzen Intellektuelles auf wenige Gesten, die intuitiv verstanden werden.

In profanen Veranstaltungen sind solche Rituale abgewandelt oder karikierend übernommen worden: Fußballstadien erinnern oft an gigantische Gottesdienste. Gesänge werden angestimmt, feierlich Fahnen geschwenkt und die Prozession des Einmarsches mit Rührung und Freude erlebt. Das Tor ist die Erlösung.

☐ Ich/Paar	☐ Besinnung	☑ Kinder/Jugendliche
☑ Gruppe	☐ Krise	☑ Erwachsene
☐ Projekt	☑ Begegnung/Bildung	☑ Ältere Erwachsene

25 Essen

Speisen bergen Erinnerungspotential, das insbesondere in der Biografiearbeit mit Dementen gehoben werden kann.

- Gemeinsam wird in der Gruppe gekocht mit ursprünglichen Lebensmitteln, altem Küchenwerkzeug und nach Rezepten, die in Vergessenheit geraten sind.
- Essen wird ritualisiert: Abläufe und Inszenierungen richten sich nach Erinnerungen oder alten Vorbildern.

> Im Altenheim C. wurde mit einer Gruppe täglich gemeinsam Essen zubereitet. Die begleitenden Mitarbeiterinnen fragten während des Arbeitens nach früheren Mahlzeiten, bestärkten die Anwendung bestimmter Fertigkeiten und spielten im Hintergrund alte „Küchenlieder" ab.

Essen ist sinnliche Erinnerung. Es verbindet die lustvolle Gegenwart, oft Höhepunkt des Tages, mit einer Vergangenheit, die zum Teil erloschen scheint.

Das gemeinsame Tun kann Biografiearbeit sein, weil es auf unangestrengte Weise Erinnerungen antriggert. Je nach Grad der Behinderung sind die Erinnerungen Basis intellektueller Reflexion. Wo das Gespräch nicht oder nur schwer möglich ist, vermittelt sich das Erinnerte über die Sinneseindrücke und das gemeinsame Tun. So zu erinnern gelingt besonders, wenn bekannte Situationen des Kochens hergestellt werden können. Gegenstände, Lebensmittel und gemeinsames Essen sind die Brücken in die Vergangenheit. Zudem wirken Kochen und Essen als basale Stimulierung.

☐ Ich/Paar	☐ Besinnung	☑ Kinder/Jugendliche
☑ Gruppe	☐ Krise	☑ Erwachsene
☐ Projekt	☑ Begegnung/Bildung	☑ Ältere Erwachsene

26 Kochrezepte

Essenzubereitungen bzw. die Erinnerung daran aktualisieren vergangene Situationen und Affekte.

- Das Lieblingsgericht der Kindheit wird vorgestellt. Das Rezept wird geschildert, die Zutaten rekonstruiert, die Essenssituation dargestellt.
- Gemeinsam wird das Lieblingsrezept nachgekocht und reflektiert, warum es offenbar nie möglich ist, den Originalgeschmack zu erreichen.
- Rezepte einer bestimmten Lebenszeit werden ausgetauscht: Hungerjahre oder Jugendjahre.
- Alte Kochbücher werden gelesen. Anhand der Spritzer, Knicke und handschriftlichen Anmerkungen scheinen viele Alltagssituationen neu auf.

> Eine Gruppe älterer Erwachsener trug unter der Überschrift „So haben wir überlebt!" die Kochrezepte der Nachkriegsjahre zusammen: Grießschmalz wurde beschrieben, Ersatzschlagsahne und Kartoffelpuffer in Lebertran gebraten. Der Schrecken des Hungers wurde durch das Anekdotische gebannt.

Kochen und gemeinsames Essen gehören zu den gemeinschaftsstiftenden Elementen. Immer, wenn sich Lustvolles mit Notwendigem mischt, entwickeln sich besondere Lebensprägungen. Kochrezepte und ihre Aufzeichnungen spiegeln Lebens- und Alterskultur. Das Kochen macht die Vergangenheit wieder sinnlich erfahrbar. Das gilt auch und besonders für Menschen, die dement oder an der Grenze zur Demenz sind.

☐ Ich/Paar	☐ Besinnung	☐ Kinder/Jugendliche
☑ Gruppe	☐ Krise	☑ Erwachsene
☐ Projekt	☑ Begegnung/Bildung	☑ Ältere Erwachsene

27 Modenschau

Moden schildern und illustrieren Zeitepochen. Sie zu erinnern, ermöglicht die Reproduktion körperlich-sinnlicher Erfahrungen.

- Fotos aus unterschiedlichen Lebensphasen werden verglichen. Welche Kleidung wurde getragen? Wann fanden Stilwechsel statt? Haben sich Moden wiederholt?
- In Museen werden Bilder daraufhin betrachtet, wie die Kleidung dargestellt ist, was sie über die Vergangenheit aussagt.
- Alte Kleidungsstücke werden mitgebracht, ihre Geschichten erzählt.

> Jeder brachte seine bzw. ihre älteste Kopfbedeckung mit. Frauen präsentierten Kopftücher, die in den Kirchen getragen werden mussten, Männer Beerdigungszylinder und die anwesenden Enkel ihre ersten Base-Caps.

Durch Kleidung zeigen Menschen, wie sie sind oder sein wollen. Nichts kommt einem Menschen näher als seine tägliche Kleidung. Er verbindet damit Hautgefühl und mit diesem Hautgefühl verbindet sich wiederum das, was er in dieser Kleidung erlebt hat. Kleidung verändert Stimmungen (Festtagskleidung, Ballkleidung), erzeugt Gefühle (Lässigkeit) und präsentiert einen „neuen" Menschen („Kleider machen Leute").

Ältere Menschen kleideten sich früher schwarz. Sie begannen so tendenziell mit dem Verschwinden aus dieser Welt. Sie sollten unscheinbar sein und sich auf den Tod vorbereiten. Wer gegen diesen Kodex verstieß, war schnell außerhalb der Gesellschaft und geriet in den Verdacht, auch im Alter das Leben genießen zu wollen.

Die Mode heute spiegelt gesellschaftliche Entwicklungen eigener Art: der Verzicht auf Konvention (zerrissene Jeans, die auch Arbeits- oder Armut-Zitat sein kann), die Überwindung von Geschlechtergrenzen (der androgyne Typ) oder die Konzentration auf das Existentielle (schwarze Kleidung als intellektueller Impetus).

☐ Ich/Paar	☐ Besinnung	☐ Kinder/Jugendliche
☑ Gruppe	☐ Krise	☑ Erwachsene
☑ Projekt	☑ Begegnung/Bildung	☑ Ältere Erwachsene

28 Streetview

Frühere Wohnumgebungen werden mit Hilfe von „Streetview" besucht.

- Alte Wohnumgebungen werden mit Hilfe von „Streetview" besucht, nachdem zuvor die jeweiligen Straßen bzw. Viertel erinnert, ggf. sogar skizziert wurden. Die Erinnerung wird verglichen mit der jetzigen Situation.
- Das erste Wohnhaus wird gemalt und verglichen mit der heutigen Adresse.
- Wenn kein Streetview zur Verfügung steht: Google hinterlegt bei „Maps" Fotos.

> Margot D. ist in Berlin aufgewachsen und hat die Stadt nie verlassen. Jetzt war sie bettlägerig, konnte aber mit Streetview virtuell in ihr altes Viertel zurückkehren.

Das Google-Tool ist aus verschiedenen, nicht nur datenrechtlichen Gründen umstritten. Es steht zudem gegenwärtig in Deutschland in der Regel nur für Großstädte zur Verfügung. Wenn es zur Verfügung steht, ist es für Immobile eine gute Möglichkeit, an die diversen Orte des eigenen Lebens virtuell zurückzukehren, die Erinnerung zu aktualisieren und das Vergangene zu betrachten. Natürlich sind damit auch Enttäuschungen verbunden: Die Straße gibt es nicht mehr oder wurde verbaut, das Haus ist aufgrund von Renovierungen nicht mehr erkennbar, das Quartier modernisiert. Dennoch werden sich bei aufmerksamer Betrachtung immer Spuren der Vergangenheit finden lassen.

☑ **Ich/Paar**	☐ **Besinnung**	☐ **Kinder/Jugendliche**
☑ **Gruppe**	☐ **Krise**	☑ **Erwachsene**
☐ **Projekt**	☑ **Begegnung/Bildung**	☑ **Ältere Erwachsene**

29 Geschichtsportale

Im Internet finden sich verschiedene Portale, in denen Geschichte, nach Ereignissen oder Personen geordnet, lebendig wird. Sie ermöglichen schnelle Information und bieten Zeitzeugenberichte.

- Zu einem bestimmten biografischen Thema werden ergänzende Informationen gesucht.

- Im Portal „einestages“ wird mit Stichworten nach Dokumenten und Zeitzeugenberichten geforscht.
- Um alte Schulfreunde wiederzufinden, wird das Portal „Stayfriends“ genutzt, das nach eigenen Angaben über zehn Millionen Datensätze vorhält. Durch die Bereitstellung eigener Daten trägt man zur Vernetzung bei. Bestimmte Funktionen des Portals sind kostenpflichtig.

> Karin F. wollte 20 Jahre nach dem Abitur ein Klassentreffen organisieren. Über das Internetportal konnte sie einige der alten Schulfreunde und Schulfreundinnen finden und kontaktieren. Diese wiederum hatten Kontakt zu ehemaligen, die im Portal nicht verzeichnet waren. Am Ende waren nahezu alle Adressen recherchiert worden.

„Zeitgeschichten“ sammelt das Online-Portal „einestages“ und nutzt so die digitalen Möglichkeiten von Archivierung und Forschung. Das Portal setzt ausdrücklich auf die Mitarbeit der Nutzerinnen und Nutzer. Die Macher bitten um neue Dokumente und Informationen, bieten ein „Fundbüro“ an, in das man Fotos einstellen kann und die Mitnutzer bittet, die dargestellten Personen zu identifizieren. Nicht weniger als den Aufbau eines „kollektiven Gedächtnisses unserer Geschichte“ haben die Macher aus dem Spiegel-Verlag im Sinne. Die Zeitschrift, berühmt für ihr Archiv, speist das Portal zusätzlich. Die Beiträge der Nutzer werden geprüft und redaktionellen Standards unterworfen. Das erleichtert die Orientierung und Überschaubarkeit. Die Redaktion stellt bestimmte Themen regelmäßig in den Mittelpunkt der Recherchearbeit. Sie bittet um Mitarbeit und sammelt dazu Dokumente, Fotos, Links und eigene Beiträge. Die Ergebnisse können debattiert werden.

☐ Ich/Paar	☐ Besinnung	☐ Kinder/Jugendliche
☐ Gruppe	☐ Krise	☑ Erwachsene
☑ Projekt	☑ Begegnung/Bildung	☑ Ältere Erwachsene

Impulse
Assoziieren und entdecken

Die Methoden dieses Abschnittes regen an, mit verschiedenen Impulsen Vergangenes assoziativ zu beleben.

30 Assoziationen

Assoziationsübungen helfen, Erinnerungen zu unterschiedlichen biografischen Themen hervorzurufen.

- Ein Begriff (z.B. „Schule“) wird in den Raum gestellt. Die Teilnehmenden sollen möglichst schnell ihre Assoziationen zurufen, die dann unkommentiert auf Tafel, Whiteboard o.ä. notiert werden.
- Zum Thema wird eine Geschichte erzählt: Ein Wollknäuel, zusammengeknüpft aus unterschiedlichen Garnresten wird abgewickelt. Das Gruppenmitglied muss so lange erzählen, bis der Knoten zum nächsten Faden durch seine Hand läuft. Dann wird das Knäuel weiter gegeben.
- Unterschiedliche Gegenstände werden in die Kreismitte gelegt. Die Anwesenden entscheiden sich für einen Gegenstand und erzählen zum Thema.
- Alle sitzen an Tischen im Kreis. Jeder erhält ein leeres Blatt mit der Bitte, sich zum Thema zu äußern. Dann werden die Blätter im Uhrzeigersinn weiter gegeben. Jeder soll seine Assoziation zum vorher Geschriebenen aufzeichnen. Dann wechseln die Blätter, erneute Assoziationen usw.
- Nach dem gleichen Prinzip wird mit einzelnen Worten verfahren. Das Schlüsselwort zum Thema wird auf dem Blatt verzeichnet, der Nachbar assoziiert ein neues Wort, verdeckt es durch Umknicken des Blattes und gibt es an den nächsten Nachbarn weiter, der oder die wiederum ein neues Wort assoziiert.
- In den Stuhlkreis werden auf eine Decke sieben unterschiedliche Gegenstände gelegt (z.B. Kerze, Blume, Stacheldraht, Buch, Stift, Puppe und Stein). Nacheinander legt jeder die Gegenstände zu einem Ensemble, das jeweils durch den Folgenden verändert wird. Jedes neue Ensemble kann besprochen werden (benötigt viel Zeit). Weniger zeitintensiv ist es, die Übung meditativ zu begreifen und erst am Ende Eindrücke auszutauschen.

- Unterschiedliche Bilder werden im Raum ausgelegt. Jeder sucht sich ein Bild, das am ehesten zu seinem Gefühl passt. Jedes Gruppenmitglied wählt und erläutert seine Wahl bzw. seine innere Reaktion.
- Zum Thema bzw. zur thematischen Frage werden reihum Kurzantworten gegeben. Der Nachbar soll drei Ergänzungen, Widersprüche oder Gegenargumente formulieren.

Assoziationen gelingen dann gut, wenn das zugrunde gelegte Thema konkret und eingegrenzt ist (statt: „Wie war Ihre Kindheit?“ besser „Erinnern Sie sich an Ihr Gefühl, als Sie zum ersten Mal Ihre Schule betraten?“).

Assoziationen können ein Thema eröffnen, die Breite verdeutlichen und den Stellenwert für Einzelne kenntlich machen. Assoziationsübungen eignen sich auch, eine intellektuelle Auseinandersetzung zu beenden und integrierend abzurunden.

☑ Ich/Paar
☑ Gruppe
☐ Projekt

☑ Besinnung
☑ Krise
☑ Begegnung/Bildung

☑ Kinder/Jugendliche
☑ Erwachsene
☑ Ältere Erwachsene

31 Trigger

Gesten, Gegenstände, Gerüche, Gegebenheiten, Orte – all das können Trigger (Auslöser) sein, um verschüttete Erinnerungen hervorzuholen.

- Gemeinsam mit einem Gegenüber oder einer Gruppe wird überlegt, welche Auslöser am ehesten Erinnerungen hervorrufen. Diese Trigger werden – wenn möglich – ausprobiert.

> Helga R. schwor auf alte Hausmittel. Als sie Zahnschmerzen hatte, stopfte sie sich einige Gewürznelken in die Wangen. Dies tat sie schon seit ihrer Kindheit und wusste viele Geschichten zu erzählen. Hans T. wandte sich angewidert ab: Nelken erinnerten ihn an seine alte unfreundliche Großmutter.

Erinnerungsarbeit, zumal dann, wenn sie spontan geschieht, lebt von Triggern. Diese sorgen dafür, dass lange Verschüttetes plötzlich wieder lebendig wird und – wie Schemen hinter einer Glaswand – gegenwärtig scheint. Trigger zeigen, dass Erinnerung zunächst kein intellektueller Akt, sondern ein emotionaler Prozess ist, dem man sich öffnen muss.

☑ Ich/Paar
☑ Gruppe
☐ Projekt

☑ Besinnung
☑ Krise
☑ Begegnung/Bildung

☐ Kinder/Jugendliche
☑ Erwachsene
☑ Ältere Erwachsene

32 Signale

Kleinigkeiten des Alltags wirken wie Signale und wecken Erinnerungen.

- Während der Erinnerungsarbeit werden alte Gegenstände bereit gelegt: eine vergilbte Zeitung, eine Flasche „Rotbäckchen", eine Schallplatte. Fotos alter Reklamen werden gezeigt.
- Karten mit Worten, die immer seltener benutzt werden, liegen auf dem Tisch („Demut", „Stiefelknecht" oder „Backfisch").
- Bei einem Gang über den Trödelmarkt werden „Signale" gesucht.
- Gerüche werden „beschrieben": Wie roch Weihrauch in der Kirche? Wie rochen die Erdbeeren im eigenen Garten? Welchen Geruch meiner Eltern mochte ich besonders?

> In einem Bildungsurlaubsseminar stellte der Referent eine alte Packung Persil (eine strahlende Frau reckt ihren Arm zum Himmel) auf den Tisch. Sofort entzündete sich das Gespräch. Zunächst wurde Anekdotisches zum Besten gegeben, dann über Kernseife gefachsimpelt, später die Anschaffungsdaten der ersten „Constructa" ausgetauscht. Das Gespräch verweilte zuletzt bei der Mühsal des Wäschewaschens und der Feststellung, dies sei immer Frauenaufgabe gewesen. Männer hätten nie die Leinen behängt. Am Abend schaute man gemeinsam ein Video mit Werbespots der 1950er Jahre.

Der Geruch alter Bücher, der Klang einer Glocke, seltene Gewürze oder gestärkte Tischwäsche regen oft intensive emotionale Erinnerungen an. Diese Signale sind Anknüpfungspunkte und wirken wie Anker in der Vergangenheit.

☐ Ich/Paar
☑ Gruppe
☐ Projekt

☑ Besinnung
☐ Krise
☑ Begegnung/Bildung

☐ Kinder/Jugendliche
☑ Erwachsene
☑ Ältere Erwachsene

33 Retro

Alte Produkte erinnern an Vergangenes, frühere Konsumgewohnheiten und an damit gekoppelte Ereignisse.

- Im Supermarkt wird nach Produkten geforscht, die es schon vor einigen Jahrzehnten gegeben hat: eine bestimmte Eissorte, Zwieback, Müsli o.ä. Jeder hat den Auftrag, ein entsprechendes Produkt einzukaufen und Erinnerungen zu schildern.
- Wie war die Verpackung aktueller Produkte früher gestaltet?
- Wer bringt das älteste Kochbuch mit?

> Die alte Dame entdeckte an der Kasse im Korb der Nachbarin die Retrodose einer Zwiebackfirma und schlug beglückt die Hände zusammen: Der abgebildete Kopf des Knaben war ihr aus den 1950er Jahren bekannt. Sie kaufte sich eine Dose.

Die Erinnerung an frühere Einkaufssituationen wird oft gekoppelt mit anderen Erlebnissen. In welcher Situation gab es welche Speise? Hatte das „Familienoberhaupt" Verpflegungsprivilegien? Wurden Lebensmittel als Belohnung eingesetzt?

Manche Nahrungsmittel haben im Laufe der Jahrzehnte Kultstatus bekommen: der „Brandt-Zwieback", das „Capri-Eis", der „Asbach-Uralt".

☐ **Ich/Paar**	☐ **Besinnung**	☐ **Kinder/Jugendliche**
☐ **Gruppe**	☐ **Krise**	☑ **Erwachsene**
☑ **Projekt**	☑ **Begegnung/Bildung**	☑ **Ältere Erwachsene**

34 Sütterlin-Spiel

Vergangenheit wird über eine bekannte, aber nicht mehr genutzte Schrift erinnert.

- Das Sütterlin-Spiel bietet 270 beidseitig bedruckte Spielkarten mit den Titeln bekannter Lieder und Schlager aus den 1920er und 1930er Jahren, Sprichwörtern und Redewendungen, kleinen Zitaten und Einzeldarstellungen von Buchstaben – auf einer Seite jeweils in Sütterlinschrift (Typografie), auf der anderen in lateinischer Schrift.

- Ist das Sütterlin-Spiel nicht mehr erhältlich, schreiben Kundige auf Karten Buchstaben und Begriffe, die in der Arbeit mit alten und dementen Menschen eingesetzt werden.

> Magda A. beschäftigte sich stundenlang mit den Schriftbildern, betrachtete sie, sortierte, legte um und versuchte, ungelenk nachzuschreiben.

Das Schriften-Lernen gehört zu den frühesten intellektuellen Leistungen des Menschen. Viele alte Menschen haben noch „Sütterlin", eine Schrift, die heute nahezu unbekannt ist, gelernt. Sie wurde als spezielle Ausprägung der Schreibschrift vom Berliner Grafiker Ludwig Sütterlin (1865–1917) entwickelt und setzte sich für einen kurzen Zeitraum relativ breit durch, weil sie ab 1915 an den deutschen Schulen gelehrt wurde. Das besondere dieser Schrift ist, dass viele alte Menschen sie beherrschen, sie für junge aber schwer entzifferbar ist. Alte Menschen, zumal dann, wenn sie dement sind, haben so einen Wissensvorsprung und erleben eigene Kompetenz.

Schrift ist ein starker Trigger: Die Erinnerung der Form aktualisiert Lebenssituationen.

Das Spiel ist im Handel (ggf. antiquarisch) erhältlich oder in entsprechend sortierten Bibliotheken ausleihbar.

☐ **Ich/Paar**	☐ **Besinnung**	☐ **Kinder/Jugendliche**
☑ **Gruppe**	☐ **Krise**	☐ **Erwachsene**
☐ **Projekt**	☑ **Begegnung/Bildung**	☑ **Ältere Erwachsene**

35 Zeugnisse

Durch die Präsentation alter Schulzeugnisse wird die Kinderzeit erinnert und die damals entstandenen Affekte werden aktualisiert.

- Alte Schul- und Prüfungszeugnisse werden vorgestellt und kommentiert.
- Ein besonderes Zeugnis wird „meditiert", um unterschiedliche Erregungspotentiale (Wut, Triumph, Enttäuschung) zu aktivieren.
- Mit den Zeugniskategorien (Fächer, Noten, weitere Bewertungen im Text) bewertet jeder seine Lebensleistung – auch in Abgrenzung zu den (Vor)urteilen der Schulzeugnisse.

Zu einem Klassentreffen brachten alle ihre Abschlusszeugnisse mit. Obwohl sich die Lebenswege und deren Erfolge deutlich von der Qualität der einzelnen Zeugnisse abhoben, stellte sich gefühlt die alte Klassenhierarchie wieder her. Die Vergangenheit war für einen Moment in die Gegenwart gekommen.

Schulen und deren Repräsentanten haben hohe Erinnerungsbedeutung. Bis ins Alter hinein werden Menschen von einzelnen Lehrerpersönlichkeiten „verfolgt". Ihr Verhalten in Stresssituationen ist vielfach geprägt von den erlernten Offensiv- und Vermeidungsstrategien des Schulalltags. Schulverhalten wird reproduziert, sobald sich eine Situation entwickelt, die der Ursituation der Klasse entspricht oder ihr ähnlich ist.

☑ **Ich/Paar**	☑ **Besinnung**	☐ **Kinder/Jugendliche**
☑ **Gruppe**	☑ **Krise**	☑ **Erwachsene**
☐ **Projekt**	☐ **Begegnung/Bildung**	☑ **Ältere Erwachsene**

36 Antiquariate

In Antiquariaten und Secondhand-Shops wird nach Zeugnissen der Vergangenheit geforscht.

- Gemeinsame Besuche in Antiquariaten werden organisiert mit der Vorgabe, einen Gegenstand zu suchen, der an Kindheit oder Jugend erinnert.
- Als Aufgabe: Auf Flohmärkten wird ein Gegenstand der Erinnerung erworben.

Georg U. stockte das Herz, als er auf dem Flohmarkt den Bertelsmann-Band über die Olympischen Sommerspiele 1960 entdeckte. Er hatte das Gefühl, alle Fotos dieses Bandes in seinem Kopf und Herzen gespeichert zu haben und damit auch viele Betrachtungssituationen zu erinnern. Sein Buch war schon vor Jahrzehnten verloren gegangen. Er kaufte den Band gemeinsam mit dem Folgeband (Willy Holdorf. Gold. 1964! Das Jahr, als seine Eltern den ersten Fernseher kauften) und hat dem Buch einen Ehrenplatz gegeben.

Orte mit alten Möbeln, Büchern und Gebrauchsgegenständen sind perfekte Stationen des freundlichen Erinnerns. Sie erwecken manche Anekdote zum Leben, machen sehnsüchtig, führen aber auch vor Augen, dass das Vergangene Vergangenheit ist und nicht zurückgeholt werden kann.

☑ Ich/Paar
☑ Gruppe
☑ Projekt

☑ Besinnung
☐ Krise
☑ Begegnung/Bildung

☐ Kinder/Jugendliche
☐ Erwachsene
☑ Ältere Erwachsene

37 Denkwürdige Orte

Orte vitalisieren Erinnerungen und Reflexionen.

- Während eines Stadtspaziergangs fotografiert jeder drei Orte, die für das Leben von Menschen prägend sind.
- Auf einem Spaziergang über den Friedhof wird Tod und Sterben thematisiert.
- Das Nachmittagspicknick wird im Park eines Altenheimes eingenommen.
- Gedenktafeln der Stadt werden gesichtet und in einen Zusammenhang zu eigenen Lebenserfahrungen gebracht.

> Jeder sollte drei Orte in der Stadt fotografieren, die für das menschliche Leben stehen. Ein Teilnehmer zeigte über den Beamer die Gedenktafel für die ermordeten Juden, einen vollen Autoparkplatz mit einem einzelnen Kinderwagen und eine zerfledderte Litfaßsäule. Er erklärte anschaulich, was ihn an diesen Orten berührte und erreichte.

Orte stehen meistens für Beheimatung oder für einen Vorbehalt. Sie schildern antizipatorisch Situationen, die einem später wiederfahren könnten (Altenheim) oder eine Vergangenheit, die nicht war (Was wäre gewesen, wenn ich in diesem bombardierten Stadtteil gelebt hätte?). Sich einlassen bedeutet hier, Orte emotional zu besetzen, sie als Lebensmöglichkeit einzubeziehen.

Jeder erlebt anders und so entsteht eine produktive Gesprächsspannung. Junge Menschen assoziieren auf dem Friedhof anders als alte und dennoch verbindet sie der Ort in ihrer Sterblichkeit. Kriegerdenkmäler lösen bei Alten Leid oder Stolz, bei jungen Menschen Neugier oder Herablassung aus.

☐ Ich/Paar
☐ Gruppe
☑ Projekt

☐ Besinnung
☐ Krise
☑ Begegnung/Bildung

☑ Kinder/Jugendliche
☑ Erwachsene
☑ Ältere Erwachsene

38 Erinnerungskoffer

Materialien werden in einem Koffer für unterschiedliche Anlässe der Biografiearbeit zusammengestellt.

- Die Inhalte eines Koffers unterstützen Erinnerungsarbeit.
  Kinderspiele: Springseil, Brummkreisel, Kastanien, Murmeln, Jojo, Zigarettenbilder, Zwille, ein altes „Mensch-ärgere-Dich-nicht", ein Buch mit Kinderreimen.
  Hausarbeit als Frauenarbeit: Scheuerbürste, Scheuersand, Schuhwichse, Bimsstein, Wäschestärke, Gummiflaschenstöpsel, Weckgläser.
  Küchengeräte aus der Zeit, als es noch keine Fertigkost gab: Dosenöffner, Gurkenhobel, Teigroller, Fliegenklatsche, Schürze, Fidibus, alte Rezepte.
  Einkaufen bei Tante Emma: Netz, altes Geld, Rabattmarken, Lebensmittelkarten, Einkaufslisten, Zuckerbonbons.
  So machten sie sich fein: Handtasche, Kragen, Hemdbrust, Rasiermesser und Streichriemen, Schal, Spitzenhandtuch, Klappzylinder, Lockenstab.
  Der seltene Urlaub: Box-Kamera, Fahrradklingeln, Muscheln, Thermoskanne, Fahrkarten.
  Krieg und Frieden: Bilder, Orden, Todesanzeigen, Kindersuchanzeigen, Gasmasken, Personalausweise, Überlebensrezepte, Kohlen, Weizen- oder Malzkaffee („Kathreiners").
  Hausmittel und anderes: Zinksalbe, Stoffwindeln, Wärmflasche, Watte, Rizinusöl.
  Weitere mögliche Themengebiete: Reparieren und Flicken, Arbeit im Büro und der Fabrik (der Henkelmann!), Sprichwörter, Aberglaube, fremde Länder, das erste Auto, alte Zeitungen.
- Koffer können zielgruppenorientiert gepackt werden (z.B. nur für Kinder).
- Erinnerungskoffer können Gegenstände enthalten, die freie Assoziationen ermöglichen, durch kollektive Erinnerungen nicht besetzt, sondern individuell anregend sind. Der Erinnernde gibt ihnen aufgrund seiner Biografie Bedeutung: Für die eine ist die Kerze Erinnerung an ein Weihnachtsfest, für den anderen an knappe Kriegsjahre. Dritte erzählen von ihren Kindern: Die Kerze erinnert sie an die Taufe.

Der Leiter brachte in die Jugendgruppe einen Koffer mit alten Kinderkassetten. Der Abend wechselte zwischen intensivem Hören, Nachspielen, Lachen und ernsthaftem Erzählen aus der Kinderzeit.

Die Idee ist von „Age Exchange London“, einer intergenerativen Initiative, entwickelt worden. Der Erinnerungskoffer war ursprünglich für den Einsatz bei alten Menschen gedacht. Später arbeiteten auch Schulen damit. Die Einsatzmöglichkeiten sind nahezu unbegrenzt: In Schulen bereichern sie den Geschichtsunterricht, in Altenkreisen beflügeln sie das Erzählen, in Museen machen sie Trockenes anschaulich.

☐ Ich/Paar	☑ Besinnung	☑ Kinder/Jugendliche
☑ Gruppe	☐ Krise	☑ Erwachsene
☑ Projekt	☑ Begegnung/Bildung	☑ Ältere Erwachsene

39 Bildkarten

Spezielle Bildkarteien zur Biografiearbeit regen das Gespräch und die Auseinandersetzung an.

- In den Mittelpunkt einer Runde werden Bilder gelegt, die sich mit Lebensgeschichten beschäftigen. Der Leiter oder Gesprächspartner bittet, zu einer Leitfrage ein Bild auszusuchen und dies in der Runde vorzustellen.
- Eine Bildungsveranstaltung zur Biografiearbeit wird dadurch eingeleitet, dass jeder eine Karte aussucht und sich damit vorstellt.
- Zur Abrundung eines Seminars oder Gesprächs werden zehn Karten aus der Bildkartei nebeneinander gelegt. Innerhalb eines Zeitraums von 10 bis 20 Minuten kann die Anordnung der Bilder immer wieder meditativ verändert werden. Erklärungen erfolgen nicht. Ganz am Ende der Übung sagt jeder einen Satz zu seinem individuellen Erleben.

> Als die Beratungsstunde zu Ende war, legte die Beraterin einige Karten auf den Tisch und bat das Paar, die Karte zu wählen, die am ehesten für ihr jeweiliges Gefühl stände.

Mit Bildkarteien wird in der Bildung- und Beratungsarbeit schon lange gearbeitet. Seit einiger Zeit sind auch spezielle Sammlungen für Biografiearbeit auf dem Markt. Bilder ersetzen nicht das Sprechen, haben aber für eher Sprachlose Hebammenwirkung. Über den Umweg der geleiteten Assoziation kommen die Teilnehmenden zu ihren jeweiligen Themen. Am Ende ist das ausgesuchte Bild oft unbedeutend in den Hintergrund getreten. Das Bild ist ein Auslöser, nicht Gegenstand der Reflexion.

☑ Ich/Paar
☑ Gruppe
☐ Projekt

☑ Besinnung
☑ Krise
☑ Begegnung/Bildung

☑ Kinder/Jugendliche
☑ Erwachsene
☑ Ältere Erwachsene

40 Biografie-Activity

Spielerisch werden Lebensstationen erinnert.

- Auf ca. 20 Karteikarten werden biografische Begriffe und Lebensstationen noticrt. Abwechselnd zieht jeder verdeckt eine Karte und muss diesen Begriff entweder beschreiben, pantomimisch darstellen oder zeichnen. Wird der Begriff erfolgreich erraten, schreibt der Lösende einen neuen Begriff auf eine Blankokarte und erweitert dadurch das Spiel.
- Das Spiel kann als Wettkampf gestaltet werden. Sieger ist, wer die meisten Begriffe erraten hat

Großeltern und Enkel ersannen gemeinsam die notwendigen Spielkarten und tauschten sich schon beim Entwickeln über Erlebtes aus, das mit den Begriffen zusammenhing.

Das Spiel ist abgeleitet aus dem populären Gesellschaftsspiel „Activity". Es ermöglicht eine lebendige und lustvolle Auseinandersetzung. Die Dynamik des Spiels kann durch das Ziel gesteuert werden: reflektierende Erinnerung oder anregender Wettkampf.

☐ Ich/Paar
☑ Gruppe
☐ Projekt

☐ Besinnung
☐ Krise
☑ Begegnung/Bildung

☑ Kinder/Jugendliche
☑ Erwachsene
☑ Ältere Erwachsene

41 Puzzle

Spielerisch sortierend und kombinierend wird das Gespräch über die Vergangenheit angeregt.

- Von Bildern aus der Kinderzeit werden Puzzles (siehe z.B. Poster-Shops im Internet) angefertigt.

- Alte Familienfotos werden farbig vergrößert und in viele Einzelteile zerschnitten, so dass sie im Spiel wieder zusammen gefügt werden können.

Immer wenn das Puzzle vom Hof auf dem Tisch zusammengesetzt wurde, erzählte Wilhelmine E. ihren Enkeln etwas zu den kleinen Teilen. Sie setzte so erzählend ihre Vergangenheit gemeinsam mit den Enkeln zusammen.

Puzzeln ist eine Beschäftigung, die Kinder und Erwachsene auf gleichem Niveau zusammenführt, oft mit einem spielerischen Vorteil der Kinder. Im Spiel entwickeln sich Gespräche, Schilderungen, Fragen oder Antworten, die wegführen vom Spielgeschehen und Vergangenheit lebendig machen.

☐ Ich/Paar	☐ Besinnung	☑ Kinder/Jugendliche
☑ Gruppe	☐ Krise	☑ Erwachsene
☑ Projekt	☑ Begegnung/Bildung	☑ Ältere Erwachsene

42 Verschwundene Dinge

Mit den Erinnerungen verschwinden oft auch Gegenstände des alltäglichen Lebens. Sie vor dem Vergessen zu retten, stärkt Erinnerungsarbeit.

- Welche heute nicht mehr existenten Gegenstände der Vergangenheit werden erinnert?
- Welche Gebrauchsgegenstände befinden sich in der eigenen Wohnung, die auf Vergangenheit hinweisen und in Wohnungen anderer Menschen meistens nicht mehr zu finden sind?
- Auf alten Fotos wird nach verschwundenen Dingen geforscht.
- Karten mit Fotos von „verschwundenen Dingen“ (z.B. Kaugummiautomat, Schreibmaschine, Zylinder) werden gestaltet und als Erinnerungsmaterial zur Verfügung gestellt.

Als Heinz K. den Oldtimer entdeckte, erzählte er sofort von den Familienausfahrten im schwarzen Adenauer-Mercedes, schilderte die neidvollen Blicke und die Privilegien, die er als Kind genießen durfte.

Mehr noch als Bilder, Sprüche oder Texte können Gegenstände Vergangenheit aktualisieren. Mit ihnen erinnern wir sinnlich: Geruch, Textur,

Handhabung. Etwas in die Hand zu nehmen, bedeutet immer auch, „es" in der Hand zu haben.

☑ Ich/Paar	☑ Besinnung	☐ Kinder/Jugendliche
☑ Gruppe	☐ Krise	☐ Erwachsene
☐ Projekt	☐ Begegnung/Bildung	☑ Ältere Erwachsene

43 Vergessenes

Was ist im Laufe des Lebens vergessen worden und abgesunken in Tiefen des Langzeitgedächtnisses?

- Wesentliche Stationen des Lebens werden memoriert und in der Gruppe geäußert. Die Erinnerungen anderer wirken als Trigger. In einer zweiten Runde wird mit viel Zeit nach Verschüttetem geforscht.
- Eine konkrete Situation wird in den Mittelpunkt gestellt (z.B. „Wer hat auf mich in welchen Situationen aufgepasst, wenn Vater oder Mutter verhindert waren?"). Indem die Situation konkretisiert wird, scheint ggf. Vergessenes auf.

> Georg U. konnte sich noch gut an Erika H. erinnern, die ihn während der Ferienzeit mit zu ihrem Marktstand nahm. Obwohl er jeweils mehrere Stunden dort war, erinnerte er sich zunächst nur an das dick mit Wurst belegte Brötchen, das er jedes Mal aß. Später schien dann das Bild des Fleischers auf, der Marktmeister wurde „lebendig" und zuletzt ein Unfall, der sich auf einer Rückfahrt ereignet hatte.

Die Aufgabe ist paradox: Sich an das Vergessene erinnern. Paradoxien wirken irritierend und Irritationen erzeugen Reaktionen und Erinnerungen. Der Erinnernde verlässt die normalen Pfade des Nachdenkens und wird angeregt, über „Seitenpfade" sein Gedächtnis aufzufrischen. Zunächst sind es blasse Eindrücke. Später können sich diese oft zu einem genaueren Bild verdichten.

☐ Ich/Paar	☐ Besinnung	☐ Kinder/Jugendliche
☑ Gruppe	☐ Krise	☑ Erwachsene
☐ Projekt	☑ Begegnung/Bildung	☑ Ältere Erwachsene

44 Faktencheck

Im Spiel berichten die Teilnehmenden Fakten aus ihrem Leben und erhalten ein absichtlich oberflächlich gehaltenes Feedback.

- Der Leitende bittet die Gruppenmitglieder, jeweils drei Fakten aus ihrem Leben zu berichten. Zwei dieser Fakten müssen der Wahrheit entsprechen, ein Faktum muss gelogen sein. Die Gruppe soll raten, was Wahrheit und was Unwahrheit ist. Anschließend wird das Rätsel gelöst.
- Das Rätsel wird nicht gelöst. Erst am Ende der Sitzung oder des Kurses wird um eine erneute Einschätzung gebeten. Entsteht aufgrund der gemeinsamen Erfahrung ein neues Bild?

> So viel Gelächter hatte es zu Beginn einer neuen Gruppe in dem Ausbildungszentrum lange nicht gegeben. Jeder bemühte sich so zu lügen, dass die Wahrheit schlecht zu erraten war. Als dann ein 55-Jähriger behauptete, er sei Urgroßvater, schüttelten alle den Kopf. Er war es trotzdem: Sein Pflegekind war mittlerweile Großmutter geworden.

Biografiearbeit ist so ernst und so lustig wie das Leben. Der Faktencheck verknüpft mehrere notwendige Elemente von Biografiearbeit: die Selbstdarstellung, die Fremdeinschätzung und die Freude an der Kommunikation. Das Spiel ist zudem kontaktfördernd: Es hilft denen in die Gruppe hinein, die gehemmt sind, sich aber durch den Arbeitsauftrag präsentieren müssen – augenzwinkernd.

Die Erlaubnis zur Unwahrheit löst oft auch die Bereitschaft aus, wahr zu sein. Zudem glänzt in jeder Unwahrheit ein wenig Wahrheit. Der Mitspielende sucht sich in der Regel ein Faktum, dass denkbar ist, vielleicht sogar anstrebenswert gewesen wäre.

☐ **Ich/Paar**	☐ **Besinnung**	☑ **Kinder/Jugendliche**
☑ **Gruppe**	☐ **Krise**	☑ **Erwachsene**
☐ **Projekt**	☑ **Begegnung/Bildung**	☑ **Ältere Erwachsene**

45 Leben erfinden

Der nicht bekannte Lebenslauf eines Ahnen oder Nahestehenden wird fantasiert.

- Die wenigen bekannten Daten eines Verstorbenen werden zu einem möglichen Lebenslauf fantasiert.
- Die bekannten Daten werden durch weitere Recherchen erweitert (Internet, Dorfarchiv, Zeitgenossen) und zu einer neuen Geschichte entwickelt.

> Von ihrer Mutter hatte Theresa R. nur ein Foto, kannte das Sterbedatum und einige Informationen ihrer älteren Schwester. Sie betrachtete das Foto und entwickelte das lebendige Bild einer matriarchalen Frau. Ohne sich dessen sicher sein zu können, war Theresa ihrer Mutter plötzlich vertrauter, näher.

Was wir Erinnerung nennen ist oft eine fehlerhafte Rekonstruktion aufgrund von Daten, die uns zur Verfügung standen. Unser Gehirn erweitert diese abgespeicherten Fakten assoziativ mit neuen „Fakten“ und gaukelt vor, dies sei die Realität gewesen. Diesen Effekt kann man nutzen und so Personen in das eigene Erinnern integrieren, von denen man wenig weiß, die einem aber trotzdem nahe oder wichtig sind.

☑ Ich/Paar
☐ Gruppe
☐ Projekt

☑ Besinnung
☐ Krise
☐ Begegnung/Bildung

☐ Kinder/Jugendliche
☑ Erwachsene
☑ Ältere Erwachsene

Archive
Recherchieren und fundieren

Die Methoden dieses Abschnitts regen die Arbeit mit Medien, Archivalien, Dokumenten, Zeitzeugen und Archiven an.

46 Eigenes Archiv

Erinnerungsstücke werden nach Themen, Chronologien oder Personen archiviert.

- Lange in unterschiedlichen Kästen und Kisten gelagerte Erinnerungsstücke (Kinderzeichnungen, Briefe, Karten, Kalender, Glückwünsche, Papierfotos, Tagebücher) werden systematisiert und archiviert. Eine einfache Ordnung erleichtert das Wiederfinden: chronologisch, nach Personen, Orten oder Ereignissen. Ordner und Kästen werden entsprechend beschriftet.
- Ähnlich werden digitale Dokumente in einem eigenen Ordner „Archiv" gespeichert.

In der Familie R. legten die Eltern für ihre Kinder eigene Archive an. Die Zeichnungen aus dem Kindergarten wurden gesammelt, die ersten Schulhefte aufbewahrt. Urlaubsgrüße mit krakeliger Schrift fanden sich genauso in den Kinderkisten wie Fotos und ein Hinweis auf digitale Speicherung von Videoaufnahmen. Die Ultraschallaufnahmen vom Ungeborenen lagen in einem besonderen Umschlag.
Nach einigen Jahre musste entschieden werden: noch mehr Kisten anlegen oder aussortieren? Diese Entscheidung wurde gemeinsam mit den Kindern getroffen. So wurde die enorme Sammlung der Kinderzeichnungen reduziert, aber die wirklich erinnerungsträchtigen aufbewahrt.

Ordnung zu schaffen ist für viele Menschen gleichzeitig die Möglichkeit, produktiv zu vergessen. Die äußerliche Ordnung führt zu einer inneren Einordnung, fügt sich ein in die Lebensbewältigung und -erklärung. Sobald diese Ordnungen geschaffen wurden, werden die Dokumente meistens unwichtig.

Sammeln heißt immer auch Trennen. Ein Privatarchiv anzulegen bedeutet nicht, das ganze Leben festzuhalten, sondern ist Entscheidung für Wichtiges und Erinnerungswertes und Trennung von Unwichtigem oder Belastendem. Es ist sinnvoll, das Gesammelte immer wieder zu sichten. Dabei stellt man fest, dass manches Dokument an Bedeutung verloren hat und vernichtet werden kann.

Künstler zeigten 1997 in München „Arsenale der Erinnerung". Christo verpackte alte Zeitschriften, Daniel Spoerri archiviertes verkrustetes Speisegeschirr und Stefan Hoderlein präsentierte sein „Kleidertagebuch". Er hatte über 20 Jahre alle Kleidungsstücke aufbewahrt, fotografiert und die Fotos zu einer Installation montiert. So entstand auf Zeit ein künstlerisch überhöhtes Archiv.

☑ Ich/Paar	☑ Besinnung	☐ Kinder/Jugendliche
☐ Gruppe	☐ Krise	☑ Erwachsene
☐ Projekt	☐ Begegnung/Bildung	☑ Ältere Erwachsene

47 Erinnerungsstücke

Gegenstände, lebenslang aufbewahrt, werden hinsichtlich ihrer Bedeutung befragt.

- Alle Teilnehmenden z.B. einer Gruppe werden gebeten, den Gegenstand aus ihrer Wohnung mitzubringen, der sie am längsten begleitet. Jeder erzählt die Geschichte dieses Gegenstandes.
- Bevor jeder die Geschichte des Gegenstandes erzählt, werden die anderen Anwesenden um Mutmaßungen gebeten: Was ist das? Welche Bedeutung hat der Gegenstand?
- Im Rahmen einer kleinen Veranstaltung werden die gesammelten Gegenstände ausgestellt und ihre Geschichte erzählt.

> Im Regal von Maria K., die eine gepflegte, ausgesprochen modern und ästhetisch eingerichtete Wohnung besitzt, steht eine schmutzig-braune kleine Dose. Die Aufschrift ist nicht mehr lesbar, der Deckelrand eingebeult und innen ist sie rostig.
> Frau K. erzählte, dass in ihrer Kindheit in dieser Dose der kostbare Kakao aufbewahrt worden ist, in ihrer Jugend die seltenen Bonbons, später die Pfennigstücke für die Brautschuhe, dann Briefmarken. Frau K. hat sie aus dem Keller-Trödel geholt. Für sie riecht sie nach Kakao, erinnert an die seltenen Bonbons und lässt Gedanken an ihren Mann aufkommen, der schon drei Monate nach der Hochzeit starb.

Mobiliar und Alltagsgegenstände wurden früher lange genutzt. Die Aussteuer hielt bis zum Tode, der Kleiderschrank wurde vererbt und das Familiensilber von Generation zu Generation weiter gegeben. An allem haftete für alle Erinnerung.

In den letzten Jahrzehnten haben sich Wechsel und Austausch von Gegenständen rasant beschleunigt. Einwegprodukte bestimmen den Konsum, die Garderobe wird nahezu jährlich gewechselt und Möbel sind so erschwinglich geworden, dass sie schon nach wenigen Jahren zu Sperrgut werden. Mit ihnen verschwinden auch die anhaftenden Erinnerungen. Umso wichtiger ist es, dass einige Gegenstände die Konstanz des Lebens bezeugen: der immer wieder bezogene Lieblingssessel, die abgegriffene Familienbibel oder die verbeulte Kakaodose. Sie bergen Rätsel, erzählen Geschichten, geben Zeugnis. Sie beschwören oder bannen Vergangenes.

☑ Ich/Paar	☑ Besinnung	☐ Kinder/Jugendliche
☑ Gruppe	☐ Krise	☑ Erwachsene
☐ Projekt	☐ Begegnung/Bildung	☑ Ältere Erwachsene

48 Dachboden

Der Dachboden wird als Ort der Erinnerung entdeckt.

- Einmal im Jahr wird der Dachboden „besichtigt“: Welche Gegenstände fallen auf, welche erinnern und welche sind in Vergessenheit geraten? Was muss bleiben, was kann entfernt werden?
- In einer kleinen Gruppe werden gegenseitige Dachboden-Besuche organisiert. Der Gastgeber beantwortet Fragen nach den Gegenständen und profitiert von der Aufmerksamkeit und dem anderen Blick der Gäste.

> Jahrelang stand ein altes Bett unbeachtet auf dem Dachboden. Als Gert H. mit seiner neuen Freundin zum ersten Mal auf den Dachboden stieg, fiel ihr das Bett aufgrund der schönen Form ins Auge – den schäbigen Anstrich übersah sie. Nach einer Restaurierung schenkte die Schwiegermutter der Freundin das Bett. Die alte Dame hatte als Kind darin geschlafen. Jetzt schläft ein Enkel in der Dachbodenentdeckung.

Wenn der Platz im Lieblingszimmer nicht mehr reicht, wechseln Gegenstände oft in andere Räume. Sie landen im Keller, in der Gerümpelkiste oder auf dem Dachboden. Das ist die erste, nicht aber die endgültige Trennung. Nach Jahren kann man sich wieder nähern, sie neu betrachten oder abschließend vergessen.

Biografiearbeit bedeutet auch, einen Menschen in den Mittelpunkt zu stellen, ihm und seinem Leben eine Bühne zu geben und dadurch zu zeigen: Du bist wichtig (gewesen). Vielen Menschen gelingt dies eher, wenn Vorgaben zu Zeit (Einladung), Ort (Dachboden) und Ablauf (Erzählung) gemacht werden. So wird der Tendenz zur Selbstabwertung vorgebeugt.

- ☑ Ich/Paar
- ☑ Gruppe
- ☐ Projekt

- ☐ Besinnung
- ☐ Krise
- ☑ Begegnung/Bildung

- ☐ Kinder/Jugendliche
- ☐ Erwachsene
- ☑ Ältere Erwachsene

49 Briefe

Private Briefe werden unter dem Aspekt der Erinnerung an eine bestimmte Zeit oder eine bestimmte Person neu gelesen.

- Die gesammelten privaten Briefe werden geordnet nach Schreibern bzw. Beziehungen.
- Empfangene Briefe werden mit den Kopien der geschriebenen Briefe (soweit vorhandenen) in eine Reihenfolge gebracht. Die geordnete Korrespondenz ermöglicht ein Gesamtbild.
- Den archivierten Briefen werden kurze Kommentare oder Erinnerungen beigefügt.

Lisa T. hatte ihre Enkel zu einem Abend der besonderen Art eingeladen. Sie wollte vom lange verstorbenen Großvater erzählen und verband dies mit der Ankündigung, aus seinen Briefen vorzulesen. Die Enkel hörten andächtig zu. In dichter Atmosphäre entstand ein Gespräch mit großer Nähe.

Neben Tagebüchern sind Briefe oft die einzigen Schriftstücke, die Auskunft über einzelne Menschen geben. Mit ihnen können Lebensabschnitte oder Lebenssegmente rekonstruiert werden. Allerdings: Der jeweilige Empfänger bestimmt den Grad der Verwertung.

Passionierte Briefschreiber (und PC-Nutzer) sammeln auch Kopien eigener Briefe. Diese in Beziehung zu den erhaltenen bringen zu können, weitet den Horizont und öffnet neue Erinnerungsmöglichkeiten.

Der Schriftsteller Walter Kempowski hat jahrelang private Aufzeichnungen gesammelt und archiviert. Er veröffentlichte sie unter dem Titel „Echolot“ und konzentrierte sich dabei auf bestimmte Zeitabschnitte, u.a. auf den Kriegswinter 1943. Diese Zeit wurde besonders in den privaten

Briefen lebendig. Die unterschiedlichen Zeugnisse ergaben ein plastisches Bild – nahe und fremd zugleich.

☑ Ich/Paar	☑ Besinnung	☐ Kinder/Jugendliche
☐ Gruppe	☐ Krise	☑ Erwachsene
☐ Projekt	☐ Begegnung/Bildung	☑ Ältere Erwachsene

50 Kopfbilder

Bilder, die nur im Kopf existent sind, werden mit Skizzen festgehalten.

- Erinnerte Szenen werden als einfache Skizzen auf Papier gebracht. Die Personen werden als „Strichfiguren" dargestellt, die Gegenstände ohne künstlerischen Anspruch angedeutet. Ist die Erinnerung „farbig", wird mit Buntstiften koloriert.
- Szenen werden als Strip, als Darstellung mehrerer aufeinander folgender Bilder, skizziert.

> Für Hanna G. war es die früheste Erinnerung: Sie sitzt im weißen Kinderwagen vor einer Villa, umgeben von zwei jungen Mädchen. Sie erinnert das Wetter, das Lebensgefühl, die Töne.
> Sie überwand ihre Scheu vor den Malstiften und zeichnet diese Szene auf.

Viele Bilder existieren nur noch in den Köpfen. Es gibt keine Entsprechungen als Fotos oder gar Zeichnungen. Diese Kopfbilder sind häufig über die Jahrzehnte fest gefügt worden, verändern sich nicht mehr und man meint, die immer gleichen Situationen zu sehen, die gleichen Sätze zu hören.

Bilder prägen unseren Erinnerungsschatz. Sie strukturieren ihn und geben vagen Vergangenheitsszenen Plastizität. Aus der Psychologie wissen wir, dass diese Bilder oft nur in Teilen Wirklichkeit abbilden. Viele davon sind konstruiert und dennoch „Realität". Manche Kopfbilder kommen und gehen: Sie scheinen in Situationen auf, die einen starken Erinnerungsimpuls haben und verlieren an Bedeutung, wenn dieser Impuls verblasst. Kopfbilder halten fest und ermöglichen Systematik. Sie vermitteln das Gefühl, die eigene Geschichte zu „beherrschen".

☑ Ich/Paar	☑ Besinnung	☐ Kinder/Jugendliche
☐ Gruppe	☐ Krise	☑ Erwachsene
☐ Projekt	☐ Begegnung/Bildung	☑ Ältere Erwachsene

51 Postkartenarchiv

Postkarten und Kartengrüße werden gesammelt, um Beziehungstiefen oder Konventionen zu verfolgen.

- In einem eigens angelegten Karteikasten werden alle Postkarten chronologisch gesammelt und als Erinnerungsanker verwendet.
- Die Postkarten werden mit wenigen Stichworten versehen (Klebezettel), auf denen ergänzende Informationen notiert werden.

> Lucie H. hat alle Postkarten gesammelt, die sie im Laufe der letzten Jahre erhalten hat. Sie betrachtet sie immer wieder und aktualisiert so ihre Erinnerungen.

Offenbar schwindet die Lust, Briefe zu schreiben. Briefe werden abgelöst durch E-Mails oder die Möglichkeiten der Sozialen Netzwerke. Postkarten hingegen werden weiterhin versandt. Sie berichten meistens geschönt aus Urlaubstagen, sind ein schneller Gruß und helfen bei Sprachlosigkeiten mit vorgedruckten Wünschen, Sprüchen oder Danksagungen. Es sind einfache Mitteilungen, die für die Adressaten emotional wertvoll sein können.

Die Printkarte wird auf Dauer durch digitale Mitteilungen (z.B. Fotogrüße per Handy) abgelöst werden. Noch gilt es als unschicklich, z.B. per Mail zu kondolieren. Aber schon jetzt werden eigens gestaltete Grußkarten im Netz angeboten, die unsere Konventionen weiter verändern werden.

☑ **Ich/Paar**	☑ **Besinnung**	☐ **Kinder/Jugendliche**
☐ **Gruppe**	☐ **Krise**	☑ **Erwachsene**
☐ **Projekt**	☐ **Begegnung/Bildung**	☑ **Ältere Erwachsene**

52 Familienforschung

Familien- und Ahnenforschung wird durch das Internet erleichtert. Portale bieten Rechercheunterstützung, Informationen und Hilfsmittel an.

- Mit der Eingabe des Familiennamens in Suchmaschinen oder digitale Telefonbücher kann Familien- und Ahnenforschung begonnen werden.
- Spezialportale oder intensive Recherche in Kirchbucharchiven ermöglichen besonders ambitionierte Forschungen.

Georg R. gab seinen Namen in die Internet-Suchmaschine ein und erhielt zunächst Hinweise auf 58.000 Dokumente und 7.000 Familienstammbäume, in denen sein Name auftauchte. 2.000 Fotos wurden zur Verfügung gestellt. Mit weiteren Suchfunktionen konnte er die Fülle der Daten organisieren und auf Relevantes reduzieren.

Sich selbst bezeichnet www.ancestry.de als größte Interplattform zur Familienforschung und gibt an, weltweit auf über 7 Milliarden Dokumente Zugriff zu haben, davon 45 Millionen in Deutschland. Digital archiviert seien 28 Millionen Familienstammbäume. Die Mitgliedschaft ist je nach Dienstleistung unterschiedlich kostenpflichtig, bietet aber in der Tat erstaunliche Zugänge, z.B. auf Hamburger Passagierlisten, historische Volkszählungsergebnisse, alte Adressenbücher etc. Interessant ist das Angebot, automatische Hinweise zu erhalten, wenn der eigene Familienname in anderen Dokumenten auftaucht. Zudem wird die Möglichkeit geboten, historische Aufzeichnungen digital bei ancestry zu archivieren und damit auch anderen zur Verfügung zu stellen. Das Portal ist weitgehend werbefrei – sieht man ab von Werbung für eigene Produkte („Family Tree Maker").

☐ **Ich/Paar**
☐ **Gruppe**
☑ **Projekt**

☐ **Besinnung**
☐ **Krise**
☑ **Begegnung/Bildung**

☐ **Kinder/Jugendliche**
☑ **Erwachsene**
☑ **Ältere Erwachsene**

53 Familien-Wiki

Gemeinsam wird an einer Chronik der Familie gearbeitet.

- Auf der Webseite eines Angehörigen wird ein sogenanntes „Wiki" angelegt. Jedes Familienmitglied kann darauf zugreifen. Erinnerungen werden eingetragen, erweitert oder kommentiert. Es entsteht eine kollektive Biografie.
- Ein Familienangehöriger redigiert die kollektive Biografie.

Es war ein Versuch: Alle Familienmitglieder steuerten ihre Erinnerung vom letzten Fest bei und luden zudem ihre Fotos hoch. „Als hätten wir einen gemeinsamen Kopf", meinte Karl F. später.

Wikis ermöglichen die gemeinsame Arbeit an Dokumenten. Sie können je nach Programm ergänzt werden durch Fotos oder andere Medien. Wikis sind dadurch gekennzeichnet, dass die (zugelassenen) Nutzer nicht nur Lese- sondern auch Schreibrechte erhalten können. Das ist einerseits von besonderem Reiz, erfordert andererseits besondere Sorgfalt. Größere Wiki-Systeme (das bekannteste ist das Online-Lexikon „Wikipedia“) benötigen deswegen Regelwerke und Steuerungen. Wikis sind eine interessante Möglichkeit kollektiver Erinnerung, eignen sich aber nur für ausgesprochen computeraffine Gruppen oder Familien.

☐ Ich/Paar	☐ Besinnung	☑ Kinder/Jugendliche
☐ Gruppe	☐ Krise	☑ Erwachsene
☑ Projekt	☑ Begegnung/Bildung	☑ Ältere Erwachsene

54 Familiäre Kleinigkeiten

In Familien bilden sich eigene kleine Rituale heraus, die das Alltagsleben abbilden und über den Alltag Erinnerungen an wesentliche Ereignisse ermöglichen.

- Alle familiären Nachrichten, die normalerweise über Zettel mitgeteilt werden, werden in ein Buch geschrieben.
- Einkaufszettel werden aufbewahrt, Planungen für Familienfeste archiviert.

> In der Familie E. hatte sich schon früh der Brauch eingebürgert, für Mitglieder, die mehrere Tage verreist waren, Begrüßungsplakate und -blätter zu gestalten, die vor die Wohnungstür gehängt wurden. Die immer kunstvoller werdenden Plakate wurden gesammelt und bei einer späteren Familienfeier ausgestellt.

Bräuche und Rituale geben Auskunft über das Miteinander, über Höhepunkte des gemeinsamen Lebens, über Arbeits- und Aufgabenverteilung. Nach Jahren neu wahrgenommen, führen sie der Erinnerung vergessene Situationen und Erlebnisse zu, zeigen das Alltägliche im Verwobensein mit dem Besonderen. Das zudem auch das Unernste zu Tage tritt („Für welche Party hat Papa damals denn drei Flaschen Whiskey geordert?“) ist ein angenehmer Nebeneffekt.

☐ Ich/Paar	☐ Besinnung	☑ Kinder/Jugendliche
☐ Gruppe	☐ Krise	☑ Erwachsene
☑ Projekt	☑ Begegnung/Bildung	☑ Ältere Erwachsene

55 Erinnerungszentrum

Stadt- und Gemeindearchive werden ergänzt durch Erinnerungszentren, die die jüngste Vergangenheit lebendig halten.

- Aus einer bestimmten Epoche werden Fotos, Dokumente und Gegenstände gesammelt und zu einer kleinen Ausstellung zusammengefügt. Dazu werden Vorträge oder Berichte von Zeitzeugen organisiert.
- Im Dorf- oder Stadtarchiv wird ein eigener Raum, eine eigene Abteilung für Zeitgeschichte geschaffen. Hier werden nur maximal 50 Jahre alte Archivalien gesammelt.

> Im Bürgerhaus wurde ein Erinnerungszentrum eingerichtet. Hier fanden Erzählcafés statt. Gleichzeitig wurden Ausstellungen organisiert. Anlässlich der Abiturfeier des örtlichen Gymnasiums wurden Zeitungsartikel über frühere Abiturstreiche vergrößert und aufgehängt, Abiturientenmützen ausgestellt, Fotos von den früher üblichen Kutschfahrten der Prüflinge gezeigt. Während des Bundestagswahlkampfes wurden Parteienplakate der 1970er Jahre aufgehängt, auf einem Monitor liefen Wahlwerbespots. Als der Kaffeekreis sein 30-jähriges Bestehen feierte, wurde zu einer großen „Sammeltassenaktion" aufgerufen. 100 schön-kitschige Sammeltassen kamen zusammen: witzig und erinnerungsanregend.

Archive sammeln Material, das oft nur mit Sachverstand zum Sprechen gebracht werden kann. Erinnerungszentren hingegen zeigen sinnlich erfahrbare Materialien und sind so Räume der unmittelbaren Erinnerung. Sie können mit relativ wenig Aufwand hergerichtet werden. Der Reiz solcher Ausstellungen liegt in der Betonung des Alltäglichen.

Biografisches Arbeiten ist immer auch eine Annäherung an Lebensgeschichten der Vorfahren. Wer sich mit eigener Geschichte auseinandersetzt, kommt anderen Geschichten näher. Erinnern des eigenen Lebens hat so Brückenfunktion.

☐ Ich/Paar
☐ Gruppe
☑ Projekt

☐ Besinnung
☐ Krise
☑ Begegnung/Bildung

☐ Kinder/Jugendliche
☑ Erwachsene
☑ Ältere Erwachsene

56 Erzählcafé

An einem festgelegten Ort zu fixer Zeit wird erinnernde Begegnung möglich.

- Einmal monatlich wird an einen bekannten Ort (Café, Gemeindehaus, Stadtteilzentrum) eingeladen. Ehrengast ist ein Zeitzeuge, der seine Erlebnisse und Schilderungen aus einer bestimmten Epoche erzählt.
- Es wird jeweils zu einem bestimmten Thema eingeladen. Nach einem kurzen Eröffnungsimpuls beginnt das Rundgespräch.

> In einer Stadt mit 40.000 Einwohnern hatte sich ein Arbeitskreis „Alltagshilfen“ nach dem Vorbild der Amsterdamer Gilde gebildet. Ein Netzwerk nachbarschaftlicher Hilfen sollte entstehen: Hilfesuchende und Helfer wurden miteinander in Kontakt gebracht. So lernten sich immer mehr Menschen kennen, die vorher miteinander keinen Kontakt hatten. Man entschloss sich, einen Abend zum Thema „Nachbarschaft in den 1950er Jahren“ zu veranstalten und darzustellen, wie Hilfe früher angeboten und genutzt wurde. Der Abend wurde ein Erfolg. Viele ältere Menschen kamen und erzählten von ihren guten Erfahrungen, von Enttäuschungen, von Begegnungsmöglichkeiten in der Stadt. Der Arbeitskreis gründete ein Erzählcafé.

Erinnerung braucht Orte, damit sie gesellschaftlich nützlich wird. So notwendig die Selbstvergewisserung, die intime Bilanz oder die Erinnerung von und in familialen Zusammenhängen ist, so wichtig ist auch das öffentliche Erinnern, der Austausch, das Gespräch. Das Private muss riskiert werden. Der glatte Schein des funktionierenden Lebens wird gebrochen durch das Einzelschicksal. Im Privaten spiegelt sich das Gesellschaftliche wider.

Die Verquickung von Gesellschaft und Schicksal, das Ineinanderfließen unterschiedlicher Biografien in der erzählenden Begegnung ist das Anliegen von Erzählcafés oder ähnlicher öffentlicher Runden. „Café“ steht in diesem Zusammenhang für „Öffentlichkeit“. In Cafés begann in der Neuzeit die öffentliche Meinungsbildung. Hier übte das erstarkende intellektuelle Bürgertum den Diskurs und entwickelte gesellschaftliche Ideen und Manifestationen.

☐ **Ich/Paar**	☐ **Besinnung**	☐ **Kinder/Jugendliche**
☐ **Gruppe**	☐ **Krise**	☑ **Erwachsene**
☑ **Projekt**	☑ **Begegnung/Bildung**	☑ **Ältere Erwachsene**

57 Zeitzeugen

Zeitzeugen vermitteln Geschichte unmittelbar. Mit ihnen wird das Vergangene gegenwärtig.

- Zeitzeugen werden eingeladen – z. B. in den Unterricht.
- Es wird eine Datei („Börse“) interessanter lokaler Zeitzeugen angelegt, die mit ihren Themen verzeichnet werden und vermittelbar sind.

> Hans C. wurde in den Geschichtsunterricht eingeladen. Er hatte viele Interviews zum Leben der Juden in seiner Stadt gemacht und diese publiziert. C. war selbst Zeitzeuge, berichtete von seinen Schulwegen mit einem jüdischen Jungen, den er anfangs schützen konnte. Er erzählte von seinen Ängsten und Versagungen. Später gingen alle an die Orte, von denen er berichtet hatte. Das Erzählte verdichtete sich durch die Begegnung mit dem Ort.

Wer weiß von den Vormietern der eigenen Wohnung? Wie sah es früher in der eigenen Straße aus? Was hat die Stadt im Krieg erlebt? Waren die späten 1960er Jahre wirklich so revolutionär, wie viele erzählen, die die Studentenbewegung miterlebt haben? Oft ist es aufwändig, aus erster lokaler Hand zu erfahren, was sich zu einer bestimmten Zeit, an einem bestimmten Platz, mit bestimmten Menschen ereignet hat.

Die Gründung einer Börse, die Zeitzeugen in Kontakt bringt mit Interessierten, ist öffentliche Biografiearbeit. Die Zeitzeugenbörse Berlin („Wir sammeln Erinnerungen und geben sie weiter.“) gehört zu den ältesten Institutionen dieser Art. Das Frankfurter Institut für Stadtgeschichte hat das Projekt „Fragt uns aus!“ gegründet. Es vermittelt Zeitzeugen an Schulen, Organisationen und Gruppen.

☐ Ich/Paar	☐ Besinnung	☑ Kinder/Jugendliche
☐ Gruppe	☐ Krise	☑ Erwachsene
☑ Projekt	☑ Begegnung/Bildung	☑ Ältere Erwachsene

58 Boltanski

Mit Kunst wird das Leben oder vermutetes Leben rekonstruiert.

- Fotos einer Person werden gesammelt und ausgestellt. Ergänzende Informationen berichten von der Biografie.

- Monothematische Ausstellungen präsentieren Artefakte unterschiedlicher Ereignisse: Geburt (Ultraschallfoto), Partnerschaft (das erste geschenkte Schmuckstück), Kindheit (Lieblingskuscheltier).
- Die Biografie einer fiktiven Person wird fantasiert und entwickelt. Die Ergebnisse werden zu einer Ausstellung formiert.

> Im Bildungshaus J. wurde durch eine Künstlergruppe ein Raum so gestaltet, als würde darin tatsächlich eine Person leben: Ein Koffer mit Kleidungsstücken stand geöffnet in der Ecke, persönliche Utensilien waren im Zimmer verstreut, auf dem Nachttisch lag eine Tageszeitung und auf der Toilette ein aufgeschlagenes Buch. Die Tür zu diesem Zimmer stand immer offen. Die Besucher des Hauses rätselten, was für ein Mensch den Raum wohl bewohnt habe.

Wenn man versucht, Biografien anhand weniger Daten, Bilder, Dokumente oder Erzählungen zu rekonstruieren, befasst man sich auch mit der eigenen Biografie bzw. den Biografien der Menschen, die einem bekannt und nahe sind. Das Fremde veranlasst, sich mit dem eigenen Bekannten auseinanderzusetzen.

Der französische Künstler Christian Boltanski setzt sich in seinen Arbeiten, die in den wichtigsten internationalen Kunstsammlungen zu sehen sind, intensiv mit der eigenen Vergangenheit und ihrer Rekonstruktion auseinander. 1967 begann er, Vitrinen mit Objekten wie Zuckerstücken, handgeformten Erdkugeln und Spielzeugwaffen auszustatten, um so eine typisch bürgerliche Kindheit zu skizzieren. Später versteigerte er persönliche Gegenstände, erstellte Inventare seines und des Lebens anderer und bot diese verschiedenen Museen als „Nachlass" an. 2008 begann Boltanski mit dem Projekt „Les archives du coeur". Boltanski beschäftigte sich dabei mit der Endlichkeit des Seins und mit den menschlichen Bemühungen gegen das Vergessen bzw. Vergessenwerden. Im Mittelpunkt dieser beeindruckenden Installation auf einer japanischen Insel stehen die wiedergegebenen Herzschläge vieler Menschen, Fotos und unzählige schwarze Spiegel, die im Rhythmus des aufscheinenden Lichtes wie Grabsteine wirken. – Kunst überhöht biografisches Arbeiten, irritiert und kann zu einer neuen Sicht auf Schicksale und Erlebnisse führen.

☐ Ich/Paar	☑ Besinnung	☐ Kinder/Jugendliche
☐ Gruppe	☐ Krise	☑ Erwachsene
☑ Projekt	☑ Begegnung/Bildung	☑ Ältere Erwachsene

59 Buchbiografien

Biografien und Autobiografien Prominenter laden ein, Lebensläufe zu vergleichen und mit dem eigenen Leben in Beziehung zu setzen.

- Biografien von Menschen in vergleichbaren Engagementfeldern (Schriftsteller, Politiker) werden von mehreren parallel gelesen und im Gespräch gegeneinander gestellt.
- Es werden Forschungsfragen gestellt: Was waren bedeutsame Ereignisse in der Kindheit? Welche wesentliche Entscheidung führte zur Prominenz? Wie unterschiedlich sind bestimmte Zeitabschnitte erlebt worden?
- Biografische Skizzen aus Zeitschriften werden entsprechend bearbeitet.

> In einem Lesekreis wurden die Erinnerungen von Victor Klemperer am jeweiligen Jahrestag seiner Aufzeichnungen vorgelesen und besprochen.

Der Biografiemarkt boomt, Tagebücher und Autobiografien Prominenter werden in unterschiedlicher Qualität publiziert. Die Eitelkeit des Autors trifft auf den Voyeurismus des Lesers und seine Lust, das eigene Leben mit dem Leben bekannter Persönlichkeiten zu vergleichen. Was wäre gewesen, wenn? Der Leser ist auf der Suche nach Größe, Bewunderung oder nach Relativierung bisheriger Einschätzungen.

Biografien ermöglichen ein besseres Verständnis von (Zeit)geschichte. Sie machen deutlich, wie sich gesellschaftliche Entwicklungslinien mit Einzelschicksalen und Entscheidungen verweben. Allerdings neigen Autoren in ihren Autobiografien dazu, das eigene Leben zu glätten oder zu schönen. Biografien beinhalten immer auch Rechtfertigungen und verschweigen Unvollkommenes.

Viele öffentliche Bibliotheken ermöglichen den Zugriff auf die „Munzinger-Datenbanken", die neben Chroniken 27.000 Biografien Prominenter bereithalten. Unter www.deutsche-biographie.de sind Biografien, verfasst von Fachautoren, archi viert.

☑ Ich/Paar
☑ Gruppe
☐ Projekt

☐ Besinnung
☐ Krise
☑ Begegnung/Bildung

☐ Kinder/Jugendliche
☑ Erwachsene
☑ Ältere Erwachsene

60 Biografie-Zeitschriften

Biografie-Zeitschriften werden recherchiert und miteinander verglichen.

- Große Zeitschriftenhändler halten Biografie-Zeitschriften oder Zeitschriften mit vielen biografischen Themen vor. Sie werden gekauft, verglichen und hinsichtlich ihres Gehaltes für die Alltagswelt bewertet.
- Nahezu jede Zeitschrift oder Zeitung verfügt über Spalten oder Seiten, in denen es ausschließlich um Personen (meistens Klatsch) geht: Nach welchen Kriterien wird veröffentlicht, welche Bedeutung hat das für wen? Wie werden die Informationen vom Leser genutzt? Warum lesen viele Menschen diese Spalten oder Seiten zuerst?

> Jedes Treffen des „Biografischen Zirkels" wurde durch Verlesen der aktuellen lokalen Klatsch-Spalte eröffnet. Heiterkeit wechselte ab mit Kopfschütteln über die Zumutungen des Journalismus.

Viele Zeitschriften haben biografische Schwerpunkte. Das ist manchmal seriös gemeint, oft aber ausschließlich Klatsch und Tratsch. Das Einzelschicksal bedient den Voyeurismus und lenkt von den größeren Zusammenhängen des Lebens ab. Immer dann, wenn der Fokus auf „Erzählte Geschichte" gerichtet wird, haben Biografie-Publikationen anregende Funktionen. Und: „BIOS – Zeitschrift für Biographieforschung, Oral History und Lebensverlaufsanalysen" ist eine anerkannte Fachzeitschrift.

☐ **Ich/Paar**	☐ **Besinnung**	☐ **Kinder/Jugendliche**
☐ **Gruppe**	☐ **Krise**	☑ **Erwachsene**
☑ **Projekt**	☑ **Begegnung/Bildung**	☑ **Ältere Erwachsene**

61 Alltag im Film

Der Lebensalltag in Deutschland wird erinnert und erkennbar durch Filmaufnahmen jenseits offizieller Medien oder Dokumentationen.

- Zu einer bestimmten Epoche werden Filme aus Privatarchiven gezeigt, besprochen und mit den eigenen Lebenserfahrungen verglichen.
- Offizielle und offiziöse Filme (z.B. auch Wochenschauen) kontrastieren private Filmdokumente.

Die Wirtschaftswunderjahre werden häufig eher folkloristisch abgebildet: dicke Zigarren, rauchende Schlote, beginnender Autoverkehr. Diese Bilder sind Ikonen der 1950er Jahre.
In einem Seminar wurden private Filmaufnahmen gezeigt, um das Gespräch darüber anzuregen, wie sich in den Jahren des Wachstums der Lebensstil der Teilnehmenden verändert hatte.

„Nahaufnahme" hat die ZEIT ihre Edition genannt, im Untertitel „Ein Jahrhundert deutsche Geschichte in nie gezeigten Filmdokumenten". Der Historiker und Filmemacher Joachim Castan hat acht DVDs aus Aufnahmen deutscher und internationaler Amateurfilmer zusammengestellt – jeweils um die kollektiven biografischen Punkte aus der Zeit von 1918 bis 1990. Der Reiz dieser Aufnahmen liegt darin, dass sie nie für die Öffentlichkeit bestimmt gewesen sind und die Filmer von daher einen eher unverstellten Zugriff auf die Thematik hatten.

☐ **Ich/Paar**	☐ **Besinnung**	☐ **Kinder/Jugendliche**
☑ **Gruppe**	☐ **Krise**	☑ **Erwachsene**
☑ **Projekt**	☑ **Begegnung/Bildung**	☑ **Ältere Erwachsene**

62 Bildbände

Bildbände über einzelne Zeitepochen oder Orte helfen, eigene Erinnerungen zu beleben.

- Bildbände aus verschiedenen Zeitepochen werden als Gesprächsanregung zur Verfügung gestellt.
- Die Bildbände werden zu bestimmten Themen befragt. Wie wurde damals gewaschen? Worin gleicht sich die Mode heute und damals? Was erzählen die Bilder über das Verhältnis von Mann und Frau?

In einem Seminar über die 1950er Jahre wurden zwei Bildbände zur Kindheit in Stadt und Dorf in den Mittelpunkt einer einführenden Betrachtung gestellt. Die Isetta erinnerte den Sohn des Tankstellenbesitzers an seine Wochenenddienste, der alte lederne Ranzen an die Volksschullehrerin und plötzlich sprachen alle über das Murmelspielen mit den „Tonknickern" auf dem Schulhof. Es entwickelte sich eine fast hitzige Diskussion über Spielregeln, Murmelwertigkeiten und „Bastards" (besonders schöne Glasmurmeln).

Der Markt mit Fotobüchern ist unüberschaubar geworden. Seitdem die Beschäftigung mit „Heimat“ den Geruch des Konservativen oder gar Reaktionären verloren hat, werden immer mehr Fotobücher veröffentlicht, die Alltagsleben unterschiedlicher Zeitabschnitte und Orte dokumentieren. Sie helfen, sich an die kleinen Dinge des Lebens zu erinnern und kontrastieren die Gegenwart. Fotobücher (auch und gerade solche für Kinder) sind nützliche Medien, um intergenerative Gespräche anzuregen.

☑ Ich/Paar
☑ Gruppe
☑ Projekt

☑ Besinnung
☐ Krise
☑ Begegnung/Bildung

☑ Kinder/Jugendliche
☑ Erwachsene
☑ Ältere Erwachsene

63 Archivarbeit

Archive sammeln Originaldokumente der (Zeit-)Geschichte. Sie sind das Gedächtnis der Gesellschaft. Für Laien sind insbesondere die Archive interessant, die lokalgeschichtlich orientiert sind.

- Arbeit im Archiv bedarf der sorgfältigen Vorbereitung. Das Thema (z.B. der Familienname) wird zunächst über einfache Stichwortsuche digital recherchiert. In Printmedien wird gesucht, was zur Thematik bislang veröffentlicht worden ist: Gibt es bereits gedruckte Quellen zur Thematik? Finden sich Hinweise auf Archive bzw. bestimmte für die Thematik interessante Archivalien? Archivportale lassen oft die Suche in sogenannten „Findmitteln“ zu. Wenn die Thematik ausreichend eingegrenzt wurde, kann man an entsprechende Archive herantreten und um Nutzung bitten. Diese wird bei berechtigtem Interesse und unter Beachtung bestimmter Veröffentlichungsfristen gewährt.
- Ein mittelbarer Zugang zur Biografiearbeit ist die ehrenamtliche Mitarbeit in Archiven. In manchen Stadtarchiven haben sich dazu Gruppen gebildet, die nach entsprechender Einarbeitung und Schulung die Profis unterstützen. Indem man sich mit Geschichte beschäftigt, einen sinnlichen Zugang über Archivalien bekommt, setzt man sich mittelbar auch mit Facetten der eigenen Biografie auseinander.

Er wusste, dass der Großvater Hufbeschlagschmied in Münster gewesen war. In einem Archiv stieß er nicht nur auf alte Prüfungsunterlagen, die seinen Vorfahren verzeichneten, sondern auch auf das Fotos der damaligen Prüflinge: Ganz rechts stand sein Großvater.

Arbeit in Archiven ist für den Laien mühsam und zeitraubend. Es bedarf bestimmter Grundfertigkeiten: Besteht ausreichend Lesefertigkeit alter Schriften? Wie ist das Archiv organisiert? Wie nutze ich sogenannte Findmittel? Wie sind Archivakten geordnet und aufgebaut? In manchen Städten arbeiten „Archivgruppen" gemeinsam, um sich bei der Arbeit zu unterstützen.

Im Wesentlichen gibt es vier Archivgattungen:

- staatliche Archive, die meistens auf Landes und Bundesebene organi siert sind,
- kommunale Archive,
- kirchliche Archive (wichtig für die Lokal- und Ahnenforschung),
- private Archive (Unternehmen, Organisationen, Adelshäuser, Verbände).

Hinzugetreten sind schon seit längerem sogenannte Dorf- oder Stadtteilarchive. Hier werden Dokumente des Lebens im Quartier gesammelt, immer häufiger unter Beachtung professioneller Standards.

☐ Ich/Paar	☐ Besinnung	☐ Kinder/Jugendliche
☐ Gruppe	☐ Krise	☑ Erwachsene
☑ Projekt	☑ Begegnung/Bildung	☑ Ältere Erwachsene

64 Fotowiki

In Stadtarchiven werden neben anderen Archivalien auch Fotos gesammelt. Zur Entschlüsselung des Dargestellten wird Zeitzeugenwissen benötigt.

- Auf einer Internetseite werden Fotos der lokalen Zeitgeschichte eingestellt. Öffentlich wird dazu aufgefordert, erläuternde Informationen zum Dargestellten beizusteuern.
- Die Netzseite verfügt über ein entsprechendes Wiki. Zusatzinformationen werden sofort online gestellt.

> Die „Goslarsche Zeitung" publizierte in den Wochenendausgaben alte Fotos und bat die Leserschaft, Informationen per Internet zuzuliefern.

Die unmittelbare Umgebung wirkt häufig geschichtslos. Wahrgenommen wird die Gegenwart. Die Vergangenheit erschließt sich bestenfalls über alte Häuser, Straßenbezeichnungen oder vereinzelte Erzählungen früherer Bewohner. Alte Fotos kontrastieren die Gegenwart und erzählen in Ausschnitten von den Lebensbedingungen der Vergangenheit.

Wikis ermöglichen die gemeinsame Arbeit an Dokumenten, Fotos, Dateien. Wikis sind dadurch gekennzeichnet, dass die zugelassenen Nutzer nicht nur Lese- bzw. Betrachtungsrechte, sondern auch Schreibrechte u.a. erhalten können.

☐ Ich/Paar	☐ Besinnung	☐ Kinder/Jugendliche
☑ Gruppe	☐ Krise	☑ Erwachsene
☑ Projekt	☑ Begegnung/Bildung	☑ Ältere Erwachsene

65 Zeitungsanalyse

Ein Zeit- oder Lebensabschnitt wird mit Hilfe von Zeitungsarchiven bzw. Archivbänden analysiert.

- Der Zeit- und Lebensraum wird festgelegt. In Zeitungsarchiven werden dazu die entsprechenden Artikel gesucht. Wesentliche Artikel oder Auszüge werden in einer Collage verarbeitet.
- Es wird gezielt nach Prognosen der damaligen Zeit geforscht. Diese werden verglichen mit der später eingetretenen Realität.
- Karikaturen aus dem gewählten Zeitraum werden analysiert.

Schon wenige Jahre nach der Grenzöffnung 1989 war die Vereinigungseuphorie der ersten Monate in den ehemaligen Grenzdörfern verschwunden. An einem Wochenende trafen sich je eine Gruppe aus dem Westdorf und dem Ostdorf. Gemeinsam studierten sie die Zeitungsberichte des Spätherbstes 1989 und registrierten erstaunt die eigene Vergesslichkeit. Man forschte nach Zukunftsprognosen, amüsierte sich über die „blühenden Landschaften" und entdeckte, wie ähnlich man sich über die Jahre geworden worden war.

Viele Zeitungen öffnen ihre Archive für Leser und Leserinnen. Große Zeitungen veröffentlichen oft Reprints ihrer Titelseiten oder bieten ganze Jahrgänge auf CD-ROM mit entsprechenden Suchfunktionen an. Viele öffentliche Bibliotheken halten diese Medien vor.

☐ Ich/Paar	☐ Besinnung	☐ Kinder/Jugendliche
☑ Gruppe	☐ Krise	☑ Erwachsene
☑ Projekt	☑ Begegnung/Bildung	☑ Ältere Erwachsene

Tagebücher
Registrieren und protokollieren

Die Methoden dieses Kapitels regen an, das eigene Leben ganz, zeitweise oder thematisch orientiert zu dokumentieren.

66 Journal

Die Ereignisse, Eindrücke und Gefühle des Tages werden schriftlich festgehalten.

- Täglich wird das Geschehen des Tages kommentiert oder unkommentiert in ein ausschließlich dafür vorgesehenes Schreibbuch eingetragen. Dieser Eintrag sollte am frühen Abend erfolgen, wenn die Konzentration noch nicht nachgelassen hat. Das Buch sollte am immer selben Platz liegen (z.B. Stehpult) und der Eintrag ritualisiert werden (z.B. indem eine Kerze angezündet wird, ein Glas Wein getrunken o.ä.). Eingang in das Tagebuch findet alles, was der Schreiber für erwähnenswert hält.
- Statt eines Tagebuches wird lediglich ein Kalender mit Stichworten zum Tag gefüllt.
- Eltern legen ein Tagebuch über die Entwicklung des neugeborenen Kindes an.
- Ein Trauertagebuch wird geführt.
- Träume werden notiert. Dazu wird neben dem Bett ein Blankobuch und Stift bereit gelegt, um das Geträumte unmittelbar nach dem Aufwachen aufzuschreiben.
- Auf dem Markt sind sogenannte Jahresweiser erhältlich. Jede der 365 Seiten ist z.B. in zehn Felder aufgeteilt, die Seite übertitelt vom Tagesdatum. Pro Jahr wird eines dieser Felder ausgefüllt, so dass man täglich lesen kann, was ein Jahr zuvor notiert wurde.

> Das Mädchentagebuch der Tony R. war ihr so wichtig, dass sie es durch alle Wirren des Lebens bewahrt hat. Sie hat es niemandem zu lesen gegeben und verfügt, dass es nach ihrem Tod zu vernichten sei.

Tagebuchschreiben ist eine Momentaufnahme. Der einzelne Tag besagt wenig. In der Zusammenschau vieler Tage entsteht ein plastisches Bild von den Freuden und Mühen, vom Reichtum und Gelingen, von den Ereignissen, die schon vergessen waren. Dürfen Nachkommen das Buch lesen, erschließt sich nicht nur eine andere Welt, sondern oft auch eine unbekannte Seite des Schreibenden. Wenn man Tagebuch führen will, sollte man mit geringen Ansprüchen beginnen. Man begrenzt sich zunächst auf ein paar Stichworte oder den wöchentlichen Eintrag. Dass Tagebücher auch für andere Bedeutung haben können, zeigt das Deutsche Tagebucharchiv in Emmendingen (www.tagebucharchiv.de). Dort sind mittlerweile ca. 4.000 persönliche Tagebücher archiviert worden.

☑ Ich/Paar
☐ Gruppe
☐ Projekt

☑ Besinnung
☐ Krise
☐ Begegnung/Bildung

☑ Kinder/Jugendliche
☑ Erwachsene
☑ Ältere Erwachsene

67 Kurzzeittagebuch

Eine vorher festgelegte Zeitspanne wird dokumentiert

- In einer vorher festgelegten Zeit wird Tagebuch geführt: in einer Kur, während einer Bildungsreise, während der Abwesenheit des Partners.
- Das Tagebuch wird gemeinsam mit anderen geführt – möglichst freiwillig, da feste Zuweisungen (z.B. Tage oder halbe Tage) dazu führen können, dass aus dem Tagebuch ein Protokollbuch wird.

> Während des Seminars „Abschied von der Arbeit" lag auf dem Stehpult ein Schreibbuch aus. Die Teilnehmenden wurden gebeten, ihre Eindrücke über die Themen, die Mitwirkenden und ihre eigene Entwicklung während der Woche aufzuschreiben. Jeder Teilnehmende verpflichtete sich, wenigstens einen Beitrag im Buch zu platzieren. Zugelassen waren nicht nur Texte, sondern auch Zeichnungen oder Stichworte.

Wer sich viel vornimmt, kommt oft zu wenig. Tagebuchaufzeichnungen über einen begrenzten Zeitraum, in einer besonderen Situation mit einem nahen Menschen, stützen die Konzentration und Kondition. Die gestellte Aufgabe ist überschaubar. Von besonderem Reiz ist es dabei, ein gemeinsames Tagebuch zu führen. Damit ist das Buch nicht nur Ort der Reflexion und Erinnerung, sondern gleichzeitig auch der Kommunikation.

☑ Ich/Paar
☑ Gruppe
☐ Projekt

☑ Besinnung
☐ Krise
☐ Begegnung/Bildung

☐ Kinder/Jugendliche
☑ Erwachsene
☑ Ältere Erwachsene

68 Anderes Tagebuch

Mit dem Tagebuch wird ein Gegenüber imaginiert.

- Das Tagebuch erhält einen Namen und wird persönlich „angesprochen".
- Das Tagebuch wird als Sammlung von Briefen an einen anderen (verstorbenen) Menschen angelegt.

> Das berühmteste Tagebuch der Weltliteratur ist das „Tagebuch der Anne Frank". Das Mädchen Anne gab seinem Tagebuch den Namen „Kitty" und begann jeweils mit einer Anrede die Eintragungen. Anne Frank imaginierte so eine Person, der sie alles anvertrauen konnte. Dies war ihr mutmaßlich wichtig, weil sie in der Verfolgungssituation mit vielen Menschen auf engstem Raum zusammen leben musste und über wenig Privatsphäre verfügte.

Solcherart anderer Tagebücher sind nicht allein Dokumentation, sondern auch stumme Gesprächspartner. Indem die eigenen Themen und Probleme anvertraut werden, hofft man als Schreibender auf „Annahme". Liest man nach längerer Zeit in den Texten, scheint es manchmal so, als entstünde eine neue Perspektive, als würde das Tagebuch „sprechen" oder „antworten". Alle Tagebücher haben eine intime Qualität. Die Schreibenden sollten ausdrücklich verfügen, was am Ende ihres Lebens geschehen soll. So reizvoll die Aufzeichnungen für die Nachwelt sind: Wesentlicher muss die Gewissheit sein, dass die Intimität auch über den Tod hinaus geachtet wird.

☑ Ich/Paar	☑ Besinnung	☑ Kinder/Jugendliche
☐ Gruppe	☐ Krise	☑ Erwachsene
☐ Projekt	☐ Begegnung/Bildung	☑ Ältere Erwachsene

69 Bilderbuch

Lebensabschnitte oder einzelne Lebensereignisse werden in illustrierten Tagebüchern festgehalten.

- Für jeden Urlaub wird ein Tagebuch angelegt, in dem nicht nur Erinnerungen verzeichnet, sondern auch Skizzen angelegt, Zeitungsausrisse oder Fotos geklebt werden.
- Familienfeste, hohe Feiertage oder markante Lebenseinschnitte werden dokumentiert.

Wolfgang H. hatte ein Jahresabonnement beim Stadttheater gebucht und sechs Vorstellungen besucht. Er sammelte Eintrittskarten, Programmhefte, Fotos, Zeitungsrezensionen, Taxiquittungen und vereinte das Material mit seinen Eindrücken zu einer großen Collage der Theatersaison.

Der Vorteil solcher Sammlungen und Aufzeichnungen gegenüber eher chronologischen liegt in der thematischen Orientierung, der zeitlichen Begrenzung und Schwerpunktsetzung. Die gestalterische Vorgabe erleichtert und illustriert. Durch Anlage einzelner Hefte oder Mappen kann man differenzieren: Welche Erinnerungen behalte ich für mich, welche will ich anderen zugänglich machen?

☑ **Ich/Paar**	☑ **Besinnung**	☑ **Kinder/Jugendliche**
☐ **Gruppe**	☐ **Krise**	☑ **Erwachsene**
☐ **Projekt**	☐ **Begegnung/Bildung**	☑ **Ältere Erwachsene**

70 Gesprochenes Tagebuch

Weniger aufwändig als das schriftliche Erfassen der Tagesereignisse sind digitale Sprachaufnahmen.

- Jeden Tag werden auf einem Diktiergerät, PC oder Smartphone einige Sätze zum Tag gesprochen.
- Am Monatsende werden die diktierten Erinnerungen in einem schriftlichen Text zusammengefasst.
- Ergänzend zu den eigenen Erinnerungen werden von anderen kurze Kommentare erbeten und aufgesprochen.

Peter G., der allein lebte, deponierte am Bett ein kleines Diktiergerät, das er im Kaufhaus billig erworben hatte. Abends schilderte er kurz die wesentlichen Ereignisse des Tages.

Wird das Aufgesprochene später abgehört, so vermitteln sich nicht nur die Fakten, sondern man erinnert auch die konkrete Situation, in der diktiert wurde. Die schriftliche Zusammenfassung vertieft die Auseinandersetzung weiter. Mit entsprechendem Abstand wird nach Wochen oder Monaten bilanziert, vielleicht sogar kommentiert. Ambitionierte speichern das Diktierte mit Fotos, Videos und anderen Dokumenten in einem digitalen Archiv.

☑ Ich/Paar
☐ Gruppe
☐ Projekt

☑ Besinnung
☐ Krise
☐ Begegnung/Bildung

☐ Kinder/Jugendliche
☑ Erwachsene
☑ Ältere Erwachsene

71 Fototagebuch

Mit Fotos wird der Alltag dokumentiert.

- Standardsituationen des Alltags werden durch Fotos dokumentiert: der Frühstückstisch, der Einkauf, Gäste am Tisch. Dafür liegt eine kleine Kamera bereit.
- Einmal in der Woche wird aus immer gleicher Perspektive ein Straßenbild gemacht.
- Die gesammelten Bilder werden zu Fotocollagen montiert oder in analogen bzw. digitalen Alben versammelt.
- Standardsituationen werden per Video festgehalten.

Gaby L. fotografierte sich jeden Sonntag in ihrem Wohnzimmer. Auf den Fotos sieht man sie im Morgenrock, dann mit Lockenwicklern, in Festtagskleidung, mit Gästen. Über ein Jahr hat sie sich so eine kleine Lebensgalerie geschaffen, die Ernsthaftes und Witziges miteinander verbindet. Frau L. will das Privatprojekt fortführen und hofft auf langen Atem. Für sie ist es eine besondere Form der Meditation.

Eine weniger empfehlenswerte Variante des Fototagebuchs ist die Videoaufzeichnung. Diese Bilder bzw. Bildsequenzen sind aufgrund ihrer Bewegtheit und Fülle flüchtige. Das erschwert Erinnerung, da die Konzentration auf das Wesentliche durch immer neue Eindrücke irritiert wird und abflacht. Fotos fokussieren stärker.

Das Sammeln der Bilder kann aber auch zu bedenklicher Manie ausarten. Eine neue mediale Entwicklung zeichnet sich z. B. durch die Minikamera „Memoto“ ab. Die schwedische Firma hat eine Kamera entwickelt, die als Schmuck oder Clip getragen werden kann und automatisch alle 30 Sekunden ein Bild macht. Nicht aber die Quantität der Bilder, sondern die Qualität und Bedeutungszuschreibung steht beim Fototagebuch im Vordergrund.

☑ Ich/Paar
☐ Gruppe
☐ Projekt

☑ Besinnung
☐ Krise
☐ Begegnung/Bildung

☐ Kinder/Jugendliche
☑ Erwachsene
☑ Ältere Erwachsene

72 Fotodokumentation

Fotos dokumentieren das Alltägliche des Lebens, die einfachen Vollzüge.

- Ein Jahr lang wird jeder Tag mit einem Foto dokumentiert. Die Fotos sollen spontan entstehen und nicht ästhetisch bearbeitet werden.
- Statt jeden Tag werden jede Woche ein bis drei Situationen dokumentiert.

Lina S., eine professionelle Fotografin, dokumentierte Ausschnitte ihres Alltags und veröffentlichte die Fotos im ZEITmagazin als „Tagebuch einer jungen Frau".

Die digitale Bildtechnik hat dazu geführt, dass heute nahezu jeder technisch akzeptable Bilder fotografieren kann. Diese sollen oft kunstvoll sein, bedienen aber meistens Klischees: der tausendste Sonnenuntergang, das blaue Meer, das Pferd am Urlaubsstrand, wehende Haare. Fotografie ist aber weniger Kunst und mehr Dokumentation. Sie will und kann den flüchtigen Moment festhalten und erinnert so an alle Umstände, die während des Schnappschusses, lebendig waren. Diese Fotos repräsentieren nicht die vermeintliche Kunst des Fotografen, die Schönung der Lebensumstände, sondern dessen Normalität, den Alltag.

☑ **Ich/Paar**
☐ **Gruppe**
☐ **Projekt**

☑ **Besinnung**
☐ **Krise**
☐ **Begegnung/Bildung**

☑ **Kinder/Jugendliche**
☑ **Erwachsene**
☑ **Ältere Erwachsene**

73 Lebensbücher

Das Lebensbuch ist eine für Kinder und Jugendliche entworfene strukturierte Form der schriftlichen Biografiearbeit.

- Kinder und Jugendliche schreiben, malen, gestalten in ein „Lebensbuch" die wesentlichen Stationen ihres Lebens: Herkunft, Geburt, Stammbaum, Landkarte des Wohnens, Fotografien, „Besuche" in der Vergangenheit. Das Lebensbuch hat Tagebuchcharakter, fokussiert aber auf bestimmte Themen.
- Lebensbücher helfen alten Menschen bei der strukturierten Rekonstruktion ihrer Vergangenheit.

Lars M. besitzt eine Sammlung verschiedener Schulhefte. In dem einen notiert er alle Menschen, die er je in seinem Leben getroffen hat, in einem zweiten hat er seine Zimmer beschrieben, im dritten die Veränderungen des Tageslaufs. Weitere Hefte legt er nach Erinnerung und Gefallen an.

Tony Ryan und Rodger Walker gehören zu den Pionieren der Biografiearbeit mit Kindern und Jugendlichen. Sie haben das Lebensbuch entwickelt, um Kindern die Integration ihrer Erlebnisse und Erfahrungen zu erleichtern. Der Ansatz ist zunächst defizitorientiert, versucht aber aus dieser Position heraus Ressourcenorientierung. Die Autoren halten vor dem Hintergrund, dass viele Kinder in ihrer Vergangenheit Traumata erfahren haben, eine erinnerungsorientierte Fixierung für notwendig. Unabhängig davon, ob dieser eher therapeutisch inspirierte Ansatz von 1993 so noch stimmig ist, sind die methodischen Überlegungen und Vorschläge dieser „Life Story Work“ weiterhin aktuell.

☑ Ich/Paar	☑ Besinnung	☑ Kinder/Jugendliche
☐ Gruppe	☑ Krise	☑ Erwachsene
☐ Projekt	☐ Begegnung/Bildung	☑ Ältere Erwachsene

74 Jahresrückblick

Am Ende des Jahres wird spielerisch Bilanz gezogen.

- Zwischen den Jahren (Weihnachten und Neujahr) werden die wichtigsten Ereignisse des ausgehenden Jahres allein, in der Familie oder mit anderen Nahestehenden erinnert und in ein Buch geschrieben.
- Die Ereignisse des Jahres werden als Collage dargestellt.
- Der Rückblick wird ergänzt durch Prognosen oder Wünsche für das kommende Jahr. Diese Prognosen und Wünsche werden ein Jahr später „ausgewertet“. Was ist eingetroffen, was hat sich ganz anders entwickelt?

Die Familie protestierte vehement, als der Jüngste jemandem aus dem nahen Umfeld den Tod prognostizieren wollte. Tief saß der Aberglaube.

Die Zeit „zwischen den Jahren“ ist für viele Menschen eine ruhige, reflexive Zeit. Sie ermöglicht kleine und große Bilanzen, hilft Ordnung in das Erlebte zu bringen und gute Vorsätze zu fassen. Zur Bilanz gehört das Beschwerende wie das Leichte des Lebens. Wichtig ist das Rituelle: ein immer ähnlicher

Zeitpunkt, dasselbe Buch, möglichst die gleichen Teilnehmenden. Es wird konstatiert, nicht diskutiert.

☐ Ich/Paar	☑ Besinnung	☑ Kinder/Jugendliche
☑ Gruppe	☐ Krise	☑ Erwachsene
☐ Projekt	☐ Begegnung/Bildung	☑ Ältere Erwachsene

75 Buchtagebuch

Gelesene Bücher geben Auskunft über Interessen, Zeitvertreib und -gestaltung.

- In einem eigens angelegten Tagebuch werden alle gelesenen Bücher notiert. Ihr Inhalt wird zusammengefasst, der Zeitraum und Ort des Lesens wird protokolliert, interessante Zitate festgehalten. Mit wenigen Stichworten wird zudem notiert, in welcher Lebenssituation man das Buch gelesen hat.
- Statt eines Tagebuchs werden Karteikarten gestaltet, die den jeweiligen Büchern beigelegt werden.
- Man kann vorgefertigte Buchtagebücher (z.B. bei „Moleskine" oder „Leuchtturm1917") erwerben. Sie schränken allerdings die Gestaltungslust durch Themen- und Platzvorgaben ein.

> Rainer T. wurde mit den Jahren vergesslicher und ärgerte sich darüber, dass ihm wichtige Inhalte von Büchern entfallen waren und Zitate in der Kommunikation fehlten. Er begann, für jedes gelesene Buch eine Notizseite anzulegen, die er sorgsam archivierte und immer wieder studierte.

Menschen leben mit Büchern und für viele sind Bücher das halbe Leben. An ihnen können sie ihre sich ändernden Interessen feststellen, Erinnerungen festmachen und deren Inhalte als Kommunikationsmaterial nutzen. Je nach Lebensphase hat Lesen unterschiedliche Funktionen: Lernen, sich bilden, Zeit vertreiben, trösten.

Wer Buchtagebücher führt wird schon nach einiger Zeit feststellen, dass es sich nicht um das zwanghafte Festhalten und Erinnern vergehender Zeit handelt, sondern dass die Intensität des Gelesenen und der erlebten Emotion wach gehalten wird. Bücher sind nicht nur beliebiger Zeitvertreib, sondern Begleiter durch unterschiedliche Phasen der Existenz. Gerade vor dem Hintergrund, dass sich das E-Book immer stärker durchsetzen wird, gewinnt das Buchtagebuch an Bedeutung. Printbücher versammeln nicht allein Texte, sondern auch Lesespuren (Notizen, Eselsohren, Flecken etc.). Das E-Book lässt diese sinnliche Individualisierung des Buches kaum noch zu, bereichert allerdings durch andere Möglichkeiten (elektronische Notizen, Markierungen, Links u. a.).

☑ Ich/Paar	☐ Besinnung	☐ Kinder/Jugendliche
☐ Gruppe	☐ Krise	☑ Erwachsene
☐ Projekt	☑ Begegnung/Bildung	☑ Ältere Erwachsene

76 Korrespondenz

Briefe und deren Beantwortungen werden archiviert.

- Alle Briefe und deren Antworten werden in einer Kiste, Schublade o.ä. gesammelt. Einmal im Jahr wird aussortiert und nur bedeutende oder erinnerungsträchtige Briefe werden archiviert.
- Jeder Brief wird nach Personen archiviert, der Antwortbrief kopiert und hinzugefügt.

> Im Schreibtisch war eine große Schublade für Briefe mit den jeweils angehefteten Antworten reserviert. Sobald die Schublade überquoll, wurde aussortiert.

Briefwechsel werden von den wenigsten Menschen aufbewahrt. Wenn Schriftstücke aufbewahrt werden, dann verschwinden sie, meistens auf Dachböden, und landen irgendwann in der Mülltonne. Berühmte Briefwechsel stellen eine eigene Literaturgattung dar. Auch deshalb ist es schade, wenn diese Alltagskommunikation gering geschätzt wird. Ihre Archivierung wird für die Biografiearbeit reizvoll und interessant, wenn die jeweiligen Antworten aufbewahrt wurden. Es entsteht ein Bild, das dem intensiven Gespräch entsprechen kann. Aber auch hier gilt: Briefe zu wechseln gehört zu dem Teil unserer Kultur, der sich ändert und vermutlich im Schwinden begriffen ist.

☑ Ich/Paar	☑ Besinnung	☐ Kinder/Jugendliche
☐ Gruppe	☐ Krise	☑ Erwachsene
☐ Projekt	☐ Begegnung/Bildung	☑ Ältere Erwachsene

77 Diashow

Fotos werden thematisch geordnet und zu einer Diashow über bestimmte Lebensabschnitte zusammengestellt.

- Digitale archivierte Bilder werden sorgfältig ausgesucht und jeweils bezeichnet (Name der wichtigsten dargestellten Person, Ort, Anlass; das Datum wird automatisch generiert). Je nach Interesse oder Anlass können mittels Suchfunktionen Bilderpakete zusammengestellt, geordnet und als Diashow (Funktion z.B. unter Windows) zur Verfügung gestellt werden.
- Bilder zu verschiedenen Themen, Anlässen oder Zeitabschnitten werden in Fotobüchern zusammengefasst. Fotobücher können vergleichsweise preiswert mit entsprechender Software hergestellt werden.

Als Marta S. 80 wurde, stellte sie ein Fotobuch ihrer letzten zehn Lebensjahre zusammen und verschenkte es an ihre Enkel.

Durch die Möglichkeiten der digitalen Fotografie und Archivierung sind bei vielen Menschen immer größere Bildsammlungen entstanden, die meistens ungeordnet oder unentdeckt im PC gespeichert sind. Diese Sammlungen zu ordnen und zu konzentrieren bedeutet, die eigene Erinnerungsarbeit zu fokussieren: Welche Bilder sind mir auch nach einem Tag, einer Woche, einem Monat, einem Jahr noch wichtig? Welche erinnern mich an Wesentliches? Welches Foto enthält Informationen für Menschen, die die dargestellte Szene nicht erlebt haben? Wer erinnert, muss auch vergessen. Wer sammelt, muss aussortieren.

☑ Ich/Paar
☐ Gruppe
☐ Projekt

☐ Besinnung
☐ Krise
☑ Begegnung/Bildung

☑ Kinder/Jugendliche
☑ Erwachsene
☑ Ältere Erwachsene

Festhalten

Beschreiben und redigieren

Die Methoden dieses Abschnittes regen an, Erfahrungen, Erlebnisse und Deutungen festzuhalten oder zu rekonstruieren.

78 Lebensgeschichte schreiben lassen

Die eigene Lebensgeschichte wird professionell aufgeschrieben und ggf. gedruckt.

- Die eigene Lebensgeschichte wird einem interessierten, schreibfreudigen Familienmitglied oder Freund/in erzählt und von ihm oder ihr aufgeschrieben.
- Die eigene Biografie wird zunächst auf Tonband gesprochen und später verschriftet.
- Die Lebensgeschichte wird einem professionellen Texter geschildert und aufgeschrieben. Der Text wird Familienangehörigen und Freunden geschenkt oder von einem spezialisierten Verlag („books-on-demand“) gegen Bezahlung publiziert.

> Klaus und Beate O. wollten ihren Kindern anlässlich der Goldenen Hochzeit die Geschichte ihrer Beziehung schenken und baten einen befreundeten Journalisten, diese aufzuzeichnen. Heraus kam eine kleine Broschüre, die mit Fotos angereichert, in kleiner Auflage gedruckt wurde.

Die eigene Lebensgeschichte aufzuschreiben, ist reizvoll und hat zunächst die Funktion der Reflexion. Das Subjektive überwiegt. Wer hingegen Wert darauf legt, die eigene Biografie mit Abstand zu betrachten, sollte mit einem Gegenüber arbeiten. Autor oder Autorin fragen nach, relativieren, stellen Zusammenhänge her und klären Verständnisse. Sie sind nicht so involviert wie ein Autobiograf und haben die Distanz, die später auch der Leser hat. Diese Widerspiegelung ist für den Erinnernden wertvoll: Sie konfrontiert ihn mit der Rezeption dessen, was ihm oder ihr einstmals wichtig war und vielleicht bleibt.

Aber: Der Wunsch, das eigene Leben gedruckt zu sehen, ist natürlich auch der Wunsch eigener Bedeutungshebung, nicht selten eitler Bedeutungshebung. Im Netz findet man unter dem Stichwort „Biografien schreiben“ viele Dienstleistungen: Biografen, Verlage, Anregungen für Autobiografen.

☑ Ich/Paar	☑ Besinnung	☐ Kinder/Jugendliche
☐ Gruppe	☐ Krise	☐ Erwachsene
☐ Projekt	☐ Begegnung/Bildung	☑ Ältere Erwachsene

79 Autobiografien

Die eigene Lebensgeschichte wird rückschauend aufgeschrieben.

- Die Lebenserinnerungen werden schriftlich festgehalten – chronologisch oder thematisch geordnet. Für die Aufzeichnung werden Tagebücher, Briefe oder die Erinnerungen von Familienangehörigen ausgewertet.
- Im PC wird eine Datei angelegt, die zunächst eine Zeitleiste aufweist. Zu den jeweiligen Daten werden dann nach und nach, je nach Erinnerung und Recherche, Ereignisse hinzugefügt.
- Die Erinnerungen werden (zunächst) auf Tonband oder Video gesprochen.
- Es werden Abschnitte des Lebens eruiert (z.B. Schule, Feiern, Beziehungen).

Hans F. erinnerte sich nach seiner Pensionierung an einen Jugendfreund, den er in den 1930er Jahren aus den Augen verloren hatte. Es stellte sich heraus, dass dieser auf Betreiben seiner jüdischen Eltern nach England emigriert war. Hans F. eruierte die Lebensgeschichte und schrieb in mehreren umfangreichen Manuskripten seine Erlebnisse auf. Einige seiner Aufzeichnungen waren so intim, dass sie nur von seiner Frau gelesen werden durften, andere beschämten ihn, weil er „weggeschaut“ hatte. Wieder andere wurden Zeugnisse der Zeitgeschichte. Diese stellte er der Öffentlichkeit zur Verfügung. Die autobiografischen Aufzeichnungen waren der Auftakt zu umfangreichen Tagebuchschriften, die er bis an sein Lebensende fortführte.

Die meisten Menschen neigen dazu, die eigenen Lebenserfahrungen abzuqualifizieren. Sie messen ihr Leben an den Leistungen der „Großen“ und verkennen dabei oft, wie ereignisreich das eigene Leben war. Es kann als wertvoll erlebt werden, im letzten Drittel des Lebens aufzuschreiben, was einem widerfahren ist. Dabei geht es nicht um die Produktion von Literatur, auch nicht zuerst um Publikation, sondern um das reflektierende Darstellen, um die schreibende Konzentration. Der Text wird zu einem Gegenüber und ermöglicht den inneren Dialog.

☑ Ich/Paar	☑ Besinnung	☐ Kinder/Jugendliche
☐ Gruppe	☐ Krise	☑ Erwachsene
☐ Projekt	☐ Begegnung/Bildung	☑ Ältere Erwachsene

80 Veröffentlichte Erinnerung

Erinnertes wird veröffentlicht.

- Veröffentlichungen in der Lokalzeitung werden angestrebt – ein einmaliger Bericht oder eine Serie, die gemeinsam mit der Redaktion geplant wurde.
  Gemeindeblätter oder Vereinsnachrichten veröffentlichen Historisches.
- Für entsprechende Veröffentlichungen wird eine eigene Domain entwickelt.
- Webseiten lokaler Organisationen werden um Aufnahme einzelner Beiträge oder um Verlinkung zur Domain gebeten.

Die Gruppe „Spurensuche" forschte über das Schicksal von Zwangsarbeitern, bat öffentlich um Informationen und Dokumente. Kombiniert mit den Ergebnissen eigener Archivarbeit entstanden daraus Artikel für die Lokalzeitung.

Heimatgeschichte, die erzählte und erinnerte Geschichte ist, ermöglicht Näherungen, die durch die gängigen Standards der Geschichtsschreibung eher verstellt werden. Erinnerungen zu veröffentlichen hat meistens einen Multiplikations- und einen stillen Effekt. Das Veröffentlichte regt andere zu Erinnerungen an und erweitert so das biografische Reservoir. Gleichzeitig reflektiert der Lesende still seine durch das Publizierte ausgelösten Erinnerungen.

☐ Ich/Paar	☐ Besinnung	☐ Kinder/Jugendliche
☐ Gruppe	☐ Krise	☑ Erwachsene
☑ Projekt	☑ Begegnung/Bildung	☑ Ältere Erwachsene

81 Soziale Netzwerke

In den sogenannten Sozialen Medien kann man sich biografisch präsentieren.

- Die Möglichkeiten von Facebook und anderen Plattformen sind verführerisch: Nachrichten können gepostet, Fotos platziert, Empfängerkreise reguliert und sogenannte Freunde gewonnen werden.
- Netzwerke, die beruflich orientiert sind (z.B. „Xing"), ermöglichen Selbstpräsentationen.
- Spezialisierte Portale („Seniorbook") diversifizieren z.B. nach Alter.
- Unter Facebook finden sich Seiten zu einzelnen Städten („Du kommst aus XY …"). Man wird aufgefordert, Erinnerungen an den entsprechenden Ort zu hinterlegen.
- Portale bzw. Spiele wie „Second Life" ermöglichen denkwürdige Biografiearbeit: die Selbstschöpfung als virtuelles Wesen („Avatar")…

> Karin G. kommuniziert mit ihren Freundinnen und Bekannten nur noch über Facebook: „E-Mails sind für meine Eltern da. Das ist mir nicht komfortabel genug."

Noch vor wenigen Jahrzehnten wurde den Medien vorgeworfen, sie seien einseitig und würden ihre Nutzer nicht beteiligen. In den 1970er Jahren wollten viele die Veränderung der Kommunikationskultur und Teilhabe an der Informationsmacht. Das Internet stellt diese Teilhabe nun tatsächlich zur Verfügung und ernüchtert konstatiert man, dass die Teilhabe nicht zu größerer Freiheit, sondern eher zur Einengung des Persönlichen führt. Je mehr man sich im Netz bewegt, desto mehr gibt man von sich preis. Die Eigner der Sozialen Netzwerke beuten ihre Nutzer aus, verkaufen deren Daten an die Werbetreibenden und profitieren von der prosperierenden Entwicklung. Allerdings ist auch eine positive Entwicklung zu konstatieren. Die Oppositionsbewegungen in diktatorischen Staaten und Bürgerrechtsbewegungen organisieren sich immer stärker über Soziale Netzwerke. Sie machen sich die besondere Qualität dieser Medien zunutze. Auch daran kann man erkennen, wie tiefgreifend sich Kommunikationsstile verändert haben und weiter verändern werden. Auch wenn Facebook und Co. mittlerweile Kommunikationsstandard sind: In welchem Verhältnis steht der Nutzen zum Nachteil?

☑ Ich/Paar	☐ Besinnung	☑ Kinder/Jugendliche
☐ Gruppe	☐ Krise	☑ Erwachsene
☐ Projekt	☑ Begegnung/Bildung	☑ Ältere Erwachsene

82 Blogs

Das Netz macht es möglich: Das Tagebuch wird nicht nur im Computer geführt, sondern geteilt mit Freunden, Angehörigen oder Interessierten.

- Auf der eigenen Webseite wird ein Blog-Tool eingerichtet und definiert, wer Zugang zu diesem Blog hat. Man kann für den Blog (Web+ Logbuch=Blog) Kommentarrechte vergeben und so aus dem digitalen Tagebuch eine interaktive Plattform für Freunde und Verwandte machen.
- Das Tagebuch wird ergänzt von interessanten Fotos, Empfehlungen oder Links.

> Peter M. wollte sich nicht den Sozialen Netzwerken ausliefern, sondern eigenbestimmt und -organisiert entscheiden, wer auf welche Weise Informationen von ihm erhielt. Mit der Zeit entwickelte sich aus seinem Blog eine interessante Informationsbörse über Chormusik im lokalen Raum.

Für diejenigen, die computeraffin sind, ist das digitale Tagebuch eine Möglichkeit, die eigenen Erfahrungen und Erlebnisse festzuhalten und einem ausgewählten Nutzerkreis zur Verfügung zu stellen. Der Aufwand ist gering und die Realisierung einfach möglich. Man schätzt, dass es in Deutschland ca. eine Millionen aktive und passive Blogger gibt – mit sehr unterschiedlicher Qualität und Veröffentlichungsfrequenz.

Beispiele: Der lebengeschichtlich orientierte Blog www.castroper-geschichten.de, der Hans Frackowiak mittlerweile eine gewisse Prominenz verschaffte. Der Blog des Autors ist unter www.ruhe-goslar.de erreichbar.

Die sogenannten Sozialen Netzwerke (an erster Stelle Facebook) sind Datenmaschinen. Unter dem Vorwand, Kommunikation zu ermöglichen und zu erleichtern, werden die entsprechenden Kommunikationswege ausgewertet und die Ergebnisse verkauft. Auch wenn man sich unter bestimmten Bedingungen dieser Verwertung entziehen kann, so werden doch immer persönliche Daten in den öffentlichen Raum gegeben werden – oftmals sind sie nicht einmal durch Verschlüsselungen gesichert.

☑ **Ich/Paar**	☐ **Besinnung**	☑ **Kinder/Jugendliche**
☐ **Gruppe**	☐ **Krise**	☑ **Erwachsene**
☐ **Projekt**	☑ **Begegnung/Bildung**	☑ **Ältere Erwachsene**

83 Lebenslauf

Der eigene Lebenslauf wird in Bildern dargestellt.

- Erich Kästner hat den Lauf des Lebens als „Eisenbahngleichnis“ gedichtet. Es eignet sich als Beispiel oder Vorlage, um das eigene Leben verdichtet dazustellen.

> Wir sitzen alle im gleichen Zug
> und reisen quer durch die Zeit.
> Wir sehen hinaus. Wir sahen genug.
> Wir fahren alle im gleichen Zug
> und keiner weiß, wie weit.
>
> Ein Nachbar schläft; ein andrer klagt;
> ein Dritter redet viel.
> Stationen werden angesagt.
> Der Zug, der durch die Jahre jagt,
> kommt niemals an sein Ziel.
>
> Wir packen aus, wir packen ein.
> Wir finden keinen Sinn.
> Wo werden wir wohl morgen sein.
> Der Schaffner schaut zur Tür herein
> und lächelt vor sich hin.
>
> Auch er weiß nicht, wohin er will.
> Er schweigt und geht hinaus.
> Da heult die Zugsirene schrill.
> Der Zug fährt langsam und hält still:
> die Toten steigen aus.
>
> Die erste Klasse ist fast leer.
> Ein feister Herr sitzt stolz
> im roten Plüsch und atmet schwer.
> Er ist allein und spürt das sehr
> Die Mehrheit sitzt auf Holz
>
> Wir reisen alle im gleichen Zug
> zur Gegenwart in spe.
> Wir sehen hinaus. Wir sahen genug.
> Wir sitzen alle im gleichen Zug
> und viele im falschen Coupé.

- Statt der Eisenbahn kann eine andere Metapher gewählt werden: Berg, Fluss oder Wanderung.
- Es wird nach weiteren Gedichten geforscht, die den Lauf des Lebens abbilden und als Grundlage für das Gespräch genutzt werden.

Das „Eisenbahngleichnis“ wurde in einer Seniorengruppe Strophe für Strophe mit individuellen Erinnerungen belegt: Wer sitzt allein in der erste Klasse, wer ist der Schaffner, welche Stationen haben mein Leben gestaltet?

Kästners Gedicht schildert melancholisch den Lauf, den Rhythmus des Lebens. Im letzten Lebensdrittel lassen sich Menschen von dieser Melancholie ansprechen und in die Reflexion führen. Melancholie ist eine besondere Form der Gelassenheit: Mein Leben war, wie es war. Wenn es gut war, so hat es mich bereichert. Wenn es misslungen ist, kann ich es heute nicht mehr ändern. Ich schaue mit Trauer aber ohne Verzweiflung zurück.

☐ Ich/Paar
☑ Gruppe
☐ Projekt

☑ Besinnung
☐ Krise
☐ Begegnung/Bildung

☐ Kinder/Jugendliche
☑ Erwachsene
☑ Ältere Erwachsene

84 Paargeschichte

Das Paar schreibt gemeinsam die Geschichte seiner Beziehung auf.

- Gemeinsam werden zunächst alle emotional besetzten Szenen des Lebens gesammelt, dann in Reihenfolge gebracht und mit Stichworten, die gegenseitig ergänzt werden, aufgeschrieben.
- Die Paarbiografie wird wöchentlich oder monatlich fortgeschrieben.
- Auszüge werden, wenn vorhanden, den Kindern vorgelesen mit der Bitte, aus ihrer Sicht zu ergänzen.

Immer sonntags nach dem Frühstück wurden die Ereignisse der gemeinsamen Woche rekapituliert und aufgezeichnet.

Jeder Mensch wird unterschiedlich gesehen: als Ehemann, Familienmensch, Freund, Berufstätiger, Sportler usw. Die Blickwinkel sind andere und werden geprägt von den Kontexten der Mitmenschen. Diese unterschiedlichen Blickwinkel zusammenzuführen, ist reizvoll und herausfordernd. Es erfordert den Mut, Feedback von anderen anzunehmen und auch für mögliche Kränkungen offen zu sein. Mit dem vertrauten Partner gelingt dies am ehesten und löst zudem eine eigene Paardynamik aus: Das haben wir schon geschafft, das ist unsere Basis und damit werden wir weiter leben und lieben können.

☑ Ich/Paar
☐ Gruppe
☐ Projekt

☑ Besinnung
☐ Krise
☐ Begegnung/Bildung

☐ Kinder/Jugendliche
☑ Erwachsene
☑ Ältere Erwachsene

85 Landkarte

Die Wohngeschichte wird visualisiert.

- Zunächst werden alle Orte erinnert, an denen man gewohnt hat. Die Orte werden auf einer Landkarte verzeichnet. Kurze Informationen ergänzen die Markierung.
- Zusätzlich werden die Wohnorte naher Angehöriger erinnert und verzeichnet, ggf. auch die der Vorfahren (z.B. in jeweils anderen Farben).

> Bernd F's. Vater war Soldat. Mit seinen Eltern war er nahezu jährlich umgezogen. Auf diese Weise lernte er viele Orte in Deutschland kennen, wurde aber nie irgendwo heimisch. Er fertigte eine Karte an und markierte sie farblich so, dass sein Umzugsweg erkennbar wurde.

Kinder von Eltern, die häufig umziehen müssen, werden als Erwachsene oft von einem diffusen Gefühl fehlender Beheimatung bestimmt. Sie bleiben im Wohnverhalten unstet. Ihnen macht es meistens nichts aus, Lebensräume zu wechseln. Sie beklagen die Verluste der Kindheit (z.B. Freunde), verfügen aber oft nicht über das Repertoire, sich als Erwachsene zu stabilisieren. Die positive Seite: Sie sind offen und können sich schnell und ohne größere Belastung neuen Lebenssituationen zuwenden. Es scheint dann, dass der Wechsel das Vertraute und nicht das Ängstigende ist. Wohn- oder Umzugsbiografien legen zunächst die Situation offen und machen Reflexion möglich.

Bezieht man die Wohnorte von Vorfahren ein, ist vielleicht ein Muster erkennbar, stellen sich lokale Schwerpunkte des Wohnens heraus. Ggf. wird sogar deutlich, dass die ganze Familie ständig Wohnungen und Wohnorte gewechselt hat.

☑ Ich/Paar
☑ Gruppe
☐ Projekt

☑ Besinnung
☐ Krise
☑ Begegnung/Bildung

☐ Kinder/Jugendliche
☐ Erwachsene
☑ Ältere Erwachsene

86 Wohnungsgeschichte

Anhand der Wohnungen und der Umzüge wird die Wechselhaftigkeit und Fülle des Lebens bedacht.

- Alle je bewohnten Wohnungen werden als Grundriss skizziert.
- Alle Adressen werden aufgeschrieben.
- Auf einer Deutschlandkarte werden alle Wohnorte markiert und durch Linien verbunden.
- Welche Gegenstände waren in allen Wohnungen präsent, haben jeden Umzug überdauert?

> Walter T. war nach dem Krieg aus Schlesien vertrieben worden und hatte sich nach Jahren etabliert. Dennoch fühlte er sich wie abgeschnitten von seiner Kindheit. Immer wieder erzählte er vom kleinen Haus der Eltern, vom klaren Wasser des Flusses und von tiefen Wäldern. Den Mut, allein nach Polen zu fahren und mit den Wurzeln seiner Kindheit Kontakt aufzunehmen, hatte er lange nicht. Erst als sich eine Gruppe aus seinem Wohnort nach Breslau aufmachte, schloss er sich an. Er fuhr von dort in die nahe Kleinstadt, entdeckte wenig Altes und viel Neues. Erleichtert und mit Wehmut kam er zurück. Er hatte den Ort seiner Kindheit wieder gefunden und doch verloren.

Jeder Wegzug, jeder Umzug ist eine Trennung. Das Netz der Beziehungen wird gekappt oder beschädigt. Je jünger man dies erfährt, desto schmerzhafter ist es im Alter. Sind die „Umzüge“ durch Krieg und Vertreibung verursacht, so sind die Narben noch tiefer. Die Beschäftigung mit der Wohnbiografie führt manchmal dazu, den eigenen Lebensraum anders zu gestalten, sich verändert einzurichten. Man gewinnt eine andere Perspektive.

Wehmut wandelt sich: Nicht der Verlust ist das dauerhaft Schmerzhafte, sondern die Vermeidung seiner Wahrnehmung.

☑ Ich/Paar	☑ Besinnung	☐ Kinder/Jugendliche
☑ Gruppe	☐ Krise	☑ Erwachsene
☐ Projekt	☐ Begegnung/Bildung	☑ Ältere Erwachsene

87 Körpergeschichte

Der sich über die Jahre verändernde Körper wird mit einer einfachen Grafik skizziert.

- Auf einem A4- oder A3-Blatt werden schematisch Körperumrisse gezeichnet. Jeder erhält für jedes Lebensjahrzehnt ein Blatt und wird gebeten, in den Umriss markante „Körperereignisse" einzutragen (Krankheiten, Operationen, Verletzungen). Mit einem andersfarbigen Stift soll markiert werden, welcher Körperteil in dem entsprechenden Jahrzehnt besonders „bedeutend" war und wofür diese Bedeutung stand.
- Alle Krankheiten und körperlichen Eingriffe des Lebens werden chronologisch aufgezeichnet. Drei Daten werden mündlich in ihrer Bedeutung erläutert.

> Heinz Ü. war als Lehrling vom Altgesellen aus „erzieherischen Gründen" schwer misshandelt worden. Jahrzehntelang musste er sein Knie behandeln lassen, bis eine gelungene OP die schwersten Symptome beseitigte. Sein Leben stand lange unter dem Eindruck der Verletzungsfolgen und der damit verbundenen seelischen Traumatisierung.

Wir haben verlernt, den Körper als Einheit zu sehen und zu erleben. Die meisten Menschen spalten: Die Bitterkeit der Erinnerung findet im Kopf oder Herzen statt; die Verletzung des Körpers hingegen wird als mechanischer Eingriff erinnert. Mittlerweile wissen wir aus der Psychotherapie, dass unser Körper, unser Leib, auch ein „Gedächtnis" hat, das rückwirkt auf unser Befinden.

☑ Ich/Paar	☑ Besinnung	☐ Kinder/Jugendliche
☑ Gruppe	☑ Krise	☑ Erwachsene
☐ Projekt	☑ Begegnung/Bildung	☑ Ältere Erwachsene

88 Ernährungsgeschichte

Die Phasen unterschiedlicher Ernährungsweisen werden rekonstruiert.

- Der eigene Lebenslauf wird in Ernährungsphasen unterteilt: In welchem Alter wurde bevorzugt welches Essen genossen? Wie hat die Umgebung darauf reagiert?

- Die Erinnerungen werden aufgeschrieben, wenn möglich mit einzelnen Rezepten.
- Statt der Ernährung werden die Mahlzeiten rekonstruiert: Welche Tischordnungen gab es, wer saß familiär mit wem zusammen, welche Rituale (Tischgebet, gemeinsamer Beginn) wurden gepflegt?

„Wenn wir uns mal jeden Tag Orangensaft leisten können, dann verlieren wir die Fähigkeit zum Genuss“, hatte Hanne O. als Studentin gesagt und noch heute schaut sie missbilligend, wenn die Kinder Saft zum schnellen Durstlöschen aus dem Kühlschrank holen.

Unterschiedliche Lebensphasen werden mit unterschiedlichen Ernährungsweisen identifiziert. War das Kinderalter bestimmt von Wünschen nach Süßem und Bestehen der Eltern auf Sättigung, war das Jugendalter vielleicht die Phase des Fastfood und, je nach Generation, das Erwachsenenalter die hohe Zeit des Experimentierens mit dem sogenanntem Vollwertessen. Dem Alter wird oft zugeschrieben, dass das Essen der Ersatz für Sex sei. Essen war und ist auch immer eine bestimmte Haltung zum Leben, Ausdruck einer bestimmten Weise, sich zur Gesellschaft zu verhalten (vegetarisches oder veganes Essen, Slow-Food-Bewegung). An Speisen sind viele Erinnerungen und Emotionen geknüpft. Für den Fall der Demenz ist es hilfreich, die früheren Essensgewohnheiten der Kranken zu kennen und an diese anzuknüpfen.

☑ **Ich/Paar**	☑ **Besinnung**	☐ **Kinder/Jugendliche**
☑ **Gruppe**	☑ **Krise**	☑ **Erwachsene**
☐ **Projekt**	☐ **Begegnung/Bildung**	☑ **Ältere Erwachsene**

89 Foto-Strip

Fotobiografien werden nach einer vorgegebenen Struktur angefertigt.

- In einem Projekt werden Biografien anhand von Fotos verglichen. Jeder erhält die Aufgabe, Bilder zusammenzustellen: ein Foto als Säugling/Schulkind, ein Foto als Auszubildender/Student, ein Foto von Trauung, Prüfung, Wohnung/Hausbau. Daneben sollen drei frei gewählte Fotos präsentiert werden. Die Fotos werden einzeln auf ein vorgegebenes Formblatt geklebt und lediglich mit einem Stichwort versehen. Sie werden (zunächst) nicht beschrieben und nicht erklärt. Der Betrachter schildert, was er sieht.

- Mit den Fotos wird eine kleine Ausstellung gestaltet. Themengleiche Fotos werden kombiniert.

Alle Goldkonfirmanden trafen sich zum Gottesdienst. Sie brachten Fotos mit und dekorierten damit den Altarraum.

Fotos werden oft erklärt und kommentiert. Darauf kann man experimentell verzichten und vertraut stattdessen der bildlichen Aussagekraft. So bleibt ein Interpretationsspielraum geöffnet, der durch zu genaue Erklärungen verschlossen bliebe.

Indem betrachtet und das Wahrgenommene mitgeteilt wird, gibt man den eigenen Fokus preis, macht eine Facette des eigenen Lebens kenntlich.

☐ Ich/Paar
☑ Gruppe
☐ Projekt

☑ Besinnung
☐ Krise
☑ Begegnung/Bildung

☑ Kinder/Jugendliche
☑ Erwachsene
☑ Ältere Erwachsene

90 Biografischer Abend

Bei Biografischen Abenden werden die Lebensschicksale einzelner Menschen exklusiv in den Mittelpunkt gestellt und zum thematischen Ausgangspunkt eines Erfahrungsaustauschs gemacht.

- Im Rahmen einer Veranstaltungsreihe werden einzelne Menschen mit unterschiedlicher Biografie vorgestellt. Ein Moderator bereitet mit den Berichtenden den Abend vor. Geklärt wird, was zur Sprache kommen darf, was nicht öffentlich werden soll und welche Medien (Bilder, Musik, Erinnerungsstücke) eingebracht werden. Der erste Teil des Abends gehört exklusiv dem oder der Biograf/in, der zweite Teil des Abends gibt Raum für die Lebenserfahrungen anderer, ist aber thematisch orientiert an der Biografie des Berichtenden (wenn z.B. die Flucht aus der DDR zentral war, wird im zweiten Teil über Vertreibungen, erzwungene Versetzungen oder Entwurzelungserfahrungen gesprochen).
- Statt die Biografie von Anwesenden in den Mittelpunkt zu stellen, werden Biografien von Prominenten vorgestellt oder aus ihnen gelesen.

Zum ersten Mal berichtete Selma von P. öffentlich über ihre Kindheit auf dem großen Gut in Ostpreußen und von der Mühsal, nach dem Krieg als Jugendliche in der Bundesrepublik Fuß zu fassen.

Viele Menschen leiden darunter, dass niemand ihre Geschichte und Geschichten hören will. Sie unterstellen zudem, keiner habe Interesse, weil die Zeit so schnelllebig geworden sei. Es kommt zu subtilen Formen der Selbstabwertung und Selbstentwertung, die oft in deprimiertem Verstummen enden. Allerdings habe viele Scheu, sich Raum zu nehmen oder geben zu lassen. Sorgfältiges, einfühlsames Hinführen und Thematisieren durch den Interviewpartner helfen bei der Überwindung.

☑ Ich/Paar	☐ Besinnung	☐ Kinder/Jugendliche
☑ Gruppe	☐ Krise	☐ Erwachsene
☑ Projekt	☑ Begegnung/Bildung	☑ Ältere Erwachsene

91 Dokumentationen in der Pflege

Persönliche Informationen werden dokumentiert, aber nicht der Pflegedokumentation zugeführt.

- Private oder intime Erinnerungen, die im Gespräch zwischen Pflegefachkraft und Pflegebedürftigem auftauchten, werden nicht der Pflegedokumentation zugeführt, sondern in einem Heft verzeichnet, dass bei dieser Person verbleibt.

Über ein intimes Erlebnis wollte Gunda F. nur mit der Nachtschwester und deren Kollegin sprechen. Niemand anderes sollte davon erfahren. In Stichworten hatte die Nachtschwester das Wesentliche verzeichnet, auch den Gesprächsfortgang. So war ihre Vertreterin ggf. orientiert.

Pflege ist ein sehr intimer Prozess, der oft relativ öffentlich stattfindet. Mehre Personen haben Kontakt mit den pflegebedürftigen Menschen, ohne das wirkliches Vertrauen heranwachsen kann. Gelingt Vertrauen, so darf das Erfahrene nicht ohne Zustimmung weiter gegeben werden. Die Achtung der Intimsphäre ist oft die letzte Achtung, mit der Menschen gewürdigt werden können. Intimität ist mit „Geheimnis“ verbunden. Geheimnisse zu teilen, signalisiert Vertrauen.

☑ Ich/Paar
☐ Gruppe
☐ Projekt

☐ Besinnung
☑ Krise
☑ Begegnung/Bildung

☐ Kinder/Jugendliche
☐ Erwachsene
☑ Ältere Erwachsene

92 Alltagskartei

Von den alltäglichen Verrichtungen und Gewohnheiten werden Bilder angefertigt.

- Zähneputzen, Frühstückszubereitung, Ankleidung und andere Tagesroutinen werden fotografiert und auf Bildkarten zusammengestellt.

Martin fertigte für seinen langsam dement werdenden Onkel Fotobücher zur Orientierung.

Fotodokumentationen können alt oder dement werdenden Menschen helfen, sich länger ohne Unterstützung zu Recht zu finden. Sie helfen der Erinnerung und haben gleichzeitig einen praktischen Wert. Die Bilder sollten so gestaltet sein, dass die Umgebung der Gewohnheit wiedererkennbar ist. Das Pragmatische bekommt einen Bezug zur Biografiearbeit.

☐ Ich/Paar
☐ Gruppe
☑ Projekt

☐ Besinnung
☑ Krise
☐ Begegnung/Bildung

☐ Kinder/Jugendliche
☐ Erwachsene
☑ Ältere Erwachsene

93 Alltägliches protokollieren

Gewohnheiten werden notiert oder dokumentiert und für später archiviert.

- Gewohnheiten werden notiert (z.B. „Milch im Kaffee, aber nur einen halben Teelöffel Zucker"), Lieblingsorte schriftlich festgehalten, Kleidungsstile protokolliert.
- Fotos von z.B. Familienfeiern werden schriftlich erläutert.

Von ihrer Enkelin ließ sich Marta G. ausführlich interviewen. Das Gespräch wurde videografiert. Frau G. schilderte ihre Vorlieben, ihren Tagesablauf, ihre Selbstpräsentation, ihre Lieblingskleidung und öffentliche Auftritte.

Für Pflegende insbesondere von Dementen ist es eine große Hilfe die Gewohnheiten und Vorlieben zu kennen. Dieses Wissen wird umso bedeutsamer, je kommunikationsärmer der Kontakt wird: Wer verstummt ist, teilt auch nicht mehr seine Vorliebe für süßen Kaffee mit. Über solches Wissen zu verfügen und es anzuwenden, bedeutet nicht nur, Achtung zu zeigen. Man hält auch eine schmale Tür in die Vergangenheit offen, bevor dieser Teil der Biografie im Dunkel versinkt.

- ☑ **Ich/Paar**
- ☐ **Gruppe**
- ☐ **Projekt**

- ☐ **Besinnung**
- ☑ **Krise**
- ☐ **Begegnung/Bildung**

- ☐ **Kinder/Jugendliche**
- ☐ **Erwachsene**
- ☑ **Ältere Erwachsene**

Bilanz
Innehalten und folgern

Die Methoden dieses Abschnittes regen an, Lebensbilanzen zu ziehen, eigene Werte zu konstatieren und daraus Perspektiven zu entwickeln.

94 Lebensuhr

Das eigene Leben wird als Zwölfstundenleben, also eine Stundenzeigerumdrehung auf der Uhr, dargestellt: 0.00 Uhr ist die Geburt, 12.00 Uhr der Todeszeitpunkt.

- Jeder Teilnehmende erhält einen Arbeitsbogen. Auf diesem Arbeitsbogen ist eine Uhr ohne Zeiger abgebildet. Die Teilnehmenden werden gebeten, ihr momentanes Alter einzutragen (nicht das faktische, sondern das gefühlte). Sie sollen anschließend wichtige Lebensereignisse entsprechend der Uhrzeit markieren.
- Die Teilnehmenden erhalten einen Fragebogen mit Satzanfängen und werden gebeten, Satzanfänge zu vollenden: „Es ist zu spät, um ... Es ist noch zu früh, um ... Es ist der richtige Zeitpunkt, um ... Ich brauche Zeit, um ... Um ... Uhr erwarte ich, dass der Wecker auf ... gestellt ist. Das bedeutet ...“.
- In vertrauten Gruppen geben die Mitglieder zusätzliche Einschätzungen über die „Uhrzeit“: „So alt wirkst Du auf mich...“

> Petra M. sagte in einem Seminar: „Wenn ich einmal alt bin, dann werde ich zu Hause bleiben. Jetzt aber will ich noch reisen.“ Frau M. war gerade 68 Jahre alt geworden.

Der Blick auf die Differenz zwischen tatsächlicher und gefühlter Lebenszeit kann schmerzhaft sein. Die bewusste Wahrnehmung und das Eingeständnis, dass das eigene Lebensgefühl („Ich fühle mich noch so jung.“) nicht mit dem biologischen Alter korrespondiert, ist zuweilen schockierend. Obwohl das Leben oft nur noch einige Jahre andauert, scheint es für viele nicht zur Neige zu gehen. Das nicht gelebte Leben findet seinen Ausdruck in dem Wunsch, es möge länger dauern als es biologisch wahrscheinlich ist. Das ist Ausdruck von Vitalität, aber auch von Leugnung der Realität.

- ☐ Ich/Paar
- ☑ Gruppe
- ☐ Projekt

- ☑ Besinnung
- ☐ Krise
- ☐ Begegnung/Bildung

- ☐ Kinder/Jugendliche
- ☑ Erwachsene
- ☑ Ältere Erwachsene

95 Energiekuchen

Wie viel Energie ist auf welche Lebensbereiche konzentriert worden?

- Auf einem Blatt werden die wesentliche Ereignisse und Begebenheiten des Lebens aufgeschrieben. Auf einem zweiten Blatt wird ein Kreis („Torte") gemalt. Die Ereignisse und Begebenheiten werden hinsichtlich des Energieaufwandes durch unterschiedlich große „Tortenstücke" dargestellt.
- Gesprächsfragen: „Wie viel Zeit haben Sie für welche Menschen in Ihrem Leben aufgewandt? Worauf haben Sie sich in Ihrer Familienphase konzentriert? Was waren Ihre Interessen in der Jugendzeit?"
- Ein Tag wird als Energiekuchen dargestellt.
- Es werden zwei Energiekuchen dargestellt: Der eine beschreibt die aufgewandte Zeit, der andere die aufgewandte Energie für dieselben Ereignisse.

> Das Ehepaar T. stritt immer wieder darüber, wer für welche Tätigkeiten mehr Zeit und Energie aufwandte. Beide malten einen „Energiekuchen", verglichen diese, korrigierten sich gegenseitig und kamen so in ein Gespräch, das realitätsgestützt war.

So wie die Lebenszeit begrenzt ist, ist auch die Lebenskraft beschränkt. Im Laufe der Jahre konzentriert sich der Mensch freiwillig oder aufgrund äußerer Umstände auf bestimmte Abschnitte, Menschen, Themen oder Einzelereignisse. Lebenskraft wird selten „freiwillig" eingesetzt, sondern meistens abgefordert. Aktivität und Passivität bedingen einander und nehmen Einfluss. Vitalität ist von außen kaum messbar und nicht immer am Lebenserfolg erkennbar. Der Energiekuchen ermöglicht einen ersten Blick, Einordnung und Gewichtung. Die Methode kann den Einstieg in eine Reflektion über Lebensleistung und Lebensbelastung darstellen.

- ☑ Ich/Paar
- ☑ Gruppe
- ☐ Projekt

- ☑ Besinnung
- ☐ Krise
- ☑ Begegnung/Bildung

- ☐ Kinder/Jugendliche
- ☑ Erwachsene
- ☑ Ältere Erwachsene

96 Werte

Die eigenen Prioritäten werden in einem Spiel dargestellt.

- Jeder erhält zehn Erbsen („Spielgeld"). Der Spielleiter verfügt über etwa 50 Karten, auf denen Haltungen, Werte oder Wünsche verzeichnet sind: „Ohne Krieg leben, sportlich sein, über viel Geld verfügen, guter Nachbar sein, geduldig sein, lange leben, viele Enkel haben, viele Reisen machen, um Rat gefragt werden, sexuell attraktiv bleiben" usw.
- Der Spielleiter liest die Zettel einzelnen vor. Nach jedem Zettel erfolgt eine kurze Versteigerung. Wer am meisten Erbsen bietet, bekommt den Zettel und ist jetzt „Eigner" bzw. Träger der entsprechenden Aussage. An die Versteigerung schließt sich die gemeinsame Reflexion an, die mit der Frage: „Sind Sie mit dem Erworbenen zufrieden?" eingeleitet wird.
- Das Spiel wird durch einen Tauschhandel erweitert. Mit zusätzlich zehn Erbsen können Mitspielern „Zettel" abgekauft werden.
- Das Thema wird eingegrenzt – z.B. auf „Partnerschaft". Die Zettelaufschriften werden entsprechend darauf abgestimmt.

> Die Enttäuschung von Frank F. war groß: Er verfügte nicht mehr über ausreichend Spielgeld, als der Wunsch „Gute Nachbarn haben" versteigert wurde. Er hatte sich vorzeitig für anderes entschieden und war plötzlich mit der Frage konfrontiert, ob es ihm im wirklichen Leben auch so ergeht.

Aus welchen Ideen, mit welchen Werten oder Werthaltungen leben Menschen? Wie prägt dieses Handeln, wo wird es relativiert, wo streng durchgehalten? Durch diese Methode wird erfahrbar, dass Entscheidungen oft nicht mehr korrigierbar sind und ggf. andere Lebensmöglichkeiten verbauen. Sie vermittelt die Erfahrung, sich mit Begrenzungen zu arrangieren und im vermeintlich Defizitären Chancen zu entdecken.

☐ **Ich/Paar**	☑ **Besinnung**	☑ **Kinder/Jugendliche**
☑ **Gruppe**	☐ **Krise**	☑ **Erwachsene**
☐ **Projekt**	☑ **Begegnung/Bildung**	☑ **Ältere Erwachsene**

97 Dialogischer Stern

Mit Polen, die Entgegengesetztes bezeichnen, wird die eigene Existenz beschrieben.

- Die Pole Männlichkeit/Weiblichkeit, Verschmelzung/Trennung, Schöpfung/Tod, Gesellschaft/Individuum, Zukunft/Vergangenheit, Alltag/Universum und Körper/Seele werden an einer Kreislinie entgegengesetzt aufgeschrieben und durch Linien verbunden, die sich im Kreismittelpunkt treffen.
  Jeder Erinnernde bekommt ein eigenes Arbeitsblatt mit der entsprechenden Ausgangsgrafik und wird gebeten, die Frage „Was habe ich in meinem bisherigen Leben gelebt?“ so zu beantworten, dass er/sie auf den jeweiligen Strecken einen Punkt setzt. Entscheidet man sich genau für die Mitte, so wird ein ausgewogenes Verhältnis benannt. Die Markierungspunkte können miteinander verbunden werden, so dass eine Art Stern entsteht. Je größer dieser Stern ist, desto eher lebt der Erinnernde in Extremen.
- Die oben genannte Frage kann mit einer zweiten kontrastiert werden, die nach Veränderungswünschen für die Zukunft fragt.

Max D. fühlte sich überfordert mit der Frage nach seinen männlichen und weiblichen Anteilen. Erst die Beschreibung entsprechender Zuweisungen und die Beispiele der anderen Gruppenmitglieder öffnete für ihn ein vages Gefühl für Bipolarität.

Menschen leben aus Widersprüchlichem und Gegensätzlichem. Im asiatischen Raum wird dies mit „Yin und Yang“ beschrieben: Das Trennende ist immer auch das Gemeinsame. Lebenserfahrungen haben zwei Seiten und beide Seiten ihren Sinn. Zum Glück gehört das Unglück, zur Geburt das Sterben. Diese Grunderfahrung von Poligkeit unserer Existenz kann ein Raster für Bilanzarbeit bilden. Diese Methode setzt Grundverständnis und Offenheit für das Dialogische (und Dialektische) des Lebens voraus.

☐ Ich/Paar	☑ Besinnung	☐ Kinder/Jugendliche
☑ Gruppe	☐ Krise	☑ Erwachsene
☐ Projekt	☑ Begegnung/Bildung	☑ Ältere Erwachsene

98 Familienbrett

Mit Hilfe von Holzfiguren unterschiedlicher Größe und geschlechtlicher Zuweisung wird die Familie über mehrere Generationen gestellt.

- Auf einem Brett sollen Holzfiguren so angeordnet werden, dass sie ein Bild der Familie über mehrere Generationen darstellen. Das Brett ist der zur Verfügung stehende Raum, die unterschiedlichen Figuren markieren die Familienangehörigen. Über gestellte Nähe und Entfernung, Hinzufügungen oder Wegnahme können Beziehungen und Konstellationen verdeutlicht werden.

> In einem Gespräch konnte Monika F. die Vielfalt ihrer Verwandtschaft nicht vermitteln. Mit Hilfe des Familienbrettes „ordnete" sie ihr Erzählen und gab sich und der Beraterin Orientierung.

Eine Annahme therapeutischer Arbeit ist, dass jeder Mensch einen „Auftrag" für sein Leben bekommen hat mit dem Ziel, das Leben der Eltern oder Vorfahren gewandelt fortzusetzen, zu ergänzen oder zu erwidern. Auch außerhalb des therapeutischen Arbeitsfeldes kann man sich diese Grundannahme aneignen und die gestellten Konstellationen zum Ausgangspunkt eines Gespräches machen.

Familienbretter konkretisieren und gewichten mehr als Stammbäume. Sie führen stark in das eigene Erleben. Im einschlägigen Handel sind entsprechende Sets zu kaufen. Man kann es auch selbst fertigen: Großes Brett (z.B. 50x50), zwei Typen von Holzklötzen (runde und eckige für Männer und Frauen) in unterschiedlicher Größe (mindestens 3), um Alter oder Bedeutung signalisieren zu können.

☑ Ich/Paar	☑ Besinnung	☐ Kinder/Jugendliche
☑ Gruppe	☑ Krise	☑ Erwachsene
☐ Projekt	☐ Begegnung/Bildung	☑ Ältere Erwachsene

99 Fragebogen

Mit einem Fragebogen werden biografische Daten oder Themen angesprochen.

- Jedem Teilnehmenden wird ein Fragebogen vorgelegt mit der Bitte um spontane schriftliche Beantwortung – Beispielfragen: „In welchen Momenten fühlen Sie sich lebendig? Was können Erwachsene von Kindern lernen? Muss man den Tod fürchten?“ Die Antworten werden vorgestellt und sind Grundlage des Gespräches.
- Jeder schreibt einen Text zu der Überschrift „Ich habe einen Traum“ (vgl. die entsprechende Rubrik im ZEITmagazin).

Die „Träume“ der Gruppenteilnehmer aus P. wurden sorgfältig aufgeschrieben, mit einem Foto dekoriert und hingen einige Zeit im Versammlungsraum.

Sie tauchen in verschiedenen Zeitungen und Zeitschriften (z.B. in „Chrismon“) regelmäßig auf: immer gleiche Fragenkataloge. Prominente oder weniger Prominente beantworten sie. Diese Rubriken werden bevorzugt gelesen. Lesende mögen sowohl die ständig wiederholten Fragen als auch deren Beantwortung. Man vergleicht, grenzt ab, lässt sich überraschen und hat Momente der Reflexion – eher unterhaltsam als tiefgehend, eher belustigend als beschwerend. Menschen vergleichen sich gern, suchen Gemeinsamkeit oder Eigenständigkeit.

☑ Ich/Paar
☑ Gruppe
☐ Projekt

☐ Besinnung
☐ Krise
☑ Begegnung/Bildung

☑ Kinder/Jugendliche
☑ Erwachsene
☑ Ältere Erwachsene

100 Inventar

Gedichte inspirieren zur Bilanz des eigenen Lebens und bieten Vorlagen für eigene Texte zum Thema „Inventar“.

- Der Lyriker Günter Eich hat sein Leben nach dem Krieg einer „Inventur“ unterzogen. Sein Gedicht eignet sich als Modell für eigene Texte. Es öffnet einfache sprachliche Räume, die ohne große Scheu mit eigenen „Gegenständen“ gefüllt werden können. Der neue Text ist dann der Text des Schreibenden in der Eich'schen Diktion.

Inventur

Dies ist meine Mütze,
dies ist mein Mantel,
hier mein Rasierzeug
im Beutel aus Leinen.

Konservenbüchse:
Mein Teller, mein Becher,
ich habe in das Weißblech
den Namen geritzt.

Geritzt hier mit diesem
kostbaren Nagel,
den vor begehrlichen
Augen ich berge.

Im Brotbeutel sind
Ein paar wollene Socken
Und einiges, was ich
niemand verrate,

so dient es als Kissen
nachts meinem Kopf.
Die Pappe hier liegt
Zwischen mir und der Erde.

Die Bleistiftmine
Lieb ich am meisten:
Tags schreibt sie mir Verse,
die ich nachts erdacht.

Dies ist mein Notizbuch,
dies ist meine Zeltbahn,
dies ist mein Handtuch,
dies ist mein Zwirn.

- Rose Ausländer und Jaques Prévert haben – unter derselben Überschrift – ähnliche Texte publiziert. Reizvoll ist es, mit den drei Gedichten parallel zu arbeiten.

In einer Schreibwerkstatt wurde zu den entstandenen Inventar-Gedichten eine kunstvolle Installation eingerichtet, um die Texte zu illustrieren.

Inventar meint zunächst die Dinge. In den genannten Gedichten meinen die Dinge aber immer auch die verborgene Erfahrungen und Vorgänge, die durch sie ein Gesicht bekommen haben. Das Dingliche so sprechen zu lassen, dass das Verborgene deutlicher hervortritt, sensibilisiert und weitet die Wahrnehmung.

☑ Ich/Paar
☑ Gruppe
☐ Projekt

☐ Besinnung
☐ Krise
☑ Begegnung/Bildung

☑ Kinder/Jugendliche
☑ Erwachsene
☑ Ältere Erwachsene

101 Weg rückwärts

Von der Gegenwart ausgehend, wird das eigene Leben zurück recherchiert.

- „Warum bin ich der, der ich jetzt bin?" Ein Alltagsereignis wird befragt: Was war ihr Anlass? Was war der Anlass des Anlasses. Und was lag davor? Je nach Alltagsbegebenheit verläuft der Weg rückwärts anders, kommt aber immer wieder in der Kindheit oder Jugend an.
- Die Recherche wird in einem Flussdiagramm dargestellt: Jede Verzweigung wird verzeichnet und benannt. Erfahrungsgemäß muss das Diagramm immer wieder verändert werden. Es ist abhängig von Tagesstimmungen, Erinnerungen, Ergänzungen. Sein Wahrheitsgehalt bestimmt sich von der Gegenwart und deren Erklärungsmustern her.

> „Die Idee ist, das Leben nach hinten aufzurollen. Du bist morgen Gast einer Talkshow. Warum bist du dort eingeladen? Weil du einst das Morgenmagazin moderiert hast. Warum hast du das getan? Weil du politische Erfahrungen hattest. Wieso das? Weil du in Tübingen studiert hast. Wie bist du dort hingekommen? Und so weiter, bis du wieder in deiner Jugend angekommen bist. Je nachdem, wie du die einzelnen Fragen beantwortest, kommst du auf ganz unterschiedlichen Wegen dorthin zurück." (Sven Kuntze)

Das Leben rückwärts aufzurollen hilft, den vielen Weggabelungen auf die Spur zu kommen und am Ende festzustellen, dass sich alle Rückwärtsbewegungen in den ersten Jahren des Lebens wieder begegnen. Diese Rückwärtsbewegung verzichtet auf das verführerische „Was, wäre wenn?" wird aber vermutlich immer als Reflex der Erinnerung mitgedacht. Auf diese Weise kann das Verständnis dafür wachsen, warum das Leben so und nicht anders verlaufen ist, welche Chancen man wahrgenommen und welche Wegweiser ignoriert hat.

☑ Ich/Paar
☐ Gruppe
☐ Projekt

☑ Besinnung
☐ Krise
☐ Begegnung/Bildung

☐ Kinder/Jugendliche
☐ Erwachsene
☑ Ältere Erwachsene

102 Weichenstellungen

Die Biografie von einem Punkt her zu denken, ermöglicht Klarheit und orientiert.

- Fünf als zentral erlebte Ereignisse des Lebens werden identifiziert: Welche Weichenstellungen führten auf welche Lebensschienen? Wer war daran beteiligt? Welche Umstände waren charakteristisch? Kann die Biografie von diesen Punkten aus erklärt werden?
- Zentrale Lebensereignisse werden der „Was wäre, wenn?"-Frage unterworfen. Es wird der Versuch gemacht, die eigene Biografie „neu" zu schreiben: Was wäre geworden, wenn an einzelnen Lebenspunkten andere Entscheidungen getroffen worden wären.

> Mit 28 hatte Hans U. die Möglichkeit, Referent einer Menschenrechtsorganisation zu werden und in London die interessante, finanziell aber schlecht ausgestattete Stelle anzutreten. Seine junge Frau befand sich in einer teuren Ausbildung, das erste Kind war geboren. Schweren Herzens schlug er die Stelle aus und wurde viel später Personalchef. Wie wäre sein Lebensweg und der seiner Familie verlaufen, hätte er das London-Angebot angenommen? Wäre er lebenszufriedener geworden?

Das Leben kann nicht im Konjunktiv gelebt werden und die Frage „Was wäre, wenn?" ist höchstens ein interessantes Gedankenspiel. Es wirft allerdings die Frage auf, welchen Sinn die getroffenen Entscheidungen hatten und welche Farbe sie dem Lebensweg gegeben haben. Im Vergleich von Möglichem und Realem kristallisieren sich die Entwicklungschancen – jeweils in ihren Doppelgesichtigkeiten von positiver und negativer Ausprägung.

☑ **Ich/Paar**	☑ **Besinnung**	☐ **Kinder/Jugendliche**
☐ **Gruppe**	☐ **Krise**	☐ **Erwachsene**
☐ **Projekt**	☐ **Begegnung/Bildung**	☑ **Ältere Erwachsene**

103 Motto

Für die eigene Biografie wird eine Überschrift (Motto) gesucht, in der möglichst alle Erfahrungen konzentriert sind.

- Es wird darum gebeten, das eigene Leben mit einem Spruch, Sprichwort, Aphorismus oder einer selbst gewählten Überschrift zu betiteln.
- Es werden unterschiedliche Sprüche oder Sprichworte auf Karten geschrieben und ausgelegt, verbunden mit der Aufforderung, das zutreffende Lebensmotto herauszusuchen.
- Jeder Teilnehmende soll bis zu zehn Schlüsselwörter nennen, die die eigene Biografie kennzeichnen.

> Clemens R. sagte ein Jahr vor seinem Tod: „Wenn ich meinen Herrgott nicht gehabt hätte, hätte ich das Leben nicht bestanden." In nahezu jedem Wort steckte verdichtete Erfahrung.
> Was wäre denn gewesen, „wenn" nicht? Warum spricht er von „mein"? Ist Gott, der nach allgemeinen Glaubensüberzeugungen für alle da ist, dennoch reservierbar oder individuell interpretierbar? Was heißt „Herrgott" also „Herr Gott"? Warum spricht Clemens R. von „bestanden"? Welches Lebensbild und welcher Lebensauftrag verbergen sich hinter den Worten?

Gegen Ende ihres Lebens sind viele Menschen in der Lage, ihre Erfahrungen in einem einzigen komprimierten Satz zu beschreiben. Die Biografie wird sozusagen handhabbar und verstehbar durch diesen Satz, erfährt Rundung.

☑ **Ich/Paar**	☑ **Besinnung**	☐ **Kinder/Jugendliche**
☑ **Gruppe**	☐ **Krise**	☐ **Erwachsene**
☐ **Projekt**	☐ **Begegnung/Bildung**	☑ **Ältere Erwachsene**

104 Sinnspruch

Der „Lebenssinn" wird dadurch ins Gespräch gehoben, dass Aphorismen oder Zitate aus der Literatur gelesen und reflektiert werden.

- Je nach Gruppengröße werden auf Karten Aphorismen bzw. Zitate (leicht zu finden im Internet) zur Verfügung gestellt – pro Teilnehmenden etwa drei. Jeder soll sich für einen Spruch entscheiden, diesen erläutern und die persönliche Bedeutung erklären.

- Jeder soll zusätzlich einen Spruch aussuchen, den er oder sie ablehnt.
- Alle zur Verfügung stehenden Sprüche werden durch alle bewertet: „stimmt“ oder „stimmt nicht“.

> Walter K. hatte zehn Lieblingssprüche. Er ordnete sie in einer Art Ranking jede Woche neu und gab sich so selbst eine Rückmeldung über sein momentanes Lebensgefühl.

Karteien mit Fotos, Bildern, Sprüchen oder Symbolen öffnen das Wahrnehmungsspektrum, helfen sortieren und geben denjenigen, die sich sprachlich unbeholfen erleben, eine einfache Möglichkeit der Mitteilung. Mit ihnen zu arbeiten hat oft spielerischen Charakter, hilft Hemmungen zu überwinden (man kann sich hinter dem Spruch „verstecken“) und fokussiert das Gespräch, eine Thematik.

☑ Ich/Paar	☑ Besinnung	☐ Kinder/Jugendliche
☑ Gruppe	☐ Krise	☑ Erwachsene
☐ Projekt	☑ Begegnung/Bildung	☑ Ältere Erwachsene

105 Drei Sätze

Mit einem kurzen Text soll das eigene Leben beschrieben werden.

- Der Lebenslauf wird zunächst geschrieben und dann in drei Sätzen verdichtet.
- Der verdichtete Lebenslauf wird an jemandem weiter gegeben, der die Lebensgeschichte des Schreibers nicht kennt. Er hat die Aufgabe, die Verdichtung fantasievoll aufzulösen und einen (neuen) Lebenslauf zu kreieren. Dieser wird dann mit dem realen verglichen.

> Martina V. hatte drei Sätze geschrieben und erhielt eine Geschichte zurück, die wie ein Echo auf ihren Text wirkte. Nicht real, aber in manchem nachgespürt und so einen Hauch von Bestätigung und Realität vermittelnd.

„Drei Sätze“ gehört zu den Methoden, die mit Inspirationen arbeitet. Sie greift Reales auf und sorgt durch Konzentration oder Entfaltung für spekulative und intuitive Widerspiegelung. Die Methode hat Fokus- und Feedback-Funktion.

☑ Ich/Paar
☑ Gruppe
☐ Projekt

☑ Besinnung
☐ Krise
☐ Begegnung/Bildung

☐ Kinder/Jugendliche
☑ Erwachsene
☑ Ältere Erwachsene

106 Herausgestellt

Ereignisse werden hervorgehoben und gewürdigt.

- Jeder Mitspielende bringt drei (materiell nicht wertvolle) Gegenstände mit, die für Lebensereignisse stehen. Die Gegenstände werden auf den Tisch gelegt und die Mitspielenden raten, wofür die Gegenstände stehen.
- Zu den Gegenständen werden kleine Lebensgeschichten erfunden.
- Die Gegenstände werden „ausgestellt" und bekommen Titel.
- Der Mitbringende entscheidet, welchen Gegenstand er wem schenken will und erklärt, wie dies mit dem symbolisierten Ereignis zusammen hängt.

> Die Gruppe hatte den ganzen Abend anhand der Gegenstände „gespielt" und am Ende entschieden, dass aus allen Gegenständen eine kleine Ausstellung gestaltet würde, die bis zum nächsten Treffen im Raum verbleiben sollte. Als man sich wieder traf, erschien die „Ausstellung" banal. Sie hatte ihren Wert nur für den Augenblick gehabt.

Spielen berührt viele Sinne und führt oft zum entkrampften Erzählen. Symbole klären das Thema, regen Austausch an und helfen, sich auf das Wesentliche zu fokussieren.

☐ Ich/Paar
☑ Gruppe
☐ Projekt

☐ Besinnung
☐ Krise
☑ Begegnung/Bildung

☑ Kinder/Jugendliche
☑ Erwachsene
☑ Ältere Erwachsene

107 Grafiken

Abstrahierte Zeichen ermöglichen, unstrukturierte Erinnerungen zu konzentrieren und zu fokussieren.

- In einer Meditation werden die Teilnehmenden aufgefordert, sich ihren Lebensweg wie das Labyrinth von Chartres vorzustellen.
  Dieses Labyrinth suggeriert zunächst, dass man schnell zum Ziel kommt. Ist man nahe angelangt, wird man in großen Bögen immer weiter vom Zentrum weggeführt, bis man nahezu wieder am Ausgangspunkt ankommt. Dort wähnt man sich wieder am Anfang, wird aber dann sehr schnell zurück zum Zentrum geführt, das noch einmal umkreist und dann erreicht wird.
  Der Weg wird oft als Lebensweg verstanden: Schnelle Hoffnung wechselt ab mit der Mühsal der Bemühungen, bis das Ziel erreicht wird. Bevor dies geschieht, wird man noch einmal um das Zentrum geführt, um den langen Weg zu erinnern.
- Andere grafische Symbole für eine Meditation können Kreis, Strecke oder Strahl sein.

> Paul F. mochte nicht malen, begab sich ungern auf Fantasiereisen, konnte aber mit den mathematischen Zeichen von Strahl und Strecke etwas anfangen. Er entwickelte daraus das Bild seines Lebensstrahles.

Je kräftiger eine Metapher, der bildliche Ausdruck, ein Symbol oder Sinnbild, ist, desto einschränkender wirken sie. Sie kanalisieren Erinnerungsarbeit. Abstrakta wie Labyrinth oder Strahl hingegen kanalisieren weniger. Sie orientieren und werden in der Regel erst später emotional besetzt oder erschlossen. Manchen Erinnernden liegt es eher, zunächst „abgehoben“ zu reflektieren, statt konkret zu werden. Jeder findet seinen Weg.

☐ Ich/Paar	☑ Besinnung	☐ Kinder/Jugendliche
☑ Gruppe	☐ Krise	☑ Erwachsene
☐ Projekt	☐ Begegnung/Bildung	☑ Ältere Erwachsene

108 Fotoschreibspiel

Fotos werden als Schreibmedium verwendet.

- Jeder Teilnehmende wird gebeten, ein Foto aus der Kindheit mitzubringen.
- In Vierergruppen wird die Frage „Ist mein Leben geglückt?“ beantwortet. Die Antworten werden nicht kommentiert oder korrigiert. Jeder aus der Kleingruppe sagt einen Satz zu dem mitgebrachten Foto. Die Sätze werden auf Plakatkarton geschrieben. Die Plakate werden im Plenum ohne Fotos präsentiert. Eine neu gebildete Vierergruppe erhält den Auftrag, aus den vier Sätzen eines Kartons einen beliebigen Text zu produzieren, der nicht mehr als sieben Sätze umfassen darf. Anschließend werden alle Texte in einer Lesung vorgestellt.
- Anhand des Fotos werden Lebensläufe erfunden und geschrieben.
- Zwei Fotos werden miteinander in Beziehung gesetzt. Daraus entsteht ein Text.

> Marga F. schaute auf das Foto der Nachbarin. Die Szenerie regte sie an, über eine ähnliche Situation in ihrer Kindheit zu schreiben.

Oberflächlich sehen alle Teilnehmenden in den Fotos zunächst dasselbe. Der Blickwinkel verschiebt sich, sobald jeder einen Satz oder Text formulieren muss, weil die eigenen Erfahrungen hinzutreten und zu einer neuen Wahrnehmungsfolie werden. Aus der Kombination vieler Eindrücke kann eine neue Interpretation, eine „verschobene“ Wirklichkeit entstehen, die anregend wirkt.

☑ **Ich/Paar**	☐ **Besinnung**	☑ **Kinder/Jugendliche**
☑ **Gruppe**	☐ **Krise**	☑ **Erwachsene**
☐ **Projekt**	☑ **Begegnung/Bildung**	☑ **Ältere Erwachsene**

109 Bilanzbrief

Für ein tatsächliches oder imaginiertes Gegenüber wird ein Brief verfasst, in dem das eigene Leben bilanziert wird.

- Es wird aufgefordert, einen Brief zu schreiben und darin das Leben, Lebensthemen oder Abschnitte des Lebens darzustellen – mit Fokus auf die wichtigsten Punkte, die dem Lebenslauf Richtung gegeben haben. Dieser Brief soll an ein konkretes Gegenüber gerichtet sein. Der Schreiber oder die Schreiberin entscheidet, ob der Brief tatsächlich zugestellt wird.

- Der Brief wird an einen Verstorbenen gerichtet.
- Das Schreiben wird mit langem zeitlichen Abstand wiederholt (mehrere Monate danach). Fällt der Brief anders aus?

Martina C. hatte sehr früh ihren Zwillingsbruder verloren. Er starb im Alter von drei Jahren. Noch als Erwachsene fühlte sie sich „verlassen“ und „allein“. Sie richtete ein Brief an den Toten und schilderte ihm ihre Gefühle.

Die Veränderung des Kommunikationsverhaltens hat dazu geführt, dass immer weniger private Briefe verfasst werden. Der ausführliche Brief ist durch SMS, Soziale Netzwerke oder E-Mails ersetzt worden. Die Veränderung der Form hat offenbar auch zu einer Veränderung der Inhalte (oder umgekehrt?) geführt. Anscheinend sind Menschen zu immer weniger Intimität mit Freunden und Bekannten fähig. Der handgeschriebene Brief ist ein Relikt. Er bleibt trotzdem als Kommunikationsform wichtig: Es ist ein stilles, fast meditatives Sprechen mit einem Gegenüber – egal, ob er versandt wird oder beim Schreiber verbleibt.

☑ Ich/Paar	☑ Besinnung	☐ Kinder/Jugendliche
☐ Gruppe	☑ Krise	☑ Erwachsene
☐ Projekt	☐ Begegnung/Bildung	☑ Ältere Erwachsene

110 Non-dits

Peinliche oder problematische Lebenssituationen, tatsächliches oder scheinbares Versagen werden erinnert und die Erinnerungslast gelindert.

- Drei Lebenssituationen, die peinlich oder als Versagen erinnert werden, sollen bedacht werden. Für diese Situationen soll ein Gegenstand, Stein o.ä. gefunden werden. Nicht die Situation, aber das begleitende und noch existente Gefühl soll geäußert werden. In einem Brief an sich selbst beschreibt der Erinnernde, warum er sich so verhalten hat und wie er die Situation gern „gelöst“ hätte.
- Ist der Erinnernde in der Lage und bereit, die Situation zu schildern, wird sie nicht kommentiert. Stattdessen werden Verhaltensalternativen vorgeschlagen.

Noch heute beschämt es Hans E., dass er seine Wut gegen einen Lehrer unmotiviert geäußert und sich dadurch für alle erkennbar ins Unrecht gesetzt hatte. In einem Spiel „korrigierte" er sein Verhalten und fand eine andere „Lösung". Die Gruppenmitglieder meldeten ihm ähnliche Erfahrungen aus ihrem Leben zurück und vermittelten so, dass er in seinem Versagen nicht allein da steht.

Das Leben des Menschen wird begleitet von Tabus und Non-dits. Tabus (z.B. Inzest) sind unhinterfragte Regeln einer Gesellschaft und berühren in der Regel soziale Regeln. Non-dits sind die Themen, die zwar im Raum stehen, aber nicht angesprochen werden (z.B. erste erotische Erfahrungen). Biografiearbeit kann die Möglichkeit einer vorsichtigen Gewahrwerdung und Auseinandersetzung bieten.

☑ Ich/Paar
☑ Gruppe
☐ Projekt

☑ Besinnung
☑ Krise
☐ Begegnung/Bildung

☑ Kinder/Jugendliche
☑ Erwachsene
☑ Ältere Erwachsene

111 Leben feiern

Jahrestage bieten die Gelegenheit, Bilanz zu ziehen, zu erinnern und die Bedeutung des Einzelnen hervorzuheben.

- Wichtige Jahrestage werden markiert und angemessen begangen – nicht nur Geburtstage oder Namenstage, sondern auch der Hochzeitstag, Todestage, Geburtstage der Kinder oder sonstige markante Tage (z.B. Jahrestag einer wichtigen Prüfung).
- Schmerzhafte Ereignisse (z.B. eine Fehlgeburt, der Verlust des Arbeitsplatzes) werden einbezogen und im Kontext der anderen bedacht.
- Alle wesentlichen Jahrestage einer Familie werden im Kalender gesammelt und am Sonntag der jeweiligen Woche erinnert.

Anna und Walter S. fuhren an jedem Hochzeitstag zu der Kirche, in der sie getraut worden waren. Herr und Frau S. erzählten sich gegenseitig, wie sie damals die Trauung erlebt hatten, was ihnen besonders wichtig oder witzig erschienen war und wiederholten in der Kirche nur für sich die Trauungsworte. Anschließend gingen sie im nahen Gasthof essen und schrieben ihren Kindern. Als sie den 40. Jahrestag begingen, wurden sie in der Kirche von ihren Kindern und deren Familien empfangen. Der anwesende junge Pfarrer nahm ihnen erneut das Treueversprechen ab. Man gedachte der Trauzeugen, die mittlerweile verstorben waren.

Geburtstage und andere Jahrestage geben Feiernden und Gefeierten die Legitimation der Erinnerung. Rituale sind der Rahmen und gleichzeitig in Form geratene Erinnerung. Über Jahrzehnte halten sie das Bewusstsein wach für unterschiedliche Lebensabschnitte. Manche Menschen möchten solche Tage allerdings allein gestalten. Dieser Tag „gehört nur mir/uns".

☑ Ich/Paar
☑ Gruppe
☐ Projekt

☑ Besinnung
☐ Krise
☐ Begegnung/Bildung

☑ Kinder/Jugendliche
☑ Erwachsene
☑ Ältere Erwachsene

Perspektive
Anders schauen und bereichern

Die Methoden dieses Abschnittes regen besonders dazu an, Realitäten anders zu betrachten und geänderte Interpretationen, Entwürfe oder Lebensweisen zu erwägen.

112 Positiver Blick

Statt sich auf die Fehler der Vergangenheit zu konzentrieren, wird das Gelungene in den Blick genommen.

- Gemeinsam mit dem Partner werden alle positiven Erfahrungen der Vergangenheit aufgezeichnet. Diese werden jeden Abend ergänzt um eine positive Erfahrung des Tages.
- Die Aufzeichnungen macht jeder für sich. Am Monatsende schaut man gemeinsam auf die Positivlisten.
- Das Sammeln des Positiven wird ohne Partner gemacht und als meditative Übung verstanden.

> Ein Paarberater hatte ihnen den Vorschlag gemacht: Sie sollten sich am Ende des Tages mit einem Satz jeweils etwas Positives sagen.

Die meisten Menschen gehen kritisch mit ihrem Erleben und ihrer Vergangenheit um. Glückliche Paare machen das offenbar anders: Sie beschreiben ihre Vergangenheit positiv und erinnern mehr die gelungenen Phasen ihrer Beziehung. So konstruieren sie die Vergangenheit unter einem bestimmten stärkenden Vorzeichen.

Dabei geht es nicht um Schönreden, sondern um einen Perspektivwechsel in dem Bewusstsein, dass es mehr als das Glückende gibt, aber dass das Glückende das ist, was festigt und leben hilft.

☑ Ich/Paar
☐ Gruppe
☐ Projekt

☑ Besinnung
☑ Krise
☐ Begegnung/Bildung

☐ Kinder/Jugendliche
☑ Erwachsene
☑ Ältere Erwachsene

113 Dankbar

Es wird notiert, wofür man dankbar ist.

- Am späten Nachmittag, oft die Phase konzentrierter Aufmerksamkeit, werden fünf Begebenheiten oder Begegnungen notiert, für die man dankbar ist.
- An jedem Tag wird ein Dank ausgesprochen.

> Im Altenheim wurden die Bewohner gebeten, täglich fünf Dinge zu notieren, für die sie dankbar sind. Nach einiger Zeit stellte man fest, dass die Lebenszufriedenheit dieser Bewohner gewachsen, während bei einer ebenfalls untersuchten Kontrollgruppe eine entsprechende Steigerung nicht nachweisbar war.

Manchmal reicht es, bewusst zu leben und wahrzunehmen, um die eigene Zufriedenheit zu steigern. Die neue Selbstwahrnehmung konkurriert dann erfolgreich mit alten, eingeschliffenen Muster. Die Beschäftigung mit der Gegenwart und ihre positive Wahrnehmung führt fast immer auch zurück in die Vergangenheit: Man erinnert sich an ähnliche Situationen und den Umgang mit ihnen. So korrigiert man eigene innere Bilder, nimmt Umgebung anders war, verändert Verhalten. Die Umgebung verstärkt ihrerseits positiv und stützt so die Verhaltensänderung.

☑ Ich/Paar	☑ Besinnung	☑ Kinder/Jugendliche
☐ Gruppe	☐ Krise	☑ Erwachsene
☐ Projekt	☐ Begegnung/Bildung	☑ Ältere Erwachsene

114 Positive Symbole

Durch eine Installation werden die positiven Lebenserfahrungen zum Ausdruck gebracht.

- Große Papierfahnen (möglichst weiße DIN-A2-Blätter), an einfachen Stäben befestigt, werden vorbereitet. Die Anwesenden werden aufgefordert, auf jede Fahne ein Symbol zu malen (möglichst mit schwarzer Farbe, damit der Eindruck durch die reduzierte Gestaltung stärker wird). Die Fahnen werden zu einem gemeinsamen Wald zusammengestellt.
- Statt Symbole werden positive Schlüsselworte gewählt.

Der polnische Künstler Zygmunt Januszewski hat 1993 im Mönchehaus Museum Goslar die Installation „Positive Symbole" eingerichtet. In einem Nebengebäude waren viele Papierfahnen ausgestellt und aufgerichtet, die durch die Besucher weiter ergänzt werden konnten. Es entstand ein Wald von Symbolen und Signalen, zum Teil entschlüsselbar, zum Teil rätselhaft.

Die „Positiven Symbole" fokussieren auf Entwicklung und nicht auf Rückschau. Sie stellen sich in die Geschichte, beschreiben aber Geschichte nicht als Leid, sondern als Hoffnungsgeschichte. Biografiearbeit arbeitet mit den Hoffnungen der Menschen, mit dem Tragenden, ohne das erlittene Leid zu leugnen. Es geht dabei um Balance, das richtige Verhältnis, die richtigen Plätze, um Einordnung.

☐ Ich/Paar
☑ Gruppe
☑ Projekt

☐ Besinnung
☐ Krise
☑ Begegnung/Bildung

☑ Kinder/Jugendliche
☑ Erwachsene
☑ Ältere Erwachsene

115 Prioritäten

Die Auseinandersetzung mit den eigenen Prioritäten im Leben stärkt und vergewissert.

- Mit einer Liste von Werten und Wünschen werden Prioritäten markiert.
- Diese Aussagen sollen in eine Reihenfolge gebracht werden: „Als Gesprächspartner gesucht sein; ein gutes Körpergefühl haben; sportlich fit sein; gesund sein; Körperkraft haben; genügend Geld haben; jederzeit Gemeinschaft finden; lange leben; Erfolg haben; anerkannt sein; leidensfähig sein; sich von anderen unterscheiden."
- Ähnliche Aussagen werden (gemeinsam) gesammelt und in eine Reihenfolge gebracht.
- Aus den Einzelergebnissen wird ein Gruppenergebnis errechnet und mit den Einzelergebnissen verglichen.
- Die Gruppe versucht, zu einem gemeinsamen Urteil zu kommen (nicht rechnerisch).
- Die einzelnen Aussagen werden nicht auf einer Liste zusammengefasst, sondern als Thesen auf A3-Blätter im Raum aufgehängt. Die Teilnehmenden werden aufgefordert, sich in drei Durchgängen jeweils den Thesen zuzuordnen, die ihnen am ehesten zusagen.

In der Gruppe C. entspann sich ein langes Gespräch, wie sich „gutes Körpergefühl" und „Körperkraft haben" unterscheiden. Am Ende stand die konstruktive Auseinandersetzung über die Dauerbehauptung „Hauptsache gesund!".

Prioritätensetzung erfordert Entscheidung und als Gruppenmethode Auseinandersetzung. Die Setzungen spiegeln dabei immer den Moment oder die aktuelle Konstellation. Die Ergebnisse selbst sind weniger wichtig. Wichtig ist der Prozess der Positionierung und Auseinandersetzung. Geäußert wird oft das sozial Erwünschte, während das innerliche Erleben bedeckt bleibt. Es bedarf dann des behutsamen Hinterfragens.

☐ Ich/Paar	☐ Besinnung	☑ Kinder/Jugendliche
☑ Gruppe	☐ Krise	☑ Erwachsene
☐ Projekt	☑ Begegnung/Bildung	☑ Ältere Erwachsene

116 Zukunftswünsche

Zukunftswünsche werden in Bezug zur Zukunftsrealität gesetzt.

- Mit einer Liste werden diese Fragen gestellt: „Stellen Sie sich vor, dass Sie fünf Jahre älter sind. Wie soll Ihr Leben dann aussehen? Wo wollen Sie leben? Womit wollen Sie den größten Teil Ihrer Zeit verbringen? Wer soll Ihnen dann besonders nahe stehen? Was wollen Sie an einem durchschnittlichen Tag tun? Worauf soll es Ihnen dann im Leben ankommen? Was soll das Wichtigste in Ihrem Leben sein? Was soll der wesentliche Unterschied zu Ihrem bisherigen Leben sein? Was soll Ihr Ziel für die nächste Zukunft sein?"
  Auf der Rückseite werden die Fragen inhaltsgleich wiederholt mit der Bitte, nicht die Wünsche, sondern die vermutete Realität zu beschreiben: „Wo werden Sie leben? Womit werden Sie den größten Teil Ihrer Zeit verbringen? ..."
  Die voneinander abweichenden Antworten werden Gesprächsgegenstand. Daraus entwickelt sich ein Gespräch über die gegenwärtige Art zu leben.
- Es wird eine fiktive Situation erzählt („Sie werden krank sein und werden alle Tage Ihres Lebens in der Wohnung verbringen müssen.").

Am Ende der Ausbildung wurden die Absolventen befragt, wie sie sich ihre Zukunft vorstellen. Der Austausch erfolgte in kleinen Gruppen. Die Pläne wurden aufgeschrieben und eingesammelt. Der Jahrgangssprecher versprach, sie so lange aufzubewahren, bis sich die Gruppe wieder treffen würde.

Die Zukunft junger Menschen ist ungewiss, die von alten relativ vorhersehbar. Für beide Gruppen gilt: Gewünscht oder gehofft wird bis zum Ende. Zukunftspläne oder -wünsche sind Widerspiegelungen des Vergangenen. In ihnen wird deutlich, wie zufrieden man sein Leben gelebt hat: Muss etwas nachgeholt werden? Wird mit der momentanen Lebenssituation gehadert? Soll die Erfüllung übermächtiger Wünsche den Ausgleich für die enttäuschende Vergangenheit bringen? Wunschdenken bricht sich an der Realität. Das, was zu weit über diese Realität hinausschießt, ist oft Reflex unbefriedigter Vergangenheit.

☑ Ich/Paar	☑ Besinnung	☐ Kinder/Jugendliche
☑ Gruppe	☑ Krise	☑ Erwachsene
☐ Projekt	☐ Begegnung/Bildung	☑ Ältere Erwachsene

117 Icon Poet

Spielerisch werden biografische Geschichten erzählt.

- Das Spiel „Icon Poet“ (ähnlich: „Story Cubes actions“) beinhaltet 54 Bilderwürfel und beschreibt Möglichkeiten, wie mit diesen Würfeln eigene Geschichten generiert werden können.
- Statt des Würfelspiels können willkürlich Gegenstände ausgewählt werden, die in einer Geschichte Erwähnung finden müssen.

> Auf dem Tisch lag ein Buch, eine Todesanzeige und ein Schal. Zum Thema „Abschied“ sollte eine Geschichte erzählt werden, die einen realen Kern hat.

Geschichten zu erfinden gelingt immer dann gut, wenn einige (formale) Regeln vorgegeben werden. Diese wirken wie ein Gerüst, an dem eigene Gedanken und Erinnerungen aufgehängt werden. Auch wenn Geschichten irreal erscheinen, so kann man doch einen realen Kern erkennen oder gemeinsam herausschälen. Dass ein Würfelspiel zudem Spaß verspricht oder assoziieren lässt, unterstützt und entspannt.

☐ Ich/Paar	☐ Besinnung	☑ Kinder/Jugendliche
☑ Gruppe	☐ Krise	☑ Erwachsene
☐ Projekt	☑ Begegnung/Bildung	☑ Ältere Erwachsene

118 Schreibbasar

Spielerisch wird biografisches Schreiben angeregt.

- Alle Teilnehmenden werden aufgefordert, neun Worte zu einem vorgegebenen Thema (z. B. „Einsamkeit“) auf einzelne Karten zu schreiben.
  Anschließend wird der Basar eröffnet: Jeder muss drei seiner Worte gegen drei Worte anderer Teilnehmer tauschen.
  Mit diesem Hinweis wird eine erneute Basar-Runde eingeläutet. „Bitte tauschen Sie noch einmal drei Worte. Bedenken Sie dabei, dass nach dieser Runde aus den eingetauschten und eigenen Worten ein von Ihnen verfasster Text entstehen soll.“
  Nach dieser zweiten Runde werden die Teilnehmenden gebeten, einen Text zu schreiben, in dem alle neun Wörter vorkommen müssen. Die Form des Textes ist nicht vorgegeben. Es kann ein Gedicht, Witz, Gebet, Artikel oder eine Anekdote sein. Der Text darf nicht länger als acht Zeilen sein, damit der Schreibstress reduziert wird. Es besteht keine Verpflichtung, den Text öffentlich zu machen.
  Nach ca. 20 Minuten werden die Teilnehmenden gebeten, Paare zu bilden. Der Partner oder die Partnerin liest den Text des anderen laut vor und gibt anschließend eine Rückmeldung.
  Mindestens einer der beiden Texte soll dem Plenum vorgestellt werden. Eine Platz wird hergerichtet und die Texte, die veröffentlicht werden dürfen, gelesen.
- Die Texte werden von Paaren gemeinsam verfasst.

Die während eines Seminars entstandenen Texte wurden vorsichtig redigiert (vor allen Dingen Orthografie- und Grammatikfehler) und in einer kleinen Broschüre für die Teilnehmenden gedruckt.

Die Verdichtung des eigenen Lebens ist eine besonders konzentrierte Form der Reflexion. Verdichtung hat eine doppelte Bedeutung: Erfahrungen sollen in literarische Texte umgesetzt und auf ihre Substanz hin so verdichtet werden, dass andere Menschen davon angesprochen oder angeregt werden.

Schreiben ist ein Prozess innerer und äußerer Auseinandersetzung. Der Autor prüft seine Erfahrung und gewinnt durch das Handwerk des Schreibens eine größere Klarheit. Der Versuch der Mitteilung an andere schärft diese Klarheit zusätzlich. Schreibend erweitern sich so Mitteilungsmöglichkeiten und Differenzierungen.

☑ Ich/Paar
☑ Gruppe
☐ Projekt

☐ Besinnung
☐ Krise
☑ Begegnung/Bildung

☑ Kinder/Jugendliche
☑ Erwachsene
☑ Ältere Erwachsene

119 Irritationen

Bewusst herbei geführte Irritationen helfen, eine neue Sichtweise einzunehmen.

- Alte Menschen arbeiten für einen Tag im Kindergarten mit.
- Junge Menschen hospitieren bei einem Bestatter.
- Familien tauschen auf Zeit die Wohnungen.

> Annes Großvater war Bäcker. Sie selbst wurde wegen ihrer Morgenschläfrigkeit in der Familie geneckt. In den Sommerferien arbeitete sie zwei Wochen in einer Bäckerei mit und musste um 2.00 Uhr morgens mit ihrer Arbeit beginnen.

Viele unserer Sichtweisen sind „eingefroren". Wir entwickeln Muster der Wahrnehmung, die auf alle bekannten und ähnlichen Situationen angewandt werden. So entsteht der Eindruck des immer Gleichen. Diese Musterbewältigung hilft, dass wir nicht die Balance verlieren, stärkt aber unsere (Vor-)Urteile und Gewohnheiten.

Manchmal ist es wichtig, für einen Moment das Selbstverständliche in Frage zu stellen, sich irritieren zu lassen und dabei die Balance zu verlieren. Das, was in uns angefroren oder sogar erfroren erscheint, wird angetaut. Wir erhalten die Chance, neue Erfahrungen zu machen, die uns erreichen und berühren.

☑ Ich/Paar
☐ Gruppe
☐ Projekt

☑ Besinnung
☐ Krise
☑ Begegnung/Bildung

☑ Kinder/Jugendliche
☑ Erwachsene
☑ Ältere Erwachsene

120 Christo

Etwas Vertrautes wird verhüllt, um es genauer zu sehen.

- Ein vertrauter, wichtiger Gegenstand wird für vier Wochen verhüllt.
- Ein vertrauter, wichtiger Gegenstand wird geräumt und nach längerer Zeit wieder an seinen Platz gestellt.

Nachdem Christo den Reichstag verhüllt hatte, erinnerte man nicht nur die Architektur, sondern deutlich klarer die Geschichte dieses Gebäudes, die Bedeutung für Stadt und Land, seine Einzigartigkeit. Die alte Ästhetik war zeitweise abgelöst worden durch die neue, silbern glitzernde.

Viele lieb gewonnene Gegenstände werden übersehen. Ihre Geschichte wird vergessen. Das Verhüllen oder zeitweise Wegräumen ist ein meditativer Akt: Indem etwas verschwindet, bekommt es besondere Bedeutung.

☑ Ich/Paar	☑ Besinnung	☐ Kinder/Jugendliche
☐ Gruppe	☐ Krise	☑ Erwachsene
☐ Projekt	☐ Begegnung/Bildung	☑ Ältere Erwachsene

121 Platzwechsel

Gegenstände werden an ungewohnte Umgebungen gebracht.

- Der Lieblingsgegenstand der eigenen Wohnung wird in ein anderes Zimmer, an einen anderen Platz gebracht.
- Für eine Woche wird der Lieblingsplatz verändert.

Der Sessel von Marga M. stand immer am Fenster und sie schaute auf die Straße. Für eine Woche drehte sie ihn in den Raum und wandte sich so ihrem Alltag zu.

Ähnlich wie bei der Methode „Christo" geht es darum, dem Leben und den Gegenständen, die das Leben dokumentieren, auf Zeit einen neuen Rahmen zu geben und sich so der Veränderung und ggf. der Erinnerung zu stellen.

Das Neue-Rahmen-Geben („Reframing") ist in der Therapie- und Beratungsarbeit die Methode, (negative) Erfahrungen in einen anderen Kontext zu stellen: Was habe ich davon, wenn ich keinen Kontakt zur Nachbarin pflege? Was habe ich davon gehabt, dass sich mein Vater nie um mich kümmerte? Jede Erfahrung und jeder Gegenstand hat einen Schatten, der das Gegenteil dessen, was erlebt wurde, ausdrückt. Reframing hilft, sich auch dieser Seite zu stellen: nicht als die richtige, sondern als die mögliche.

☑ Ich/Paar	☑ Besinnung	☑ Kinder/Jugendliche
☐ Gruppe	☑ Krise	☑ Erwachsene
☐ Projekt	☐ Begegnung/Bildung	☑ Ältere Erwachsene

122 Aufräumen

Der nahe Lebensraum wird aufgeräumt: Man trennt sich von Möbeln und Gegenständen, in denen man wohnte oder mit denen man täglich Umgang hatte.

- In einem bewussten Prozess wird entschieden, von welchen Gegenständen oder Möbeln man sich trennen will und was man unbedingt behalten möchte.
- Zu jedem Gegenstand wird eine kurze Notiz gemacht: Wo erworben, welche wesentlichen Ereignisse werden damit verbunden, warum kann man sich jetzt trennen?
- Die Gegenstände oder Möbel werden fotografisch dokumentiert.
- Welche Gegenstände müssen bis zum Lebensende im Besitz bleiben?
- Welche Möbel würde man mitnehmen, wenn nur noch ein kleines Zimmer zur Verfügung stände?
- Wenn der Partner oder die Partnerin die Wohnung aufräumen würde: Von welchen Möbeln und Gegenstände würde er oder sie sich trennen?

Margarete S. hatte ein erfülltes Leben gelebt. Sie wohnte siebzigjährig allein in ihrem Haus. Die drei Kinder waren lange ausgezogen. Frau S. entschied sich, das Haus zu verkaufen und stattdessen in eine zentrumsnahe Dreizimmerwohnung zu ziehen. Zwar protestierten die Kinder, aber sie ließ sich nicht beirren. Schon lange vor dem Umzug begann sie, sich von einzelnen Möbelstücken zu trennen. Sie wählte mit Bedacht aus, verschenkte, verkaufte und lud am Ende die Nachbarskinder ein, vier Kisten Erinnerungsstücke auf dem Flohmarkt zu verhökern. In einem Buch verzeichnete sie, von welchen Gegenständen sie sich getrennt hatte.

Im Laufe des Lebens füllen sich Räume, Ordner und Schubladen mit lieb gewonnenen Gegenständen. Dieses Sammeln kann über die Jahre zu einer Belastung werden. Zum Erinnern gehört das Vergessen, die Trennung. Die Trennung von Gegenständen bedeutet: Ich belaste mich nicht mehr, ich schaffe innerlich und äußerlich neuen Raum, füllbare Leere. Die Konzentration auf das Wesentliche wird möglich und die Perspektive für Neues entsteht.

Aufräumen kann ein schmerzlicher Akt sein. Man steht vor der Entscheidung zu sagen, was wesentlich und weniger wesentlich im Leben war. Verknüpft ist damit die Angst, mit der Abgabe auch die Erinnerung zu verlieren. Nicht der materielle Verlust löst die Angst aus, sondern das vermeintliche Hergeben des Ideellen. Eine sorgfältige Dokumentation kann diese Ängste mildern.

☑ Ich/Paar
☐ Gruppe
☐ Projekt

☑ Besinnung
☑ Krise
☐ Begegnung/Bildung

☑ Kinder/Jugendliche
☐ Erwachsene
☐ Ältere Erwachsene

Tod
Beenden und vollenden

Die Methoden dieses Abschnittes regen die Auseinandersetzung mit der letzten Phase und dem Schlusspunkt des Lebens an. Sie bedürfen besonders sorgfältiger Vorbereitung und sensibler Realisierung.

123 Moses-Syndrom

Die eigenen Sehnsüchte zu Beginn des letzten Lebensdrittels werden bedacht und so weit wie möglich mitteilbar gemacht.

- In einer Art Brainstorming werden die Wünsche an das letzte Lebensdrittel gesammelt und aufgezeichnet. Sehnsüchte werden identifiziert. Der Reflektierende entscheidet, was er oder sie mitteilen kann und will.
- Eine Sehnsucht wird aufgeschrieben und in einem Brief verschlossen. Dieser Brief erhält einen besonderen Platz.
- Die Sehnsüchte werden in den Mittelpunkt einer Traumreise gestellt.
- Moses (s.u.) erreicht das versprochene Land nicht: Welche Gedanken gehen ihm durch den Kopf, als Gott es ihm vor dem Tod zeigt?

> Hanne H. sagte zu ihrem Mann: „Bevor ich Sehnsucht habe, bist du schon da!" Sie verdeutlichte damit, dass ihr das Gefühl der Sehnsucht genauso wichtig ist wie dessen Erfüllung. Sie lebte aus der Spannung heraus, nicht aus der Sättigung.

Sehnsucht wird etymologisch als „Krankheit des schmerzlichen Verlangens" aus dem Mittelhochdeutschen übersetzt. Umgangssprachlich ist Sehnsucht zunächst keine Krankheit, wohl aber ein Gefühl des Wünschens, das nicht sofort oder nie erfüllt werden kann. Sehnsucht hat eine ähnliche Gefühlsqualität wie Melancholie, ist aber mit weniger Traurigkeit aufgeladen.

Moses führte sein Volk aus der Knechtschaft. 40 Jahre leitete er es durch die Wüste und durfte dennoch das gelobte Land Israel nicht betreten. Bevor er starb, zeigte ihm Gott das Ziel der Wanderschaft.

Das verheißene Land steht für die Erfüllung des Lebensziels, der Weg ist das Leben einer großen Sehnsucht. Die wenigsten der großen Sehnsüchte werden erfüllt und dennoch tragen sie. Es gehört zu den eigentümlichen

Spannungen des Lebens, dass der Moment davor oft mehr bedeutet als die Erfüllung selbst. Erfüllung ohne Sehnsucht ist oft schal und führt zu Befriedungssucht. Welche Nichterfüllungen, welche Spannungen tragen das Leben?

☑ Ich/Paar	☑ Besinnung	☐ Kinder/Jugendliche
☑ Gruppe	☐ Krise	☐ Erwachsene
☐ Projekt	☐ Begegnung/Bildung	☑ Ältere Erwachsene

124 Der Tod

Der eigene Tod wird ins Gefühl genommen.

- Todesanzeigen der Tageszeitung werden untersucht. Wie wird der Tod dargestellt, wie wird er umschrieben? Welche Sprüche werden mit auf den letzten Weg gegeben? Wer hat unterzeichnet? Wie könnte die Bestattung aussehen? Ist die Anzeige mit Blick auf den Toten oder eher mit Blick auf die Lebenden verfasst worden?
- Wie sollte die eigene Todesanzeige aussehen? Sollen den Angehörigen Vorgaben gemacht werden?
- Wie möchte man sterben? Wie soll die Todesstunde sein? In welcher Umgebung, mit welcher Begleitung?
- Wie soll die Bestattung organisiert werden. Ist es eine Feier oder ein lästiges Übel? Wer soll die Grabrede halten? Wo und wie soll bestattet werden?
- Die Grabrede: Was soll „nachgerufen" werden?
- Was soll auf dem Grabstein stehen? Soll das Grab mit einem Angehörigen „geteilt" werden?
- Die eigene Grabrede wird verfasst.

> Siegfried W. wollte keine Umstände. Er hatte sich für eine anonyme, einfache Bestattung entschieden und zu Lebzeiten dafür Geld hinterlegt. „Ihr habt doch keine Zeit für die Grabpflege und wohnt weit weg", hatte er seinen Kindern gesagt. Niemand war zur Stelle, der mit ihm diese „Bescheidenheit" reflektierte und seinen Schmerz erkannte.

Viele Menschen betrachten den Tod aus gespannter Distanz: Sie erleben die eigentümliche Dialektik von notwendiger Annahme und Ablehnung. Leben bedeutet, die Endlichkeit zu überwinden und gleichzeitig die Begrenzung zu akzeptieren. Grunderfahrung jedes Menschen ist es, dass er im Leben mehrere „Tode“ stirbt und nur deswegen weiter gelebt hat, weil er eben jene Tode überwand.

Beschäftigung mit Sterben und Tod bedeutet Beschäftigung mit den Lebensgeschichten vom Abschied. Wie habe ich mich getrennt, was ist rund geworden und was offen geblieben?

Es bleibt die Frage: Wem gehört der Tod – den Toten oder den Hinterbliebenen? Manche Menschen verfügen seitenlang, was mit ihrem Leichnam geschehen soll. Sie versuchen, ihr Leben über den Tod hinaus zu verlängern und sind offenbar nicht in der Lage, loszulassen. Es scheint so, als wollten sie ewige Kontrolle.

☑ Ich/Paar	☑ Besinnung	☐ Kinder/Jugendliche
☐ Gruppe	☐ Krise	☐ Erwachsene
☐ Projekt	☑ Begegnung/Bildung	☑ Ältere Erwachsene

125 Nachruf

Das Wissen und die Ahnungen über Vorfahren werden aktiviert bzw. aktualisiert.

- Zunächst wird entschieden, welche zwei Vorfahren (jeweils möglichst ein Mann oder eine Frau) besonders bedeutsam oder interessant erscheinen. Auswahlkriterium könnte sein: Wen hätte ich gern kennen gelernt? Dann wird aus dem vorhandenen Wissen oder Vermutungen ein Nachruf oder eine Todesanzeige formuliert: Welche wesentlichen Informationen über die Biografie sollen hier auftauchen, wer unterzeichnet, mit welchem Spruch wird die Anzeige begleitet?
- Die formulierte Todesanzeige wird anderen Familienmitgliedern zur Verfügung gestellt mit der Bitte, sie zu ergänzen oder zu korrigieren.

> Auf dem Familientreffen der Familie B. trugen alle Anwesenden das vorhandene Wissen über Vorfahren zusammen, ergänzten den Stammbaum, reicherten das eigene Wissen mit dem Wissen der anderen an.

Wir leben in einer Informationsgesellschaft und das Datenmaterial, das über Menschen gesammelt wird, wird immer umfangreicher. Dennoch wissen wir wenig von unseren Vorfahren. Selbst das Wissen über die eigenen Eltern geht oft nicht über das hinaus, was man selbst mit ihnen erlebt hat. Die Schicksale unserer Ahnen reichen weit in unser Leben hinein. Familiäre Traumata werden über Generationen „gelebt" und die Betroffenen haben nur diffuse Gefühle dafür, was das mit ihrer eigenen familiären Geschichte zu tun hat. Nach 50 oder 100 Jahren ist vieles nicht mehr zu rekonstruieren. Die Fantasie bzw. „Ahnung" muss an die Stelle des Realen treten. Der Nachruf auf den Ahnen kann zur Folie eigener Reflexion werden.

☐ Ich/Paar
☑ Gruppe
☐ Projekt

☐ Besinnung
☐ Krise
☑ Begegnung/Bildung

☐ Kinder/Jugendliche
☑ Erwachsene
☑ Ältere Erwachsene

126 Totenfest

Durch die Fiktion eines Festes wird die Annäherung an lange Verstorbene ermöglicht.

- Ein Familienfest soll gefeiert werden. Eingeladen werden diejenigen, die der Gastgeber oder die Gastgeberin gern begrüßen möchte – Lebende und Tote. Der Fantasierende beschreibt den Rahmen des Festes (Ort, Bewirtung, Sitzordnung, Programm) und sammelt Fragen, die er oder sie den Anwesenden stellen möchte.
- Zum Familienfest werden nur Tote „eingeladen".
- Das Familienfest wird, wenn die Aufgabe in einer Gruppe gestellt wurde, gespielt: Der Tisch wird gedeckt, die Familienrollen durch Gruppenmitglieder besetzt.

> Max B. hatte seine Großeltern nicht kennen gelernt und nur spärliche Informationen über sie. Er „lud" zu einem Kaffeetrinken ein, formulierte Fragen, die er dann selbst beantwortete und mit einem Gesprächspartner reflektierte.

Wir leiden oft an den nicht stattgefundenen Begegnungen, an Begegnungen, die unzufrieden verlaufen sind oder im Streit endeten. Wenn es nicht möglich ist, im Leben solche Situationen zu runden, so bedarf es manchmal der Fiktion: Was wäre gewesen, wenn ich diese Möglichkeit gehabt hätte? Indem ich simuliere, alte Rollen übernehme, gehe ich zurück in die Gefühlwelt des Unabgeschlossenen, durchlebe sie noch einmal, kann den Kreis ggf. schließen. Oder: Ein lebendiges Bild entsteht – so könnten die mir Unbekannten gewesen sein, so hätten sie sich mir gegenüber verhalten können. Man taucht fiktional ein und entwickelt eine neue „Realität", die an die

Stelle des Nichtgelebten tritt. Es geht dabei nicht um spiritistische Sitzungen, nicht um die tatsächliche Vergangenheit, sondern um die Gegenwart und deren Ergänzung um ein „Was wäre, wenn …?“.

☑ Ich/Paar	☑ Besinnung	☐ Kinder/Jugendliche
☑ Gruppe	☐ Krise	☑ Erwachsene
☐ Projekt	☑ Begegnung/Bildung	☑ Ältere Erwachsene

127 Erzählen vor dem Tod

In Erwartung des Todes ist die Zeit davor oft eine Hochzeit der Erinnerung.

- Sterbenden wird Zeit und Präsenz geschenkt.

> Die gelähmte Charlotte F. brachte ihre letzten Tage im Hospiz zu. Sie konnte sich nicht mehr aus eigener Kraft bewegen und hatte keine Angehörigen. Die Hospizhelfer öffneten die Tür zum Flur, damit Charlotte F. Kontakt hatte und die Anwesenheit des Personals spürte. Ehrenamtliche Helfer setzten sich zu ihr, wenn sie Kochvorbereitungen trafen, hörten ihren Erzählungen zu.

Der Tod beendet das Leben. Die Perspektive des Menschen wendet sich vorher. War sie zeitlebens nach vorn gerichtet, so blickt er jetzt vornehmlich zurück, rekapituliert und erinnert. Diese Zeit, in der eine Art Schlussbilanz gezogen werden kann, bedarf der Begleitung. Aufmerksame Menschen müssen die letzten Signale der Existenz aufnehmen und wie ein Echo wirken, indem sie durch ihre Präsenz Antworten ohne Antwort geben. Sie sind Spiegel und werden zu Zeugen der Biografie. Sie entlasten, weil sie das vielleicht Unaussprechbare doch noch gehört haben. Sie können vermitteln: Dir ist nicht alles geglückt, du hast dich bemüht, du hast Fehler gemacht. Du hast das getan, was dir möglich war. Manche Menschen hoffen am Ende ihres Lebens auf eine Art „Absolution“. Sie bitten andere darum, stellvertretend Verzeihung zu gewähren. Sie hoffen auf Beistand in ihrer Sorge oder Verzweiflung über das Nichtgelungene.

☑ Ich/Paar	☐ Besinnung	☐ Kinder/Jugendliche
☐ Gruppe	☑ Krise	☐ Erwachsene
☐ Projekt	☐ Begegnung/Bildung	☑ Ältere Erwachsene

Achtsamkeit
Konzentrieren und besinnen

Die Methoden dieses Abschnittes fördern den achtsamen Umgang mit Erlebnissen, Erfahrungen und Auseinandersetzungen.

128 Achtsamkeit

Durch gezielte Intervention wird an einem Gesprächspunkt, der besondere Achtsamkeit erfordert, verharrt.

- Der Gesprächsleiter unterbricht das Gespräch an einem ihm wesentlich erscheinenden Punkt und bittet um Vertiefung des letzten genannten Gedankens oder Argumentes durch Äußerung von Assoziationen.
- Jeder Gesprächsteilnehmer kann ein Gespräch dadurch unterbrechen, indem er oder sie eine Glocke (Gong etc.) schlägt. So wird darauf aufmerksam gemacht, dass der letzte Gesprächsbeitrag wichtig erschien und ein kurzes Innehalten notwendig macht. Das Gespräch wird nach 30 Sekunden fortgesetzt.
- Jedes Gespräch wird regelmäßig (z.B. nach 30 Minuten) durch eine kurze Stille unterbrochen.

> Als zu viele Erinnerungen, Anekdoten und Erlebnisse durch den Raum schwirrten, wurde es Anna M. zu viel und sie schlug den Gong. Nach einer Minute schien sich manches geordnet zu haben und das Gespräch verlief ruhiger und weniger flirrend.

Biografiearbeit vollzieht sich im aktiven und stillen Erinnern. Sie braucht die Anregung im Gespräch, weil die Erinnerungsleistungen anderer immer auch die eigenen Erinnerungen antriggern. Biografiearbeit gelingt deshalb in Gruppen besonders gut. Biografiearbeit braucht aber ergänzend die Stille, um die eigenen Erinnerungen von den fremden zu scheiden. Stille kann helfen, sich der eigenen Gefühle zu versichern, einen Standpunkt einzunehmen und so wieder für die Erinnerungen anderer offen zu werden.

☐ Ich/Paar	☐ Besinnung	☑ Kinder/Jugendliche
☑ Gruppe	☐ Krise	☑ Erwachsene
☐ Projekt	☑ Begegnung/Bildung	☑ Ältere Erwachsene

129 Fokus

Gespräche werden durch die Fokussierung auf die Gegenwart unterbrochen.

- Wenn ein Gespräch ausufert oder die entstandenen Emotionen die Teilnehmenden überschwemmen, kann der Gesprächsleiter um eine Pause bitten und in der Pause folgende Übung machen: Jeder nennt drei Dinge, die er/sie gerade sieht, drei Geräusche die er/sie hört und drei Gefühle. Danach erfolgt eine Zeit der Stille. Anschließend bittet der Leiter darum, jeweils ein Ding, Geräusch und Gefühl zu benennen. Die Teilnehmenden werden so auf die Gegenwart konzentriert und verlieren sich nicht in belastenden Erinnerungen.
- In intensiveren Einzelsituationen kann man diese Übung auf folgende Weise dehnen: Man beginnt mit fünf Äußerungen und reduziert diese über vier, drei, zwei bis zu einer.

> Sie war verzweifelt, weil ihre Mutter im Krieg vergewaltigt worden war und sie als Tochter nicht helfen konnte. Das Gefühl des Versagens wurde durch die aufkommende Erinnerung übermächtig. Sie verlor sich. Die einfache Fokussierungsübung beruhigte und ließ sie wieder in der Gegenwart ankommen.

Biografiearbeit hat mit den guten und schönen, den schlechten und schlimmen Erfahrungen des Lebens zu tun. Sie löst Emotionen aus und diese belasten mindestens zeitweise. Verantwortlicher Umgang mit Emotionen heißt, ausreichend „oberflächlich" zu bleiben – es sei denn, das Setting ist therapeutisch. Jeder, der biografisch arbeitet, sollte Methoden beherrschen, die beruhigend wirken, emotionale Überschwemmungen beenden und in der Gegenwart ankommen lassen.

☑ Ich/Paar	☐ Besinnung	☑ Kinder/Jugendliche
☑ Gruppe	☑ Krise	☑ Erwachsene
☐ Projekt	☐ Begegnung/Bildung	☑ Ältere Erwachsene

130 Körpersprache

Die eigene Körperwahrnehmung wird geschärft und in den Kontext der Lebenserfahrungen gestellt.

- Es wird gebeten, den momentanen Gefühlszustand und das Körpererleben anhand von Redewendungen zu beschreiben. Die Wendungen können einzeln oder in Kombination verwandt werden und stehen als Liste zur Verfügung: „Ich bekomme graue Haare. Es ist haarsträubend. Mir stehen die Haare zu Berge. Ich zerbreche mir den Kopf. Das hüte ich wie meinen Augapfel. Den kann ich nicht riechen. Es verschlägt mir die Sprache. Ich werde mundtot gemacht. Mir steckt ein Kloß im Hals. Dauernd muss ich alles herunterschlucken. Mir bleibt die Luft weg. Das brach mir das Rückgrat. Das nehme ich mir zu Herzen. Ich habe ein dickes Fell. Der Magen zieht sich zusammen. Alles sträubt sich dagegen. Ich mache eine Faust in der Tasche. Da habe ich kein Stehvermögen. Ich breche mir doch keinen ab. Ich wurde auf den Arm genommen."
- Die eigene Biografie wird mit solchen Wendungen erzählt und die Wendungen werden entsprechenden Ereignissen oder Erfahrungen zugeordnet.
- Körperteile werden reflektiert: Wofür steht „Rückgrat", „Fell" oder der „Magen"?

> Johanna M. kam zu spät. Sie hatte erst ihre Magenschmerzen abklingen lassen. Im Pausengespräch wurde deutlich, wie viel Ärger sie am Morgen mit ihren Kindern gehabt hatte.

Der Körper des Menschen trägt Erinnerung. In ihm und auf ihm haben sich Lebensspuren eingegraben. Psychologen sprechen vom „Leib" und meinen damit die Verbindung von Physis und Psyche. Nahezu jedes Ereignis hat eine körperliche Entsprechung. Auch wenn man geneigt ist, bestimmte Körperveränderungen z.B. dem Alterungsprozess zuzuschreiben, so sind sie doch fleischgewordenes Schicksal. Die westliche Kultur hat Körper und Seele lange getrennt; von diesem Bild trennen wir uns seit einiger Zeit und schauen ganzheitlicher. Unsere Sprache hingegen scheint schon vorher die Zusammenhänge aufgenommen zu haben.

☑ Ich/Paar
☑ Gruppe
☐ Projekt

☑ Besinnung
☑ Krise
☑ Begegnung/Bildung

☐ Kinder/Jugendliche
☑ Erwachsene
☑ Ältere Erwachsene

131 Schreibgespräch

Schweigend kommunizieren Teilnehmende einer Gruppe miteinander.

- Eine These wird vorgestellt. Jeder kommentiert die These mit einem Satz schriftlich und legt das Blatt in die Kreismitte. Die anderen Teilnehmenden können ergänzen, weiter führen oder widersprechen.
- Jeder Teilnehmende erhält ein Blatt und schreibt die Frage bzw. die These in den Blattkopf. Dann kommentiert er oder sie mit einem Satz und gibt das Blatt an den rechten Nachbarn weiter. Gleichzeitig erhält man vom linken Nachbarn dessen oder deren Blatt. Erneut wird kommentiert. Dieser Vorgang wiederholt sich so lange, bis alle Blätter allen vorgelegen haben.

> Die Gruppe aus P. beendete jeden Tag mit einem kurzen Schreibgespräch. Die Blätter wurden bis zum nächsten Morgen ausgehängt. Dann begann der neue Tag.

Das Schreibgespräch ist die Möglichkeit, Denken und Diskutieren zu verlangsamen oder voneinander zu trennen. Gleichzeitig werden Aussagen wie in einem Protokoll festgehalten und können später noch einmal thematisiert werden.

☐ Ich/Paar	☐ Besinnung	☐ Kinder/Jugendliche
☑ Gruppe	☐ Krise	☑ Erwachsene
☐ Projekt	☑ Begegnung/Bildung	☑ Ältere Erwachsene

132 Haiku

Ein Thema wird konzentriert bedacht und seine Essenz in Zeilen gefasst.

Haiku ist eine alte japanische Gedichtform mit sehr einfachen Regeln. Drei Zeilen umfassen festgelegte Silbenzahlen: die erste und dritte fünf Silben, die mittlere sieben.

- Thema und Zeit werden vorgegeben. Jeder dichtet einen Haiku. Die entstandenen Texte werden vorgestellt.
- Gemeinsam wird ein Haiku verfasst.

> Ein Text des japanischen Dichters Chora:
> „Als ich zurücksah,
> Verhüllten den Hintergrund
> Nur Kirschblüten“

Weniger ist oft mehr. Die japanische Kultur ist voll ästhetischer Formen, die Einfachheit und gleichzeitig Tiefe vermitteln. Haikus oder Tankas (fünfzeilig) zu dichten, gehört zur Alltagskultur der Japaner. Viele Zeitschriften publizieren diese Texte. In Deutschland ist ein solch eher unbefangener Umgang mit Literatur selten. Literatur hat hier oft etwas Einschüchterndes. Wenn man sich auf die Form des Haiku einlässt, stellt man fest, dass die Texte einen eigenen ästhetischen Reiz haben und „funktionieren".

☑ **Ich/Paar**	☑ **Besinnung**	☑ **Kinder/Jugendliche**
☑ **Gruppe**	☐ **Krise**	☑ **Erwachsene**
☐ **Projekt**	☐ **Begegnung/Bildung**	☑ **Ältere Erwachsene**

133 Kontrollierter Dialog

Gespräche mit schwierigen oder belastenden Themen gelingen dann, wenn sie kontrolliert, d.h. nach festgelegten Regeln, verlaufen.

- Zu einem vorher definierten Thema werden Gesprächspaare gebildet. Einer eröffnet das Gespräch und äußert drei Sätze. Bevor die andere darauf antwortet, muss sie mit eigenen Worten das wiedergeben, was der Gesprächspartner gesagt hat. Erst wenn das Gegenüber signalisiert, dass es richtig verstanden wurde – ggf. nach einer Korrektur der Wiedergabe – antwortet die Partnerin und das Gegenüber paraphrasiert.
- Der Kontrollierte Dialog kann auch in Gruppensituationen eingesetzt werden. Auf eine Meinungsäußerung reagiert jemand mit Paraphrasierung. Danach erst erfolgt die nächste Äußerung.

> „Du verstehst mich nicht und redest mir immer dazwischen!" Das Paar redete sich bei vielen Gesprächen in den Streit. Der Berater definierte ein Thema, das das Paar betraf, und bat um den Kontrollierten Dialog. Durch Pausen und Einverständnis regulierte sich die Gesprächsdynamik und damit auch die Stimmung zwischen Mann und Frau.

Der Kontrollierte Dialog scheint zunächst die Herstellung einer sehr gekünstelten Gesprächssituation zu sein. Er führt aber nahezu immer zur Entspannung und zu einem höheren Verständnis des Gegenübers. Die Gesprächspartner müssen sich zunächst auf die Aussage konzentrieren und können erst danach ihre eigenen Gedanken äußern. Sie formulieren diese in der Gewissheit, dass nun das Gegenüber konzentriert zuhört.

In die Biografiearbeit bringt jeder seine oder ihre eigenen Themen ein. Das führt oft dazu, dass man auf die Erfahrungen und Erlebnisse des oder der anderen nur unzureichend reagiert oder sie als Vorwand für die Schilderung eigenen Erlebens nimmt. Gerade zurückgenommene oder schüchterne Menschen profitieren von einer zeitweisen Regulierung der Gesprächsabläufe. Häufig nützen schon kurze Sequenzen des Kontrollierten Dialoges, um eine neue Gesprächssituation zu kreieren.

☑ Ich/Paar
☑ Gruppe
☐ Projekt

☐ Besinnung
☑ Krise
☐ Begegnung/Bildung

☑ Kinder/Jugendliche
☑ Erwachsene
☑ Ältere Erwachsene

134 Rollenspiel

Spielend werden Lebensperspektiven gefühlt, bedacht und besprechbar gemacht.

- Realitäten werden nachempfunden, nachgespielt und analysiert.
- Eine Situation wird geschildert. Im Rollenspiel wird die Situation fortgeführt und ggf. eine Lösung erarbeitet.
- Eine in der Realität befürchtete Begegnung wird im Spiel vorweggenommen. Verhaltensweisen werden ausprobiert.
- Eine fiktive Situation oder Erzählung wird nachgespielt.

In seiner Erzählung „Die unwürdige Greisin" schildert Bertolt Brecht die eigenständige Entwicklung einer Mutter am Ende ihres Lebens und die unverständige Reaktion der Umwelt. Die Geschichte wurde analysiert, die handelnden Personen mit ihren Motiven beschrieben und zu Spielrollen umgeformt. Einzelne Gruppenmitglieder übernahmen die Rollen und führten u.a. ein fiktives Gespräch über die „unwürdige Greisin".

Rollenspiel gehört zu den Standardmethoden der Bildungsarbeit, wird aber weniger eingesetzt als die umfangreiche Literatur glauben machen will. Die Schwellenangst der Mitwirkenden ist bei dieser Methode relativ hoch. Je älter der Kreis, desto sperriger verhalten sich die Teilnehmenden. Diese Form der Darstellung, die auch Selbstdarstellung ist, schreckt viele ab.

Auch die Auswertung ist für Ungeübte schwierig, da alle Facetten eines Themas innerhalb relativ kurzer Zeit erlebt und bearbeitet werden müssen. Hinzu tritt, dass die spielerische Form durch Intellektualisieren oft abgewertet wird: Der Lustanteil verschwindet hinter der Grübelei. Frauen sind meistens schneller bereit, Rollen zu übernehmen und sich einer Gruppe zu präsentieren. Männer beschränken sich dann meistens auf die Auswertungen.

☐ Ich/Paar ☑ Gruppe ☐ Projekt	☐ Besinnung ☑ Krise ☑ Begegnung/Bildung	☑ Kinder/Jugendliche ☑ Erwachsene ☑ Ältere Erwachsene

135 Geschichten finden

Fiktive Geschichten werden durch Beteiligung der Zuhörenden der Realität genähert.

- Ein Erzähler bittet die Gruppe (oder einzelne), einen Ort, einen Protagonisten oder eine Stimmung zu benennen. Dann beginnt er damit, eine Geschichte zu entwickeln. Die Zuhörenden sollen die Geschichte ergänzen, indem sie Eigenschaften der Handelnden nennen, Ereignisse vorschlagen oder neue Personen einführen.
- Als Gesprächseinstieg werden alte Postkarten verwandt. Gemeinsam werden drei ausgesucht und so kombiniert, dass daraus eine Geschichte entstehen kann.

> Hans H. las aus einem literarischen Liebesbrief vor. Er fragte die Zuhörenden nach der mutmaßlichen Entstehungssituation, fantasierte den Tag des Briefempfangs und die möglichen Reaktionen. Im Laufe der Geschichte flochten die Zuhörenden unmerklich eigene Erfahrungen ein.

Diese anspruchsvolle Methode hat die Theaterpädagogin Verena Fink entwickelt und dafür 2007 den „Altenpflegepreis“ erhalten. Sie geht davon aus, dass viele ältere Menschen nicht bereit sind, etwas zu sagen oder über sich mitzuteilen. Stattdessen soll den Menschen zunächst eine Geschichte erzählt werden, die sich bei Gelingen unmerklich in „ihre Geschichte“ wandelt. Die Hörer und Hörerinnen gestalten das Erzählte mit, flechten Eigenes ein und eignen sich so die fiktive Erzählung an. Aus zunächst Fremdem wird Vertrautes, verbunden mit dem Stolz, dass eigene Erlebnisse Eingang gefunden haben in die kollektive Erzählung.

Die Methode ist deshalb anspruchsvoll, weil sie vom Leiter einerseits Erzählfantasie erfordert, andererseits aber auch ein sehr offenes Ohr für die

Reaktionen. Er oder sie muss entscheiden, welcher Zuruf verwendbar, entwickelbar ist und gleichzeitig Erfahrungstiefe ermöglicht.

☐ Ich/Paar	☐ Besinnung	☑ Kinder/Jugendliche
☑ Gruppe	☐ Krise	☑ Erwachsene
☐ Projekt	☑ Begegnung/Bildung	☑ Ältere Erwachsene

136 Imagination

Durch das Imaginieren von Orten werden Lebensträume weiter geträumt oder Ungelebtes simulierend erlebt.

- Ein Traum wird aufgegriffen und durch Fragen und Miterzählung weiter entwickelt.
- Ein nie besuchter Ort wird in Gedanken aufgesucht. Der Begleiter oder die Begleiterin stützt die Imagination durch fantasierte Bilder.

Die Altenpflegerin erzählte auf der Station von ihrem letzten Italienurlaub. Marianne S. hatte Italien nie gesehen und war jetzt zu alt, dort hin zu reisen. Sie hatte eine große Sehnsucht nach dem Land, in dem die Zitronen blühen, und nahm die Erzählungen der Mitarbeiterin auf, träumte sich ihre eigenen Bilder. Die Altenpflegerin beantwortete Fragen, schilderte immer genauer das Erlebte und reicherte so die Kopfbilder von Frau S. an. Es entwickelte sich ein Dialog in Bildern. Am nächsten Tag stand ein Glas Rotwein, etwas Schinken und Oliven am Bett von Marianne S.

Für Menschen, die der Pflege bedürfen und ständig im Bett liegen, eignen sich viele Methoden der Biografiearbeit nicht mehr. Sie sind auf Fantasien und Imaginationen angewiesen. Pflegende können diese Fantasien produktiv nutzen, indem sie erzählen, Anregungen geben, nachfragen und sich ihrerseits in die Bilder hineinbegeben. So können ungelebte und ersehnte Realitäten simuliert werden. Die letzten Abenteuer werden im Kopf stattfinden. Dies darf nicht eine verschämte Vorstellung sein, sondern kann Lebenserfahrung runden, abschließen.

Die Psychotherapeutin Naomi Feil hat mit ihrer Methode der Validation darauf aufmerksam gemacht, dass die (verrückten) Bilder im Kopf ernst genommen und als Realitäten gesehen werden müssen. Nur so könnten sie für Verwirrte oder Vereinsamte die Beklemmung verlieren. Übertragen auf Biografiearbeit heißt das: Träume sind Realitäten.

☑ Ich/Paar
☐ Gruppe
☐ Projekt

☑ Besinnung
☐ Krise
☐ Begegnung/Bildung

☐ Kinder/Jugendliche
☐ Erwachsene
☑ Ältere Erwachsene

137 Mentalspaziergang

Tatsächliche Orte werden mental erneut aufgesucht.

- Welches innere Bild scheint zuerst auf, wenn an die Kindheit erinnert wird? Dieses Bild soll beschrieben werden: Welche Personen tauchen auf, welche Kleidung tragen sie, wie schauen sie, an welchem Ort ereignet sich die Situation, welche ungewöhnlichen Gegenstände werden verwandt?
- Zu einem bestimmten Thema („Wie war der erste Tag in der Ausbildung?") soll das Bild geschildert werden, das zuerst vor dem inneren Auge erscheint. (Der Meister an der Tür, das Geschäft im Morgendunkel, die Werkshalle.) Dieses Bild wird genau befragt.

> Magda T. war seit längerer Zeit bettlägerig. Immer wieder erzählte sie vom ersten Haus, dass sie gemeinsam mit ihrem Mann bewohnt hatte. Die ältere Erwachsenenpflegerin ließ sich den Ort beschreiben: Wie waren die Zimmer eingerichtet, was hing an den Wänden, wo wurde gefeiert, wie waren die Sommer, wer waren die Nachbarn? Nach solchen Gesprächen machte sich die Pflegerin kleine Notizen, um später Anknüpfungspunkte zu finden und den Informationsstand zu sichern. Am Ende eines der vielen Gespräche fragte sie Frau T., wie groß ihre Sehnsucht sei, das Elternhaus noch einmal zu besuchen. Frau T. winkte ab und meinte nur: „Jetzt reicht es so."

Anders als bei der Methode der imaginierten Orte werden beim Mentalspaziergang existierende oder früher existierende Orte in Gedanken aufgesucht. Der Gesprächspartner – eigentlich Monologpartner – nimmt an einer Welt teil, die sich nur über Erzählung erschließt und hilft, ein Bild so zu verdichten, dass Vergangenes lebendig wird.

☑ Ich/Paar
☐ Gruppe
☐ Projekt

☑ Besinnung
☐ Krise
☐ Begegnung/Bildung

☐ Kinder/Jugendliche
☐ Erwachsene
☑ Ältere Erwachsene

138 Coverstory

Details der persönlichen Lebensgeschichte werden erzählbar gemacht.

- Der eigene Lebenslauf wird so aufgeschrieben oder erzählbar gemacht, dass er mitteilungsfähig wird, wahrhaftig ist, den Erinnernden aber nicht beschämt.
- Andere formulieren eine mitteilungsfähige Lebensgeschichte.

> Das schwer vernachlässigte Kind antwortete auf die Frage „Warum lebst du nicht bei deinen Eltern?“ so: „Meine Pflegeeltern sind jetzt meine Eltern, weil meine leiblichen Eltern nicht jeden Tag für mich da sein können. Das Jugendamt hat mir neue Eltern gesucht.“

Die Cover-Geschichte eines Menschen ist die öffentliche oder offenbare Geschichte. Sie bleibt wahrhaftig, erspart aber peinliche Situationen oder unangenehmes Nachfragen. Diese Geschichte soll nicht verheimlichen oder verfälschen, sondern helfen, intime Details zu schützen.

☑ **Ich/Paar**	☐ **Besinnung**	☑ **Kinder/Jugendliche**
☐ **Gruppe**	☑ **Krise**	☑ **Erwachsene**
☐ **Projekt**	☐ **Begegnung/Bildung**	☑ **Ältere Erwachsene**

139 Nachklang

Nicht zustande gekommene Begegnungen, nicht Gesagtes oder nicht Erlebtes wird häufig als Bedrückung erlebt. Die Situationen werden angesprochen und nacherlebt mit dem Ziel, abzuschließen und zu versöhnen.

- Eine Lebenssituation wird geschildert – so konkret wie möglich. Die emotional belastenden Anteile werden ins Gespräch genommen. Der Gesprächspartner versucht, Lösungen anzuregen: „Was wäre gewesen, wenn …?“ Eine gute Lösung soll fantasiert werden. Was kann heute getan werden, damit Versöhnung eintreten kann?
- Die Situation wird nachgespielt, nachgestellt: mit Personen, Gegenständen, dem Familienbrett, durch ein Rollenspiel.
- Ein leerer Stuhl steht symbolisch für den nicht anwesenden Gesprächspartner.

- Bei Kriseninterventionen kann die Frage gestellt werden, was man davon gehabt hat, dass das Erwünschte nicht eingetreten ist.

> Karl B. war Polier geworden und erzählte am Ende der Berufslaufbahn, es sei sein größter Wunsch gewesen, Opernsänger zu werden. Sein Talent habe man zwar entdeckt, die Eltern hätten aber nicht das Geld gehabt, ihm eine fundierte Ausbildung zu finanzieren. Er berichtete von seinen verzweifelten Bemühungen, das Studium selbst zu finanzieren. Das sei ihm wegen der Doppelbelastung nicht gelungen. Ein entfernter Freund, der später Kammersänger geworden war, blieb lebenslang sein Vorbild. Ihm, fiktiv im Raum, erzählter er seine Lebens- und Leidensgeschichte. – Die Zuhörenden waren ergriffen und baten ihn, ein kleines Konzert zu geben.

Misslingendes zieht sich durch das Leben: Beziehungsabbrüche, Streit, unausgesprochene Vorbehalte oder Sehnsüchte. Je näher das Lebensende rückt, desto größer wird der Wunsch, das Misslungene nachträglich gelingen zu lassen, das Verletzte zu heilen oder das Zerstrittene zu versöhnen. Manchmal ist es nur mittelbar möglich, weil das Gegenüber mittlerweile tot, nicht auffindbar oder der Betroffene selbst nicht in der Lage ist, einen Kontakt wieder aufzunehmen. Biografiearbeit bedeutet hier, das Misslungene oder Missratene so zu runden, dass damit gelebt werden kann.

☑ Ich/Paar
☐ Gruppe
☐ Projekt

☐ Stille
☑ Gespräch
☐ Aktion

☐ Kinder/Jugendliche
☑ Erwachsene
☑ Ältere Erwachsene

140 Symbolgesten

Durch Gesten wird Verletztes symbolisch geheilt.

- Belastendes wird als Steine verpackt, vergraben oder versenkt.
- Ritualisiert wird ein Gegenstand verbrannt.
- Menschen, die gestorben oder nicht mehr erreichbar sind, werden Briefe geschrieben.

> Als der Bruder starb, erlebte Gerhard F. eine tiefe Krise. Sein Leben lang hatte er versucht, dessen Achtung und Zuneigung zu erwerben. Sein älterer Bruder war dazu nicht bereit oder nicht in der Lage. Erst kurz vor seinem Tod näherte er sich Herrn F. an – aber es war zu spät.

Herr F. hatte die letzten Signale wahrgenommen, konnte aber nicht mehr darauf reagieren. In einem Brief an seinen Bruder, den er später unter dem Grabstein deponierte, erzählte er ihm seinen Schmerz.

Gespräche reichen oft nicht aus, um Schmerz und Leid in das Leben zu integrieren und dadurch annehmbar zu machen. Manchmal wird das Gefühl von der Verzweiflung begleitet, etwas nicht beendet zu haben. Das kann zu inneren Erstarrungen führen. Symbolische Gesten nehmen nicht den Schmerz, machen ihn aber ertragbarer.

☑ **Ich/Paar**
☑ **Gruppe**
☐ **Projekt**

☐ **Besinnung**
☑ **Krise**
☐ **Begegnung/Bildung**

☐ **Kinder/Jugendliche**
☑ **Erwachsene**
☑ **Ältere Erwachsene**

141 Kalender der Veränderung

Notwendige Veränderungen werden durch einzelne Dokumentationsschritte begleitet.

- Steht ein wichtiges, verunsicherndes oder ängstigendes Ereignis bevor (z.B. der Umzug in eine fremde Stadt) wird ein Kalender angelegt, vergleichbar einem Adventskalender. An jedem Tag oder in jeder Woche wird ein „Türchen“ mit neuen Informationen über die zu erwartende Situation geöffnet. Gleichzeitig enthält er Aufforderungen zu konkretem Handeln oder ein Geschenk.
- Für jedes Familienmitglied wird von einem anderen Familienmitglied ein entsprechender Kalender gestaltet.

Der Umzug sollte in drei Monaten stattfinden – innerhalb von zwei Jahren der dritte, weil der Vater wieder versetzt worden war. Für den kleinen Max wurde aufgezeichnet, was alles geschehen würde: Verabschiedung aus der Kita, verabschieden von den Freunden, einpacken, der Möbelwagen kommt, die neue Wohnung, auspacken, die Erkundung der Nachbarschaft, die neue Kita. Kleine Geschenke erwarteten Max, wenn ein „Türchen“ geöffnet wurde: ein Möbelauto als Spielzeug, ein Foto von der neuen Kita, ein Gutschein für den Zoo in der fremden Stadt.

Veränderungen wirken oft bedrohlich. Sind diese Veränderungen wesentlich, lösen sie Angst aus. Der „Kalender der Veränderung“ bereitet in kleinen Schritten vor, löst das Großereignis in einzelne Ereignisse auf und macht es so versteh- und annehmbarer. Kinder mögen die spielerische Form der Vorbereitung. Sie mildert die Härte des Geschehens oder rückt übertriebene Furchtsamkeiten in angemessene Relationen.

☑ Ich/Paar	☐ Besinnung	☑ Kinder/Jugendliche
☐ Gruppe	☑ Krise	☐ Erwachsene
☐ Projekt	☐ Begegnung/Bildung	☐ Ältere Erwachsene

142 Theater

Theaterspiele greifen weniger direkt als Rollenspiele Lebenserfahrungen auf. Mit ihnen kann man Unaussprechbares darstellen.

- Alte Theaterstücke werden in Einzelszenen nachgespielt (z.B. Wolfgang Borcherts „Draußen vor der Tür“).
- Kurzgeschichten werden in Theaterstücke umgesetzt: Textbuch, Kulisse und Rahmenhandlung werden entwickelt (z.B. Bertolt Brechts „Die unwürdige Greisin“).
- Bekannte Filme werden adaptiert und mit eigenen Erlebnissen durchsetzt (z.B. der Film „Am Goldenen See“).
- Eigene Erfahrungen, die in der Gruppe erzählt werden, werden zu kleinen Stücken oder Sketchen aufbereitet (z.B. Kohlenklau nach dem Krieg).
- Ein vorgegebenes Thema wird von mehreren Gruppen gleichzeitig bearbeitet und präsentiert (z.B. Die Mode der 1960er Jahre).

> Intergenerativ arbeiteten Jugendliche und ältere Erwachsene getrennt am Thema „Altenheim“ und hatten den Auftrag, ein Stück mit dem Titel „Leben im Altenheim – eine Tragikomödie“ zu entwickeln.

Viele Lebenszusammenhänge erschließen sich erst über die Darstellung oder die Darstellung ergänzt das Erzählte. Theater spielen ist lustvoll, wenn man die Selbstdarstellungsscheu überwunden hat. Indem man in die Rollen anderer schlüpft, nimmt man die eigenen Positionen schärfer wahr. Anders als beim Rollenspiel spielt man für andere. Die Spielenden haben Adressaten und Anliegen.

Theaterspieler brauchen sorgsame Vorbereitung in mehreren Schritten: das Lesen der Szenen, das gemeinsame, verteilte Lesen, das Anspielen vor kleinem Kreis, die Reflexion der eigenen (Un)sicherheiten und die dauernde Bestärkung der Darstellungsbereitschaft.

☐ Ich/Paar
☑ Gruppe
☑ Projekt

☐ Besinnung
☐ Krise
☑ Begegnung/Bildung

☑ Kinder/Jugendliche
☑ Erwachsene
☑ Ältere Erwachsene

143 Erinnerungstheater

Das eigene Leben wird auf die Theaterbühne gebracht.

- Mit (semi-)professioneller Unterstützung werden Szenen aus dem Leben des „Ensembles“ zu einem eigenen Theaterstück collagiert und zur Aufführungsreife gebracht.
- Einzelne Szenen aus dem Leben anderer werden dramatisiert.
- Therapie: Mit den Methoden des Psychodramas werden Szenen des Lebens gespielt. Der Protagonist des Spieles besetzt einzelne Rollen mit Antagonisten aus der Gruppe.

> Das Erinnerungstheater Bonn ist eine Seniorentheatergruppe (für Menschen ab 60), die seit August 2007 von Simona Furlani künstlerisch geleitet wird. Biografisches Theater ist Schwerpunkt des Ensembles, das Elemente aus dem eigenen Leben in die Stücke und in das Spiel auf der Bühne integriert. Der seit Sommer 2007 eigenständige Verein Erinnerungstheater Bonn e.V. kooperiert mit dem Theater Bonn. Dieses Stadttheater machte 2003 schauspielbegeisterten Menschen das Angebot, gelebtes Leben unter professioneller Anleitung in Szenen gestaltet auf die Bühne zu bringen.

Erinnerungstheater oder Biografisches Theater gibt es mittlerweile in vielen Städten. Der Reiz dieses Ansatzes liegt darin, dass die individuelle Erinnerung durch die professionelle Arbeit so aufbereitet wird, dass sie Gültigkeit auch für Zuschauer erhält. Dieser methodische Umgang wertet die eigene Erinnerungsarbeit auf und macht zudem deutlich, wie sehr das Individuelle eingebettet ist in das kollektive Erleben. Theater ermöglicht durch Spiel und durch die Reaktion des Publikums eine hohe Intensität. Allerdings ist die Schwelle für Ältere relativ hoch. Hier bedarf es sorgfältiger Hinführungen.

☐ Ich/Paar
☐ Gruppe
☑ Projekt

☐ Besinnung
☐ Krise
☑ Begegnung/Bildung

☐ Kinder/Jugendliche
☐ Erwachsene
☑ Ältere Erwachsene

Sich anregen lassen
Medien – eine Auswahl

Das vorliegende Praxishandbuch ist zuerst ein Methodenbuch. In den dargestellten Methoden wird allerdings immer wieder auf Medien verwiesen, die Biografiearbeit stützen oder illustrieren. Sie ergänzen Eigenarbeit, Gespräch, Diskussion, Schreiben und Recherche.

Aus der Fülle der Medien ist hier eine kleine Auswahl zusammengestellt worden. Sie kann durch Netzrecherchen und andere Quellensuche leicht ergänzt werden.

Literarische Texte

Anthologien und Lyriksammlungen versammeln Texte zu interschiedlichen Lebensthemen – z. B.

- Evelyne Polt-Heinzl/Christine Schmidjell (Hrsg.): Poesie der Lebensalter (Reclam)
- Karl O. Conrady: Der neue Conrady. Das große deutsche Gedichtbuch (Artemis & Winkler)
- Michael Richter: Gekommen und geblieben. Deutsch-türkische Lebensgeschichten (Edition Körber-Stiftung)

Biografien

Der Biografiemarkt boomt seit Jahren. Spezialisierte Literatur wie biografische Lexika, im Netz zugängliche biografische Datenbanken und umfangreiche Forschung begleiten dieses Literatursegment. Mittlerweile gibt es sogar Spezialbuchhandlungen für Biografien und Autobiografien. Interessante zeitgeschichtlich bedeutsame Biografien sind z. B.

- Marcel Reich-Ranicki: Mein Leben (DVA)
- Joachim Fest: Ich nicht. Erinnerungen an eine Kindheit und Jugend (Rowohlt)
- Walter Janka: Spuren eines Lebens (Rowohlt)

Tagebücher

Tagebücher bzw. regelmäßige Aufzeichnungen und Briefwechsel ergänzen den Biografiemarkt. Gerade wegen ihrer Schilderungen des Alltags jenseits möglicher Berühmtheit gewinnen sie Wert für die Biografiearbeit – z. B.

- Anne Frank: Tagebuch (Fischer)
- Victor Klemperer: Ich will Zeugnis ablegen bis zum letzten. Tagebücher (Aufbau)
- Günter Grass: Mein Jahrhundert (dtv)

Fiktive Tagebücher

Fiktive Tagebücher konstruieren eine Biografie oder schaffen durch Kombination unterschiedlicher Daten und Selbstzeugnisse ein der Wirklichkeit genähertes Bild. Literatur ist oft näher an der Realität als die Schilderung der Realität selbst. Solche fiktiven Tagebücher kommunizieren auch das nicht Offensichtliche – z. B.

- Uwe Johnson: Jahrestage. Aus dem Leben von Gesine Cresspahl (Suhrkamp)
- Walter Kempowski: Das Echolot (Knaus)
- Octave Mirbeau: Tagebuch einer Kammerzofe (Heyne)

Filme

Spielfilme sind ein öffnendes Medium. Sie triggern die Erfahrungen und Erlebnisse eigener Geschichte an, ohne zu nahe zu kommen. Der Zuschauer kann sich distanziert verhalten und wird dennoch berührt – z. B.

- Michael Haneke: Liebe (2012)
- Jim Jarmush: Night on Earth (1991)
- Ernest Thompson: Am goldenen See (1981)

Theater

Theater lebt von der Unmittelbarkeit der Teilnahme und von den Möglichkeiten der Nachahmung. Wer die Rolle des „Beckmann" lesend gestaltet hat, wird auch von den eigenen Erinnerungen berührt – z. B.

- Max Frisch: Biografie – Ein Spiel
- Wolfgang Borchert: Draußen vor der Tür
- Hugo von Hofmannsthal: Jedermann

Spiele

Die leichte und erleichternde Näherung an die eigene Biografie kann durch Spiele gestützt werden. Spiele bieten eine Sicherung: Sie nehmen Ernst und erlauben dennoch den emotionalen Rückzug – z.B.

- Hans Georg Ruhe: Talk-Box Vol. 7. Lebensgeschichten – gelebt, erlebt, erzählt (neukirchener aussaat)
- Sabine Lück: Starke Wurzeln (Glücksspiele Verlag)
- Trivial Pursuit 1980 – Zurück in die achtziger Jahre! (Parker)

„Second life" und andere Portale im Internet geben die Möglichkeit einer virtuellen Biografie. Der Spieler bindet Wirklichkeit und Wunsch in einem „Avatar" zusammen.

Periodika

Nachrichten werden zunehmend personalisiert. Deswegen finden sich viele biografische Versatzstücke in Periodika, die meistens unsere Klischees bedienen. Spezielle bzw. Fachperiodika zu Biografien sind z.B.

- P.M. Biografie
- BIOS – Zeitschrift für Biographieforschung, Oral History und Lebensverlaufsanalysen
- Munzinger Online (laufend aktualisiert): www.munzinger.de

Diese beispielhaft genannten Medien haben einen Wert auch ohne methodische oder didaktische Begleitung. Sie regen mit ihren ästhetischen Mitteln Biografiearbeit an, geben Impulse, begleiten. Sie erweitern den Blick über den Einzelnen, die Gruppe oder das Projekt hinaus.

Ich bin nie allein
Am Ende

Segelboote

In mir, Frau,
baut die Nacht ihr Nest,
mein Bauch verdunkelt sich im Dämmerlicht
die Erinnerungen durchziehen mich
wie Segelboote:
die bunten Stoffe, der festliche Federschmuck
entfaltet sich übergroß
hinter meinen Lidern.

Mein Leben ist voller Leben,
die Kielspuren in meiner Erinnerung hinterlassen;
eine Gespensterflotte segelt in meinem Bewusstsein.

Ich bin nie allein. Nie.
Mich bewohnen die unaufhörlichen Gezeiten eines imaginären Meers,
eine Strömung unauslöschlicher Tage
ein rastlos gelebtes Leben.

Gioconda Belli

Quellen
Literatur, Materialien und Methodensammlungen

Auf Literaturangaben wurde im Buch zugunsten der Lesbarkeit verzichtet. Wenn auf Autoren oder Publikationen hingewiesen wurde, sind die bibliografischen Daten in diesem Verzeichnis zu finden. Soweit recherchierbar werden Quellen einzelner Methoden genannt. Praxisorientierte Materialien und weiterführende Methodensammlungen sind mit einem *gekennzeichnet.

Adorno, Th. W.: Negative Dialektik. Frankfurt a.M. 1960.

Albertz, H.: Am Ende des Weges. Nachdenken über das Alter. München 1989.

Alzheimer Forum > Biographiearbeit: http://alzheimerforum.de/3/1/6/4/biograph.html (27.3.2013).

Anders, G.: Die Antiquiertheit des Menschen. München 1980.

Anthroposophische Biographiearbeit: http://kunsttherapeutenakademie.de/biographie arbeit.html (27.3.2013).

Ausländer, R.: Einst war ich Scheherezade. Gesammelte Gedichte. Frankfurt a.M. 1988.

* Batz, M./Schroth, H.: Theater zwischen Tür und Angel. Handbuch für Freies Theater. Reinbek 1983.

Beck, U. u.a.: Eigenes Leben. Ausflüge in die unbekannte Gesellschaft, in der wir leben. München 1995.

* Behnken, I./Mikota, J. (Hrsg.): Gemeinsam an der Familiengeschichte arbeiten. Weinheim und München 2008.

Behnken, I./Zinnecker, J. (Hrsg.): Kinder. Kindheit. Lebensgeschichte. Ein Handbuch Hannover 2001.

Belli, G.: Davor, die Jugend. Wuppertal 2013.

Biografiearbeit: http://de.wikipedia.org/wiki/Biografiearbeit (27.3.2013).

* Bischofs, P.: Ich glaube Ihnen! Theorie und Praxis der Validation nach Naomi Feil. In: Heim und Pflege 4/1992.

Blimlinger, E.: Lebensgeschichten. Biographiearbeit mit alten Menschen. Hannover 1996.

Bloch, E.: Das Prinzip Hoffnung (Bd. 3). Frankfurt a.M. 1959.

Boltanski, Ch.: http://wikipedia.org/wiki/Christian_Boltanski (20.2.2013).

Bonhoeffer, D.: Widerstand und Ergebung. Berlin 1977.

Borchers, E.: Gedichte. Frankfurt a.M. 1976.

Borchert, W.: Das Gesamtwerk. Hamburg 1949.

Brecht, B.: Ausgewählte Gedichte. Frankfurt a.M. 1964. (*Legende von der Entstehung des Buches Taoteking auf dem Weg des Laotse in die Emigration*)

Brecht, B.: Gesammelte Werke (Bd. 11/Prosa 1). Frankfurt a.M. 1967.

Brodkey, H.: Die Geschichte meines Todes. Reinbek 1996.

Brookmann-Nooren, C. u.a. (Hrsg.): NQ-Materialien. Handbuch der Erwachsenenbildung. Weinheim und Basel 1995.
Bufalino, G.: Museum der Schatten. Berlin 1982.

* Chronik der Deutschen. Gütersloh und München [3]1995. (*Im selben Verlag sind weitere Chronik-Bände erschienen – international, regional oder sachgebietsorientiert*)
Cramer, B.: Biografiearbeit und kognitive Verhaltenstherapie bei Alzheimer Krankheit im Frühstadium. München 2011. http://edoc.ub.uni-muenchen.de/13465/ 1/Cramer_Bar bara.pdf (27.3.2013).

Demandt, A.: Sokrates vor dem Volksgericht von Athen 399 v. Chr. In: Demandt, A.: Macht und Recht. Große Prozesse in der Geschichte. München 1991.
Depping, K.: Wahnsinn ist auch Sinn. In: Evangelische Impulse 5/1992.
Deutsches Zentrum für Altersfragen e.V: Gerontopsychiatrie und Altenarbeit 11. Beiträge zur Gerontologie und Altenarbeit 81. Berlin 1995.
* Diakonia – Internationale Zeitschrift für die Praxis der Kirche: Biographie und Glaube 1/1995. (*insbesondere die Beiträge von Martina Blasberg-Kuhnke, Maria Kassel, Stephanie Klein und Hermann P. Siller*)

Eich, G.: Gesammelte Werke in vier Bänden (Bd. 1: Die Gedichte. Die Maulwürfe). Frankfurt a.M. 1991.
* Einestages: http://einestages.spiegel.de (21.2.2013).
Elias, N.: Über die Einsamkeit der Sterbenden in unseren Tagen. Frankfurt a.M. 1982.
* Ende, M.: Ophelias Schattentheater. Stuttgart und Wien 1988.
* Engelhardt-Haselwanter, E.: Lebensbuch für Pflegekinder. Bregenz 2006.
Engels, F.: Die Lage der arbeitenden Klasse in England. Berlin [6]1974.
Enzensberger, H. M.: Allerleirauh. Viele schöne Kinderreime. Frankfurt a.M. 1961.
Erinnerungstheater Bonn e.V.: http://theatergold.de/angebote/senioren-generationen theater/erinnerungstheater-bonn-ev.html (5.3.2013).
* Das Erzähl-Café. Ein Überblick. Malplaquetstr. 13a, 13347 Berlin.
Eykman, K. u.a.: Die Bibel erzählt. Freiburg u.a. 1978.

Fachverband für Biografiearbeit e.V. > Biografiearbeit: http://fabia-ev.de/index.php/ biografiearbeit (27.3.2013).
Falk, J. (Hrsg.): Unterrichtseinheit in der Altenpflegeausbildung zum Thema Biografie orientierte Arbeit: Leben in der 1. Hälfte unseres Jahrhunderts. Köln 1992.
Ferenczi, S.: Bausteine zur Psychoanalyse (Bd. IV). Bern und Stuttgart 1964.
Fragen fragen: http://fragenfragen.wordpress.com (28.1.2013).
Frank, A.: Tagebuch. Frankfurt a.M. [20]2011.
Frankl,V.: Der Mensch vor der Frage nach dem Sinn. München 2004.
Fried, E.: Es ist was es ist. Liebesgedichte, Angstgedichte, Zorngedichte. Berlin 1983.

Gervink, T.: Biographiearbeit und dialogisches Prinzip in der Altenhilfe. In: Psychiatrie und Altenhilfe, News 1/1997.
Grimm, J./Grimm, W: Kindermärchen und Hausmärchen (3 Bde.). Stuttgart 1980.
* Grom, B.: Methoden für Religionsunterricht, Jugendarbeit und Erwachsenenbildung. Düsseldorf 1976.
Gudjons, H. u.a.: Auf meinen Spuren. Das Entdecken der eigenen Lebensgeschichte. Hamburg 1999.

Gugel, O.: Praxis politischer Bildungsarbeit. Methoden und Arbeitshilfen. Tübingen 1994.
Günther-Burghardt, B./De Weers, H.: Als ich Kind war: Fotografien und Geschichten zur Erinnerungspflege mit alten und dementen Menschen. Dortmund 2005.

Hassenkamp, E.: Ein Halt für die schmale Hand mit der Pergamenthaut. In: Frankfurter Allgemeine Zeitung vom 8.6.1996.
Havemann, R: Fragen, Antworten, Fragen. München 1970.
Heberger, U.: Aufforderung zum Austausch. Biographisches Arbeiten birgt sowohl Chancen als auch Gefahren. In: Altenpflege 2/1995.
Heine, S.: Kleines Religiöses Wörterbuch. Wien u.a. 1984.
Heinl, P.: Kontext und Kommunikation: Koordinaten des Genogramms. In: Integrative Therapie 4/1988.
Hentig, H. v.: Meine deutschen Gedichte. Seelze 2001.
Hikmet, N.: Und im Licht mein Herz. Berlin 1981.
Hirsch, E. C.: Der Witzableiter oder Schule des Gelächters. München 1991.
Holch, C.: Ach, der schöne Ede. Demente Menschen leben in Träumen und in Ängsten. In: Die Zeit vom 13.9.1996.
Höwer, O./Sieger, L.: Biografiearbeit. In: http://diplom-pflegewirt.com/resources/Biografiearbeit.PDF (27.3.2013).

* Institut für Sozialarbeit e.V. Frankfurt am Main (Hrsg.): Zeugen ihrer Zeit im Frankfurter Erzählcafé. Bonn [2]1995.

Janka, W: Spuren eines Lebens. Reinbek 1992.
Jansen, O.: Lebensgeschichte und gesellschaftliche Realität. In: gruppe & spiel 1/1984.
Januszewski, Z.: Einführung in die Ausstellung „Positive Symbole“: http://zygmunt januszewski.pl/goslar/goslar_1.html (5.3.2013)
Jenrich, H.: Begegnung mit der eigenen Vergangenheit. In: Altenpflege 2/1996.
Jonas, I.: Neue Wege bei der Betreuung von Verwirrten. In: Pro Alter 1/1995.
Jugend: http://de.wikipedia.org/wiki/Jugend (28.2.2013).

Kästner, E.: Gesang zwischen den Stühlen. Zürich 1932.
* Kellner, J. u.a.: Fünfzig Jahre Werbung in Deutschland. 167 Werbespots von 1945–1995. VHS 153. Min. Frankfurt a.M. 1995.
Kelly, O.: Die Psychologie der persönlichen Konstrukte. Paderborn 1986.
Kempowski, W.: Das Echolot: Ein kollektives Tagebuch Januar und Februar 1943 (Bde. 1–4). München 1993.
* Kerkhoff, B./Halbach, A.: Biografisches Arbeiten – Beispiele für die praktische Umsetzung. Hannover 2002.
Kizilhan, J.: Migrationserfahrung als Ausgangspunkt von Biographiearbeit. www.soziales.ktn. gv.at/35139p_DE.doc (21.9.2013).
Klemperer, V.: Ich will Zeugnis ablegen bis zum letzten. Tagebücher (Bd. 1, 1933–1942; Bd. 2, 1942–1945). Berlin 1995.
* Klingenberger, H.: Lebensmutig. Vergangenes erinnern. Gegenwärtiges entdecken. Künftiges entwerfen. München 2003.
* Klingenberger, H.: Mein Weg ist mein Weg. Bildkarten zur Biografiearbeit. München 2012.
Koch, W: Seeleben I. Frankfurt a.M. 1973.
Kotre, J.: Lebenslauf und Lebenskunst – Über den Umgang mit der eigenen Biographie. München 2001.

* Krieger, S.: Erinnerungsarbeit in der Krankenpflege – eine biografische Arbeitstechnik für Pflege und Ausbildung. Wien 2008.
* Krogerus, M./Tschäppeler, R.: Fragebuch. Was ich dich schon immer mal fragen wollte. Zürich 2012.

Königswieser, R./Hillebrand, M.: Haltung in der systemischen Beratung. www.koenigswieser.net/uploads/media/Haltung_in_der_systemischen_Beratung_Tomaschek_2006_05.pdf (28.11.2013).

Kuiper, P. C: Seelenfinsternis. Frankfurt a. M.1995.

Kuntze, S.: Altern wie ein Gentleman. Zwischen Müßgiggang und Engagement. München 2011.

* Kürsteiner, O.: Ahnen-Zeit. Zum Verständnis der Zeit in der Schicksalsanalyse. In: Integrative Therapie 3/1986.

Lattschar B.: Was ist Biografiearbeit? http://birgit-lattschar.de/seiten/biog_arbeit.htm (27.3.2013).

* Lattschar, B./Wiemann, I.: Mädchen und Jungen entdecken ihre Geschichte – Grundlagen und Praxis der Biografiearbeit. Weinheim und Basel [4]2013.

Lebendiges Museum Online: http://dhm.de/lemo (15.2.2013).

* Lebens-Reise-Spiel *(Bezug: KEB – Katholische Erwachsenenbildung Rheinland-Pfalz Welschnonnengasse 2–4, 55116 Mainz)*
* Lindmeier, C.: Biografiearbeit mit geistig behinderten Menschen. Weinheim und Basel [4]2013.

Maslow, A. H.: Motivation und Persönlichkeit. Reinbek 1981.

* Meier-Ude, K. u.a.: Kindheit in der Stadt in den 50er Jahren. Gudensberg-Gleichen 1997.

Methodenpool Universität Köln > Biografiearbeit: http://methodenpool.uni-koeln.de/download/biografiearbeit.pdf (27.3.2013).

Miethe, I.: Biografiearbeit. Lehr- und Handbuch für Studium und Praxis. Weinheim und Basel 2011.

Mitscherlich, M.: Erinnerungsarbeit. Frankfurt a.M. 1987.

* Mohr, K./ter Horst, K.: Das neue „Mein Lebensbuch" als Hilfsmttel für die pädagogische Praxis. In: Evangelische Jugendhilfe 4/2004.

Müller D.: Interventionen für verwirrte, ältere Menschen in Institutionen. Köln 1994.

Niethammer, L.: Lebenserfahrung und kollektives Gedächtnis. Die Praxis der „Oral history". Frankfurt a.M. 1980.

Nittel, O.: Report Biographieforschung. In: PAS des DVV – berichte, materialien, planungshilfen. Frankfurt a.M.1991.

* Osborn, C. u.a.: Erinnern – eine Anleitung zur Biographiearbeit mit alten Menschen. Freiburg 1997.

Petzold, H.: Kranke lassen sich nicht „recyclen". Über das Verschwinden und die Unwirklichkeit des Krankenhauses. In: Zeitschrift für Humanistische Psychologie 1/2 1982.

Petzold, H.: Mit alten Menschen arbeiten. München 1985.

* Petzold, H./Orth, J.: Therapietagebücher, Lebenspanorama, Gesundheits-Krankheitspanorama als Instrumente der Symbolisierung und karrierebezogenen Arbeit in der Integrativen Therapie. In: Integrative Therapie 1/2 1993.

Prévert, J.: Gedichte und Chansons. Reinbek 1973.

Rahm, D. u.a.: Einführung in die Integrative Therapie. Paderborn 1993.
Raulff, U.: Der große Lebenshunger. Erlösende Literatur: Das biographische Verlangen wächst. In: Frankfurter Allgemeine Zeitung vom 4.3.1997.
Reemtsma, J. P.: Im Keller. Reinbek [6]1998.
Roth, J.: Hiob. Köln 1992.
Ruhe, H. G. (Hrsg.): Geburt. Ein Lesebuch. München 1988.
* Ruhe, H. G.: Wo hab' ich bloß … Vergessen und Erinnern im Alter. Kevelaer 1995.
Ruhe, H. G.: Die Mitesszentrale. Erzählung. Goslar 1998.
* Ruhe, H. G.: Methoden der Biografiearbeit. Lebensspuren entdecken und verstehen Weinheim und Basel [5]2012.
* Ruhe, H. G.: Lebensgeschichten – gelebt, erlebt, erzählt. Talk-Box Vol. 7. Neukirchen 2013.
* Ryan, T./Walker, R.: Wo gehöre ich hin? Biografiearbeit mit Kindern und Jugendlichen. Weinheim und München [4]2007.

Samuels, A. u.a.: Wörterbuch Jungscher Psychologie. München 1989.
Sauter, E.: Kindheit auf dem Lande in den 50er Jahren. Gudensberg-Gleichen 1995.
* Sautter, S. u.a.: Leben erinnern – Biografiearbeit mit Älteren. Neu-Ulm [3]2004.
Schafiyha, L.: Fotopädagogik und Fototherapie. Beltz, Weinheim und Basel 1997.
Schenk, H.: Lebensläufe. Ein Lesebuch. München 1992.
Schnurre, R.: www.biographiearbeit.de (28.11.2013).
Schulfreunde wiederfinden: http://stayfriends.de
Schumann, M.: Sozialräumliche und biographische Perspektiven in der Jugendarbeit. In: neue praxis 6/1994.
* Schweitzer, P. (Hrsg.): Age Exchange Erinnerungsprojekte für Kinder und ältere Menschen. Köln 1994.
Sölle, D./Steffensky, R: Wider den Luxus der Hoffnungslosigkeit. Freiburg 1995.
Spaziergänge im Sitzen. http://sonntagsblatt-bayern.de/news/aktuell/2007_13_09_01. htm (3.4.2007).
* Stein, W. (Hrsg.): Der neue Kulturfahrplan. Frankfurt a.M. 2004.
Stracke-Mertes, A.: Was der alte Mensch heute ist, ist er geworden. Biographiearbeit und ihre Umsetzung im pflegerischen Prozeß. In: Altenpflege 3/1994.
Stuart-Hamilton, I.: Die Psychologie des Alterns. Reinbek 1994.

Thomae, H.: Das Individuum und seine Welt. Göttingen [2]1988.
Tripp, E.: Lexikon der antiken Mythologie. Stuttgart 1991.

Ulenbrook, J. (Hrsg.): Haiku. Japanische Dreizeiler. Stuttgart 1995.
Ustorf, A.-E.: Wir Kinder der Kriegskinder. Die Generation im Schatten des zweiten Weltkrieges. Freiburg 2010.

Virilio, P.: Fahren, fahren, fahren … Berlin 1978.

Zeier, H.: Wörterbuch der Lerntheorien und der Verhaltenstherapie. München 1976.
* Die Zeit: Nahaufnahme. Ein Jahrhundert deutscher Geschichte in nie gezeigten Filmdokumenten. 8 DVDs mit Booklet. Hamburg 2012.
* Zeitzeugenbörse: Zeitzeugenbrief und andere Informationen, Ackerstr. 13, 10115 Berlin.
* Zimmering, N.: Entblößung des Ichs … Biographiearbeit mit alten Menschen bedeutet mehr als nur Rückschau halten. In: Altenpflege 7/1994.